古代歷史文化 研究輯刊

二八編

王明蓀 主編

第 5 冊

隋唐方術述要（下）

王逸之、李浩淼、張千帆 著

國家圖書館出版品預行編目資料

隋唐方術述要（下）／王逸之、李浩淼、張千帆 著 -- 初版
-- 新北市：花木蘭文化事業有限公司，2022〔民111〕
目 6+210 面；19×26 公分
（古代歷史文化研究輯刊 二八編；第5冊）
ISBN 978-626-344-079-1（精裝）
1.CST：術數 2.CST：隋唐
618   111010273

ISBN-978-626-344-079-1

9 786263 440791

古代歷史文化研究輯刊
二八編 第 五 冊   ISBN：978-626-344-079-1

隋唐方術述要（下）

作 者 王逸之、李浩淼、張千帆
主 編 王明蓀
總 編 輯 杜潔祥
副總編輯 楊嘉樂
編輯主任 許郁翎
編 輯 張雅淋、潘玟靜、劉子瑄　美術編輯　陳逸婷
出 版 花木蘭文化事業有限公司
發 行 人 高小娟
聯絡地址 235 新北市中和區中安街七二號十三樓
　　　　 電話：02-2923-1455 ／傳真：02-2923-1452
網 址 http://www.huamulan.tw 信箱 service@huamulans.com
印 刷 普羅文化出版廣告事業
初 版 2022 年 9 月
定 價 二八編 27 冊（精裝）新台幣 80,000 元　　版權所有・請勿翻印

隋唐方術述要（下）

王逸之、李浩淼、張千帆　著

目

次

第四章　內丹與隋唐存想

　　存想是一種有關於人的思維的神仙術，又稱存思、存神等。存想作為神仙術，其運作方式與之前的服食、導引不同，主要集中在人的思維世界中。存想的本質是溝通，是那些神或者炁〔註1〕就在那裡，需要你去借助具體的形象去溝通它們，然後借念頭或者你的神（精氣神的神）去推動其運行。在東漢時期的《太平經》中已有關於存想的理論〔註2〕，東晉葛洪在其《抱朴子內篇》中也記載了一些存思老子、身體、五臟等不同層次的方法〔註3〕。同時期產生的道教上清派所推崇的《黃庭內景經》中，也有存思人體的「八景二十四真」〔註4〕共三十六種方法，其主要涉及的就是如何存思體內的五臟神以及

〔註1〕道教常用的異體字，即「氣」。
〔註2〕「神遊出去者，思念五臟之神，……念隨神往來，亦洞見身耳」「入室思道，自不食與氣結也」；「萬神……皆隨人盛衰」「若以神同城而善御之，靜身存神，即病不加也，年壽長矣，神明佑之。」前二處參見《太平經》卷71、98，上海：上海古籍出版社，1993年，第298、398頁；後二處參見張繼禹主編：《中華道藏》第7冊，《太平經鈔》癸部，北京：華夏出版社，2014年，第650頁。「入室存思，五官轉移，隨陰陽孟仲季為兄弟，應氣而動，順四時五行天道變化以為常矣。」參見張繼禹主編：《中華道藏》第7冊，《太平經鈔》戊部，北京：華夏出版社，2014年，第271頁。
〔註3〕「但諦念老君真形，老君真形見，則起再拜也。老君真形者，思之，姓李名耼，字伯陽，身長九尺、黃色、鳥喙、隆鼻、秀眉長五寸、耳長七寸、額有三理上下徹，足有八卦，……見老君則年命延長，心如日月，無事不知也。」參見（晉）葛洪撰，王明校釋：《抱朴子內篇校釋》卷15，北京：中華書局，1986年，第273頁。
〔註4〕據《雲笈七籤》載，包括上清、上有、口為、黃庭、中池、天中、至道、心神、肺部、心部、肝部、腎部、脾部、膽部、脾長、上睹、靈臺、三關、若得、呼吸、瓊室、常念、治生、隱影、五行、高奔、玄元、仙人、紫清、百

如何運用相關的吸氣引氣之法。而隨著道教的發展，在其存想術中，還發展出了神仙體系，把先秦時期的一些歷史人物也化為神仙，用於對應的存思存想情境。這些歷史人物的著作如《老子》《莊子》《列子》《墨子》等也會在存思術中時常引用。因而在實際的運用過程中，存思、存神、神遊等名稱在大部分情況下，會有專門對應的內容。在隋唐時期，內丹術頗為興盛，如司馬承禎、呂洞賓等推崇內丹術的道教歷史人物都在這一時期出現，內丹術的修煉，大都與存想有關，其主要修煉方法也是以修煉精神為主。因此，在下文中，把存想分為入室存思、神遊物外和內丹破虛三個部分。

一、入室存思

存思主要是在室內進行，主要是在腦海中對一些具體的形象進行觀想，以引導先天之氣的運行。這些具體對象可能是神仙、先賢，也可能是日月星辰，還有可能是一些世間之物。在道教中，自天地星宿山用以至人身五官五臟，皆有神名，都是想以存思為方法來結想以便於遇到神仙也，從而達到修仙的目的。隋唐時期的司馬承禎就曾創造出一套道家修真的理論和「五漸門」、「七階次」等一系列修真法則；呂洞賓亦有如「黃粱一夢」、「羅浮訪仙」等傳說留世。在《玄宗直指萬法同歸》中也有：「存神養氣，可以不死。」存思可以修仙也是當時社會主流人物的共識。

（一）以昊天神靈為對象

隋唐時期道教、佛教頗為昌盛，道教在中華本土文化的基礎上形成了一套神仙體系，佛教也在佛經故事中形成了另一套神仙體系。而這兩個神仙體系中，有許多常被存思的神仙都是在歷史中出現過的先賢。如道教對太上老君的存思，實際上就是對老子的存思；如佛教對佛祖的存思，實際上就是對釋迦摩尼（喬達摩·悉達多）的存思。而且這種對神靈的存思是多元的，與基督教、伊斯蘭教等一神教的「冥想」是有較大差異的。在這樣的存思過程中，這些神仙的形象往往受中國或者天竺的歷史記載影響。

《雲笈七籤》存思部有《存大洞真經三十九真法》、《存思三滿法》、《老君存思圖》等，以及《存思元父玄母訣》之類，其要旨多與天神形像、真仙下

穀、心典、經歷、肝氣、肺之、隱藏、沐浴，共計 36 章。參見（宋）張君房纂輯，蔣力生等校注：《雲笈七籤》卷 11、12，北京：華夏出版社，1996 年，第 58～68 頁。

凡有關。今舉《雲笈七籤》卷四十二存思大微小童以為例：

> 讀《高上虛皇君道經》，當思太微小童干景精真氣、赤色煥煥，
> 從兆泥丸中入下，布兆身舌本之下血液之府。畢。微祝曰：真氣下
> 流充幽關，鎮神固精塞死源。玉經慧朗通萬神，為我致真命長存。
> 拔度七祖返胎仙。畢。引赤氣三咽止，便讀玉經畢。又祝曰：天有
> 大隱生之靈寶，稱日明梁上之氣。守我絕塞之下戶，更受生牢門之
> 外，乃又召益元之羽童，列於綠室之軒。使解七祖百結，隨屬離根，
> 配天遷基，達變人玄，玉清隱文。又祝曰：元氣非本生，五塗承靈
> 出，雌雄寄神化，森羅邃幽鬱。玉音響太和，萬唱元中發，仙庭回
> 九變，百混同得一，易有合虛中，俱入帝堂室。畢。此高上祝文，
> 泄之七祖充責。〔註5〕

　　為求天神真仙的真面目，在自身精氣運轉的同時，於腦海中想像天宮的
具體模樣。而所存思的天宮仙庭的模樣，實際上是以人性命身體的構成為藍
圖去構建的。太微小童就像人體的精氣在泥丸中反覆來回一樣，在天宮仙庭
中流轉。他們所流轉的目的地，就和人體內的臟腑一般有序景然。這些諸如
此類的描述，實際上是在引導人的思維進路，也可以說是一種心理暗示，
可以輔助存思於正道而行。類似這樣可存思的神仙，在唐代流行的《（上清）
大洞真經》中就有39位之多，被統稱為《大洞真經》三十九法〔註6〕；在另
一本年代更往前的《老君存思圖》〔註7〕中，亦有對存思老子的十八種方法。
這些神仙構成了唐代人們心中天庭人物的基本形象，為存思神仙提供方法與
對象。

　　在這個系統中，無論處於哪個階段，其存思的對象都是神仙。而神仙系
統的形成，與道教的產生過程是密不可分的。與現在世界上主流的宗教神系
不同，中國的神仙系統一直是多神的。雖然經學界考證，商代崇拜昊天上帝，
有些類似一神教，但在實際的歷史進程與中國人的傳說中，一直是有多神存

〔註5〕（宋）張君房纂輯，蔣力生等校注：《雲笈七籤》卷42，北京：華夏出版社，
　　　　1996年，第236頁。
〔註6〕東晉楊羲等造：《真誥》卷5《甄命授第一》：「君曰：仙道有大洞真經三十九
　　　　篇，在世。」實際流行於唐宋之際。詳見（宋）張君房纂輯，蔣力生等校注：
　　　　《雲笈七籤》卷42，北京：華夏出版社，1996年，第236～245頁。
〔註7〕撰人不詳，約出於南北朝，唐代亦有流傳。詳見（宋）張君房纂輯，蔣力生等
　　　　校注：《雲笈七籤》卷43，北京：華夏出版社，1996年，第246～251頁。

在的。而作為存思的對象，神仙實際上是作為一種修煉的「鏡子」存在的。在存思過程中，通過在腦海中對神仙的樣貌、事蹟或者其他行為進行想像，從而達到成仙了道的目的。在隋唐以前，中國就有《列仙傳》《洞仙傳》《續仙傳》等有關神仙傳說的書籍。從現代人的角度去看，這些神仙傳說是中國原始社會傳說或者道教對一些人物情節的誇大、虛化。但對於古人來說，這些神仙代表了中國人樸素的宗教信仰。在東晉時期，葛洪專門將這些故事整理到一起，作了《神仙傳》，從他自身的角度出發，對這些故事當中的神仙進行了考證點評，指出道教徒誇大虛化的情節，從縣志文獻、修仙好友、洞天仙人整理仙人真君事情記載。暫不提其中的迷信、神秘主義的內容，單從存思術的角度來看，《神仙傳》給其提供了大量的對象。而且葛洪對《神仙傳》的創作，並非僅是宗教信仰上的考量，更多的是他自身對人的性命的探索、對生命無限嚮往的體現。以此為基礎，他吸收了漢代《太平經》和嵇康等人的思想，認為可以通過存思神仙來達到成仙的目的。一方面，有先天的神仙：「按仙經以為諸得仙者，皆其受命偶值神仙之氣，自然所稟，故胞胎之中，已含信道之性。」〔註8〕這類神仙是先天存在的，可直接用於存思。另一方面，也有後天修煉的神仙，「至於仙者，唯須篤志至信，勤而不怠，能恬能靜，便可得之，不待多才也」〔註9〕，不管什麼人，只要堅持修煉、服藥，都可以成仙。隋唐時期的道教神仙系統繼承了這個系統，在《大洞真經》、《老君存思圖》等隋唐流行的道書中也有體現；現代有學者對唐代著名道士呂洞賓參黃龍事的考證，也是這種方式的延續〔註10〕。

（二）以日月星辰為對象

除了直接對神仙進行存思之外，隋唐時期的存思對象還有與天道有關的日月星辰。《黃庭內景經・上有章》對存思日月有專門論述。在養目煉目的基礎上，於雙眼之間存想日月，在眼中留有日月映像的情況下，不斷存想光的樣子，如此反覆，就能使人與日月星光相融合。〔註11〕《上清大洞真經》中

〔註8〕　（晉）葛洪撰，王明校釋：《抱朴子內篇校釋》卷12，北京：中華書局，1986年，第226頁。

〔註9〕　（晉）葛洪撰，王明校釋：《抱朴子內篇校釋》卷12，北京：中華書局，1986年，第224頁。

〔註10〕　參見蘇華仁主編：《呂洞賓丹道修真長壽精華》，《呂祖參黃龍事考證》，太原：山西科學技術出版社，2011年，第38～60頁。

〔註11〕　「出日入月呼吸存」「（日月星）三明出華生死際，洞房靈象斗日月，父曰泥

也提到另外一種存思日月星辰的方法。在五臟神理論的基礎上，以口吸取日月之光，通過存想修煉，將其化為口中津液，然後送達五臟之中，從而使體內五臟與對應的日月之光融合。〔註12〕而之所以常用日月之光作為存思的對象，是因為日月光明對於人類來說亙古久遠，希望通過對日月進行存思，以期人的性命也能夠達到日月般長久光明。而存思星辰，則多以北斗七星、二十八宿為對象。在《雲笈七籤·七童臥鬥法》記載：「存思七星煥明北方，己身臥於七星斗中，華蓋之下。七曜之光，流煥紫景之外冠，覆於己身，在紫景之上，七曜之中。」〔註13〕就是以七星為對象，進而推衍存思到七曜。在《抱朴子》中對此亦相關記載。以北斗七星作為存思對象，在自己的精神世界裏，對現實中不曾親身體驗過的星晨運轉，用自己的思想去模擬，或者猜想，把自己置身於七星之間，從而直接感悟星辰之道，省去了肉體遨遊至此的麻煩。

在隋唐時期的存思之法中，日月星辰與神仙還有是所區別的。如《黃氣陽精三道順行經》認為：「日，陽之精，德之長也。縱廣二千三十里。金物、水精暈於內，流光照於外。」〔註14〕在這種認識中，日月不是通常所說的人可以修煉的神仙，對日月的存思，是基於古代中國天文觀測中對日月星辰的描述，體現了古代中國人對日月的一些樸素認知。不過，在存思的理念中，日月星辰被附加了一些中國古代的官職，以此表明，它們是修煉神仙術的重要輔助對象。在《老子功藏中經》裏還給他們立了名字：「日、月者，天地之司徒、司空也。日姓張，名表，字長史；月姓文，名申，字子光。」〔註15〕還將天上的其他星辰「分配」給了其他的神話中的神仙，如紫微星被視為西

丸母雌一，三光煥照入子室，能存玄真萬事畢，一身精神不可失。」參見（宋）張君房纂輯，蔣力生等校注：《雲笈七籤》卷 11、12，北京：華夏出版社，1996 年，第 58、65～66 頁。

〔註12〕「口吸日月一息氣，分三九咽，結作二十七帝君，……令日光使照一身，內徹泥丸，下照五臟腸胃之中，皆覺洞照於內外，令一身與日月之光共合。」參見張繼禹主編：《中華道藏》第 1 冊，北京：華夏出版社，2014 年，第 1～45 頁。

〔註13〕（宋）張君房纂輯，蔣力生等校注：《雲笈七籤》卷 25，北京：華夏出版社，1996 年，第 143 頁。

〔註14〕（宋）張君房纂輯，蔣力生等校注：《雲笈七籤》卷 23，北京：華夏出版社，1996 年，第 131 頁。

〔註15〕（宋）張君房纂輯，蔣力生等校注：《雲笈七籤》卷 23，北京：華夏出版社，1996 年，第 131 頁。

王母的第二十四女〔註16〕，並借這個名義，提出了一些存思的方法。諸如此類的現象，在隋唐時期的存思術中時常出現。從這裡我們也可以看出，隨著隋唐時期道教、佛教等宗教的發展，原來天文、星占裏對宇宙天文的樸素認知，在逐漸轉化為神仙術，日月星辰也在這種過程中慢慢地擬人化。

除此之外，隋唐時期流行的佛經中亦有有關以日月星辰為對象的存想之法，典型的有那連提耶舍傳入的《日藏分》、《月藏分》以及不空傳入的《宿曜經》。除卻其中的天文星占內容，此三種佛門經典中還有許多與存思日月星辰有關的內容，如星辰的姓名、住處等，這是糅合了神仙體系的體現。如《日藏分·星宿品》記載了二十八宿的「形」、姓名：昴宿「其星有六形如剃刀」、畢宿「姓頗羅墮」等。〔註17〕如《月藏分·星宿攝受品》給十二辰起了對應的十二神獸的名字〔註18〕。這些都給存思提供了可為人所理解的觀想對象。在《宿曜經》中，還有以「宿直」求人所屬本命宿的「虛加之法」〔註19〕，以算法將人之性命與星宿關聯，即是一種星占之法，也打通了人存思星象的通道。

（三）以人體內部為對象

以世間萬物為對象的存思中，最多的是以人本身為對象的存思。在隋唐時期，隨著社會的發展與文明的交流碰撞，人們對人的身體本身奧秘的探索有了更大的好奇。在存想法中就有專門以身為神的方法，認為人體各部位均

〔註16〕「《太丹隱書》云：紫微夫人姓王，諱清娥，字愈音。云是西王母第二十四女。紫微宮在北溟外羽明野玄壠山，山在崑崙之東北。紫微說阿母言曰：欲存日月氣者，當知日月景象：日圓形而方景，月方精而圓象；景藏形內，精隱象中；景赤象黃，是為日月之魂。若知其道，乃可以吐納流霞耳。」參見（宋）張君房纂輯，蔣力生等校注：《雲笈七籤》卷23，北京：華夏出版社，1996年，第131頁。

〔註17〕參見曇無讖等譯：《大集經》卷41，（日）高楠順次郎、渡邊海旭等輯，小野玄妙等校：《大正新修大藏經》第13冊，東京：大正一切經刊行會，1960年，第274頁。

〔註18〕「所言辰者有十二種：一名彌沙，二名昆利沙，三名彌偷那，四名羯迦吒迦，五名（總）呵，六名迦若，七名兜遷，八名毗梨支迦，九名檀尼昆，十名摩伽羅，十一名鳩槃，十二名彌那。」參見《大集經》卷第五十六，引自趙洪聯：《中國方技史（增訂版）》，上海：上海書店出版社，2017年，第747頁。

〔註19〕「夫欲求人所屬宿者，即於圖上。取彼生月十五日下宿，從此望宿逆順數之，至彼生日止。則求得彼人所屬宿也。」參見《宿曜經》卷下，引自趙洪聯：《中國方技史（增訂版）》，上海：上海書店出版社，2017年，第752頁。

有神真護衛，故而也稱為存神。存神中的對象與中國傳統的五行文化有關。
在《漢書‧郊祀志》中記載的「化色五倉之術」〔註20〕中，顏師古注引用
李奇之語，認為存思的對象是腹中的五色、五倉神。〔註21〕在《老子河上
公章句》中直接稱之為「五藏之神」〔註22〕。《太平經》認為五行能夠化為精
神進入體內，五行在人體的體現就是五臟神，對它們進行存思，就能修煉精
神。〔註23〕在之前提到的《黃庭內景經》中「八景二十四真」中，有很多
方法都會提到丹田至人體各部位均有神主宰。而《老子銘》中也提到了有
「世之好道者」認為老子能成聖，與「存想丹田太一紫房」有關。〔註24〕
《黃庭外景經》所說的「推志遊神三奇靈」〔註25〕，實際上是以存想之法，
用神念軌跡來描述黃庭、中池神真服色情況。存神之術從漢代至東晉逐漸
形成了一整套修煉方法。在東晉時力倡存神的上清派，於隋唐時期被道教所
繼承，此派所流傳存神法也隨之流行，其中影響較大的就是觀五臟神法。觀
五臟神法是以人自身的五臟類比仙庭，用神念在五臟間模擬仙庭運行方式，
從而體悟神仙之術。通過存一存氣〔註26〕之法，「夫修心是三一之根，煉氣
是榮道之樹，有心有氣，如留樹留根。根即心也，存心即存氣，存氣即存

〔註20〕（漢）班固撰，（唐）顏師古注：《漢書》卷25，北京：中華書局，1962年，
　　　　第1260頁。
〔註21〕「思身中有五色，腹中有五倉神；五色存則不死，五倉存則不饑。」參見（漢）
　　　　班固撰，（唐）顏師古注：《漢書》卷25，北京：中華書局，1962年，第1261
　　　　頁。
〔註22〕「人能養神則不死，神謂五藏之神」「懷道抱一，守五神也。」參見（漢）河
　　　　上公撰，王卡點校：《老子河上公章句》卷1，《成象》、《安民》，北京：中華
　　　　書局，1993年，第21、11頁。
〔註23〕「神長二尺五寸，隨五行五藏服飾」「五藏神能報二十四時氣，五行神且來救
　　　　助之，萬疾皆愈。」參見張繼禹主編：《中華道藏》第7冊，《太平經鈔》癸
　　　　部，北京：華夏出版社，2014年，第650、332頁。
〔註24〕（清）嚴可均輯：《全上古三代秦漢三國六朝文》第1冊，《全後漢文》卷62
　　　　《邊韶》，北京：中華書局，1958年，第813頁。
〔註25〕（宋）張君房纂輯，蔣力生等校注：《雲笈七籤》卷12《太上黃庭外景經》，
　　　　北京：華夏出版社，1996年，第70頁。
〔註26〕「老君曰：忽兮恍兮，其中有象，恍兮忽兮，其中有物，一之謂也。故《仙
　　　　經》曰：子欲長生守一，當明思一至饑，一與之糧，思一至渴，一與之漿。
　　　　一有姓字服色，男長九分，女長六分；或在臍下二寸四分下丹田中；或在心
　　　　下絳宮金闕，中丹田也；或在人兩眉間，卻行一寸為明堂，二寸為洞房，三
　　　　寸為上丹田也。此乃是道家所重。」參見（晉）葛洪撰，王明校釋：《抱朴子
　　　　內篇校釋》卷18，北京：中華書局，1986年，第323頁。

一」〔註 27〕，以氣導引人的精神修煉。在此基礎上，《天隱子》提出：「存謂存我之神，想為想我之身。」〔註 28〕道教自天地星宿山用以至人身五官五臟，皆有神名，皆欲存思結想以能結識仙人，從而直接獲得仙道傳承。

在這一時期，除了對先天神仙系統架構的繼承，更加注重在後天修仙上，將神話傳說與神仙術糅合起來。在《鍾呂傳道集》中，呂洞賓與鍾離權論道的過程中，提到了修真仙的目的，一是「免輪迴，不入於異類軀殼」；二是「嘗使其身無病老死苦」。並且，他們認為「法有三成、仙有五等」，修煉的功用有小成、中成、大成之分；修仙的等次有鬼仙、人仙、地仙、神仙、天仙之分。而人是可以通過一些方法修煉成仙的，《論真仙第一》中就提到：「呂曰：人之生也，安而不病，壯而不老，生而不死，何道可致如此？」〔註 29〕「鍾曰：人生欲免輪迴，不入於異類軀殼，嘗使其身無病老死苦，頂天立地，負陰抱陽而為人也。為人勿使為鬼，人中修取仙，仙中陞取天矣。」〔註 30〕他們將其他的神仙術，如服食、導引等視為「傍門小法」〔註 31〕，將修五臟之神之法認為是「大道」，並以人為鼎爐，將這些理論過渡到了內丹術中。而且，在後世的神仙系統中，鍾離權、呂洞賓也被尊為道教的「八仙」。

隋唐時期流行的佛經中，也有對人心修煉的存思方法。如鳩摩羅什《禪秘要法經》中就記載有「繫念」、「諦觀」、「調想」、「觀想」等類似存思的方法。有學者考證，這種方法在唐朝是有記載的〔註 32〕。這種觀想存思，往往

〔註 27〕 （宋）張君房纂輯，蔣力生等校注：《雲笈七籤》卷 56，北京：華夏出版社，1996 年，第 331 頁。

〔註 28〕 （唐）司馬承禎撰，吳受琚輯釋，俞震、曾敏校補：《司馬承禎集》，北京：社會科學文獻出版社，2013 年，第 332 頁。

〔註 29〕 高麗楊點校：《鍾呂傳道集、西山群仙會真記》，北京：中華書局，2015 年，第 43 頁。

〔註 30〕 高麗楊點校：《鍾呂傳道集、西山群仙會真記》，北京：中華書局，2015 年，第 44 頁。

〔註 31〕 《論大道第二》羅列了「傍門小法」：「有齋戒者，有休糧者，有採氣者，有漱咽者，有離妻者，有斷味者，有禪定者，有不語者，有存想者，有採陰者，有服氣者，有持淨者，有息心者，有絕累者，有開頂者，有縮龜者，有絕跡者，有看讀者，有燒煉者，有定息者，有導引者，有吐納者，有採補者，有布施者，有供養者，有救濟者，有入山者，有識性者，有不動者，有受持者，傍門小法，不可備陳。」參見高麗楊點校：《鍾呂傳道集、西山群仙會真記》，北京：中華書局，2015 年，第 49 頁。

〔註 32〕 「僧肇的《鳩摩羅什法師誄》被收錄在唐道宣所輯的《廣弘明集》中。」參見趙洪聯：《中國方技史（增訂版）》，上海：上海書店出版社，2017 年，第 731 頁。

會以人身體的一些部位為觀想對象。如「沙門法」中對指骨的想像：「先當繫念著左腳大指上，諦觀指半節，作泡起想，諦觀極使明瞭」〔註33〕，通過「次觀」反覆，達到「舉身暖熅心下熱」的效果；還有「薄皮觀」中對皮膚的觀想、「新死想觀」對己身的觀想等〔註34〕。這些觀想都涉及了人身體中的骨骼、人心、爪髮、腰臍、皮相等不同的部位，被統稱為「禪法三十觀」〔註35〕。這亦是一種主要以身體部位為神的存想方法，其存思之處，多為修煉精神之法，是佛門禪宗中很重要的存想之術。

二、神遊物外

隋唐時期的存想之術，除了在體內或者腦海進行精神修煉之外，還有一類化神於物外的方法。與之前的入室存思不同，神遊物外是側重於求仙道於人體之外。唐代《太平經鈔》〔註36〕中有「道有九度分別，一名為元氣無為，二為凝靖虛無，三為度數分別可見，四為神遊去而還反，五為大道神與四時五行相類，六為刺喜，七為社謀，八為洋神，九為家先」〔註37〕的觀點，在自己的元神煉到一定境界之時，不在室內腦海內存思，將元神送入虛無，以求遇仙道。在神仙術中，這種方法有神遊、神解、尸解等名稱，其實際意義就是使人的精神能脫離肉體的限制，從而能自由地在宇宙中遨遊，成為真仙。

〔註33〕（前秦）鳩摩羅什譯：《禪秘要法經》卷上，（日）高楠順次郎、渡邊海旭等輯，小野玄妙等校：《大正新修大藏經》第 15 冊，東京：大正一切經刊行會，1960 年，第 243 頁。

〔註34〕參見趙洪聯：《中國方技史（增訂版）》，上海：上海書店出版社，2017 年，第 731～732 頁。

〔註35〕禪法三十觀：「沙門法、白骨觀、慚愧自現觀、不淨觀、薄皮觀、厚皮蟲聚觀、濁水觀、新死想觀、具身想觀、節節解觀、白骨流光觀、四大觀（地大觀、火大觀、風大觀、水大觀）、結使根本觀、地大觀（易觀法）、外四大觀（漸解學空觀）、內四大觀（諦觀身內『四大』）、補想觀、身念處觀、一門觀、佛三昧觀（灌頂法）、數息觀、暖法觀、頂法觀、助頂法觀、火想真實火大觀、火大無我觀、正觀（須陀洹道）、真無我觀、第二十八觀（原書缺）、水大觀（水大與火大合）、風大觀（阿那含相應境界相）。」參見趙洪聯：《中國方技史（增訂版）》，上海：上海書店出版社，2017 年，第 732～733 頁。

〔註36〕「經名：太平經鈔。原不題撰人，據考應為唐末道士呂丘方遠節鈔《太平經》而。」參見張繼禹主編：《中華道藏》第 7 冊，《太平經鈔》，北京：華夏出版社，2014 年，第 242 頁。

〔註37〕張繼禹主編：《中華道藏》第 7 冊，《太平經鈔》，北京：華夏出版社，2014 年，第 268 頁。

在內丹術中有專門的煉形之法〔註38〕，要用金液、玉液來鍛鍊肉身，其過程十分艱難，而且其丹藥輔助之法有一定的危險性，雖然是上好的方法〔註39〕，其最終目地，還是五元朝元，實際上與神遊的目的是一致的。入室存思比之內丹術還更加危險，沒有真正地與神仙有關的參照物，只能以自己的觀念去模擬，出問題的幾率更高。修神遊物外之法就是要規避這種危險。與南北朝盛行的尸解神遊〔註40〕不同，在唐代神遊之法中，具有代表性的是司馬承禎的神解之法和呂洞賓的朝元之法，尸解之法已成了劣法〔註41〕。

（一）神解之法

司馬承禎認為神解是集信解、閒解、慧解、定解於一體的，此後方能解脫神遊。「一齋戒謂之信解，〔言無信心，即不能解。〕」〔註42〕所謂信解，就是要對入道修仙有極大的信心與信念，入道就要行齋戒，不能有半途而費的心思，否則不可能從肉身解脫。而行齋戒之事，與服食術、導引術是有聯繫的。「齋戒者，非蔬茹飲食而已；澡身〔者〕，非湯浴去垢而已。」〔註43〕齋戒過程中所食用的東西不是為了解決饑渴，其中的沐浴也不是為了洗淨身體的污垢，其目的在於修養性命，以求天道。不過司馬承禎也強調齋戒不是絕

〔註38〕「呂曰：『煉形之理，亦粗知矣。金液、玉液者，何也？』鍾曰：『今液練形，則骨體金色而體出金光，金花片片而空中自現，乃五氣朝元，三陽聚頂，欲超凡體之時，而金丹大就之日。若以玉液煉形，則肌泛陽酥而形如琪樹、瓊花、玉藻。更改凡體而光彩射人，乘風而飛騰自如，形將為氣者也。奉道之士，雖知還丹之法，而煉形之功亦不為小矣。』參見高麗楊點校：《鍾呂傳道集、西山群仙會真記》，北京：中華書局，2015年，第102頁。

〔註39〕《枹朴子》引《仙經》曰：「上士舉形升虛，謂之天仙；中士遊於名山，謂之地仙；下士先死後脫，謂之尸解仙。」參見（晉）葛洪撰，王明校釋：《抱朴子內篇校釋》卷2，北京：中華書局，1986年，第20頁。

〔註40〕據《雲笈七籤》卷84至86所載尸解法，多記為南北朝時期，參見（宋）張君房纂輯，蔣力生等校注：《雲笈七籤》，北京：華夏出版社，1996年，第520～533頁。

〔註41〕杜光庭《墉城集仙錄敘》云：「夫神仙之上者，雲車羽蓋，形神俱飛；其次，牝谷幽林，隱景潛化；其次，解形託象，蛇蛻蟬飛。然而衝天者為優，尸解者為劣。」參見（宋）張君房纂輯，蔣力生等校注：《雲笈七籤》，北京：華夏出版社，1996年，第718頁。

〔註42〕（唐）司馬承禎撰，吳受琚輯釋，俞震、曾敏校補：《司馬承禎集》，北京：社會科學文獻出版社，2013年，第333頁。

〔註43〕（唐）司馬承禎撰，吳受琚輯釋，俞震、曾敏校補：《司馬承禎集》，北京：社會科學文獻出版社，2013年，第331頁。

食，「夫人稟五行之氣而食五行之物，而實自胞胎有形也。呼吸精血，豈可去食而求長生。但世人不知休糧服氣，道家權宜，非永絕食粒之謂也。」〔註44〕在他看來，服食術中有許多方法與少食食物有關，但不能以損害身體為代價。真正的齋戒服食，在於「節食調中」〔註45〕，有飢餓感時要及時進食，只是吃的時候要注意節制，不要太飽。同樣的，齋戒過程中的按摩、打坐、進氣，也不是真的就靜坐一處一動不動，「手常摩擦皮膚，溫熱熨去冷氣，此所謂暢外也。久坐、久立、久勞役，皆宜戒也。」〔註46〕如此為之，才是真正的齋戒，才能達到信解。

　　所謂閒解，指要有一個可安身心之處，「二安處謂之閒解，〔言無閒心，則不能解。〕」〔註47〕這其中的「閒」可以理解為無心為官、閒散的心態，也就是不能抱著利欲之心來修煉。司馬承禎對此解釋「何為安處？曰：非華堂邃宇、重裀廣榻之謂也，在乎南向而坐，東首而寢。陰陽適中，明暗相半。屋無高，高則陽盛而明多；屋無卑，卑則陰盛而暗多。」〔註48〕閒解之閒，不是無聊或者浪費時間，安處之安，也不在於華屋高臺，其關鍵在於能否達到陰陽適中。由此觀之，閒解、安處之法，與堪輿之術也有聯繫。或者說，閒解、安處以堪輿之術為工具，達到人性命修煉的陰陽調合。其所謂安處最終還是落在「心目皆安」〔註49〕上，比之服食導引，欲達到安處狀態，其成本還是比較高的。人們在安處過程中，往往會被俗事所侵擾〔註50〕，想要內外

〔註44〕（唐）司馬承禎撰，吳受琚輯釋，俞震、曾敏校補：《司馬承禎集》，北京：社會科學文獻出版社，2013 年，第 331 頁。

〔註45〕「蓋其法在節食調中，磨擦暢外者也。」「食之有齋戒者，齋乃潔淨之務，戒乃節慎之稱。有饑即食，食勿令飽，此所謂調中也。」參見（唐）司馬承禎撰，吳受琚輯釋，俞震、曾敏校補：《司馬承禎集》，北京：社會科學文獻出版社，2013 年，第 331 頁。

〔註46〕（唐）司馬承禎撰，吳受琚輯釋，俞震、曾敏校補：《司馬承禎集》，北京：社會科學文獻出版社，2013 年，第 331 頁。

〔註47〕（唐）司馬承禎撰，吳受琚輯釋，俞震、曾敏校補：《司馬承禎集》，北京：社會科學文獻出版社，2013 年，第 333 頁。

〔註48〕（唐）司馬承禎撰，吳受琚輯釋，俞震、曾敏校補：《司馬承禎集》，北京：社會科學文獻出版社，2013 年，第 332 頁。

〔註49〕「吾所居室，四邊皆窗戶，遇風即闔，風息即開。吾所居座，前簾後屏，太明則下簾，以和其內映；太暗則捲簾，以通其外曜。內以安心，外以安目，心目皆安矣。」參見（唐）司馬承禎撰，吳受琚輯釋，俞震、曾敏校補：《司馬承禎集》，北京：社會科學文獻出版社，2013 年，第 332 頁。

〔註50〕「明暗尚然，況大多事慮，大多情慾，豈能安其內外哉！」參見（唐）司馬

皆安，是需要拋卻利欲之心的，這個過程就會淘汰一大批急於求成之人。所以在信解之後，閒解也很重要。

慧解則與存想術的運用有緊密連繫，「三存想謂之慧解，〔言無慧心，即不能解。〕」〔註 51〕在司馬承禎看來，能否在齋戒、安處準備好之後達到慧解，還是要通過存想術。在信解堅定修仙目標、閒解安心安目之後，就可以開始施行存想術了。「存謂存我之神，想謂想我之身。」〔註 52〕外在的條件準備，最終是為了行存想之術能不受外界干擾，能夠真正地把注意力集中於己身。凡人之所以無法認知仙道，就是因為他們「終日視他人，故心亦逐外走；終日接他事，故亦逐外瞻。營營浮光，未嘗覆照，奈何不病且夭邪！」〔註 53〕沒有信解、閒解，就不可能真正地去施行存想術。司馬承禎之所以反覆強調存想，是因為它是修煉仙道的核心方技〔註 54〕。有了存想術的正常運轉，才能在腦海之中慧解，神遊物外才有可能。

此後的定解，則是沿著存想之術而來的坐忘，「四坐忘之謂定解，〔言無定心，即不能解。〕」〔註 55〕坐忘的狀態與存想術的運行狀態息息相關：「坐忘者，因存而得也，因存想而忘也。」〔註 56〕早在春秋戰國時期，已經有對坐忘的精彩論述，如《莊子·大宗師》中記載孔子與顏回討論坐忘的故事。〔註 57〕司馬承禎用這個詞，除了有沿用前人思想意境的意味外，還想以此來形容定解的運轉狀態。坐忘並非是刻意地忘記，而是存想到一定的境界後，

承禎撰，吳受琚輯釋，俞震、曾敏校補：《司馬承禎集》，北京：社會科學文獻出版社，2013 年，第 332 頁。

〔註 51〕（唐）司馬承禎撰，吳受琚輯釋，俞震、曾敏校補：《司馬承禎集》，北京：社會科學文獻出版社，2013 年，第 333 頁。

〔註 52〕（唐）司馬承禎撰，吳受琚輯釋，俞震、曾敏校補：《司馬承禎集》，北京：社會科學文獻出版社，2013 年，第 332 頁。

〔註 53〕（唐）司馬承禎撰，吳受琚輯釋，俞震、曾敏校補：《司馬承禎集》，北京：社會科學文獻出版社，2013 年，第 332 頁。

〔註 54〕「此存想之漸，學道之功半矣。」參見（唐）司馬承禎撰，吳受琚輯釋，俞震、曾敏校補：《司馬承禎集》，北京：社會科學文獻出版社，2013 年，第 332 頁。

〔註 55〕（唐）司馬承禎撰，吳受琚輯釋，俞震、曾敏校補：《司馬承禎集》，北京：社會科學文獻出版社，2013 年，第 333 頁。

〔註 56〕（唐）司馬承禎撰，吳受琚輯釋，俞震、曾敏校補：《司馬承禎集》，北京：社會科學文獻出版社，2013 年，第 332 頁。

〔註 57〕「墮肢體，黜聰明，離形去知，同於大通，此謂坐忘。」參見（清）郭慶藩撰，王孝魚點校：《莊子集釋》，北京：中華書局，1961 年，第 284 頁。

自然而然地、下意識地忘記自己，「行道而不見其行，非坐之義乎？有見而不行其見，非忘之義乎？」〔註58〕實際上就是將存想變成為一種類似於本能、潛意識的行為，在不知道自己是在修仙的情況下，行修仙之道。無需刻意，其心自定，從而解脫。

從信解、閒解、慧解再到定解修行得當之後，通過這些解法修煉精神，就能夠達到神解的狀態，「信、定、閒、慧，四門神通，謂之神解。」〔註59〕將精神修煉到極致，會自然而然地運行天地之道，也就能使自己的精神不受肉體所限，與陰陽相通，與天地同壽，「故神之為義，不行而至，不疾而速，陰陽變通，天地長久。」〔註60〕精神能自由解脫之後，便能脫出天、地、人三才，「在人謂之〔人〕仙矣，在天曰天仙，在地為地仙。故神仙之道，五歸一門。〔謂五漸終同，歸於仙矣。〕」〔註61〕在神解之後，人的精神便不再受制於道，而是能時時與天道相合，便已經是歸於仙界了。

通觀神解的幾個過程，信解通過服食、導引來實現，閒解結合了堪輿，慧解、定解，到最後神解，是實實在在地於存想之中進行。因此，通過神解達到精神遊於外物而解脫肉體凡胎，主要還是存想修煉。司馬承禎也將存想視為神解的核心要術，「承禎誦《天隱子》之書三年，恍然有所悟，乃依此五門漸漸進習。又三年，覺身心之間而名利之淡矣。又三年，天隱子出焉，授之以口訣，其要在《存想篇》，『歸根覆命，成性眾妙』者是也。」〔註62〕由此觀之，神解的過程是結合了服食、導引的存想之術。除此之外，司馬承禎還提到了丹田在這個過程中的重要作用，認為人性命的根本與丹田、靈識修煉有很大的關係，「夫人之根本由丹田而生，能復則長命，故曰：歸根覆命。夫人之靈識，本乎理性，性通則妙，萬物而不窮，故曰：成性眾妙。」〔註63〕也

〔註58〕（唐）司馬承禎撰，吳受琚輯釋，俞震、曾敏校補：《司馬承禎集》，北京：社會科學文獻出版社，2013年，第332～333頁。
〔註59〕（唐）司馬承禎撰，吳受琚輯釋，俞震、曾敏校補：《司馬承禎集》，北京：社會科學文獻出版社，2013年，第333頁。
〔註60〕（唐）司馬承禎撰，吳受琚輯釋，俞震、曾敏校補：《司馬承禎集》，北京：社會科學文獻出版社，2013年，第333頁。
〔註61〕（唐）司馬承禎撰，吳受琚輯釋，俞震、曾敏校補：《司馬承禎集》，北京：社會科學文獻出版社，2013年，第333頁。
〔註62〕（唐）司馬承禎撰，吳受琚輯釋，俞震、曾敏校補：《司馬承禎集》，北京：社會科學文獻出版社，2013年，第333～334頁。
〔註63〕（唐）司馬承禎撰，吳受琚輯釋，俞震、曾敏校補：《司馬承禎集》，北京：社會科學文獻出版社，2013年，第334頁。

可由此看出，在唐代中期存想神解已經和內丹術的一些理論結合起來了，這無疑是一種思想交流，也是此時神仙術發展進階的體現。

（二）朝元之法

朝元在神仙術體系中，常常與五氣聯繫在一起，通稱五氣朝元。但實際上這兩個概念的出現並非在同一時期。「五氣」觀念來源於「五色」，在漢代的《周易參同契》中，就有「五色」相關的論述〔註64〕。其中的青、赤、白、黑分別對應了除土以外的其他四行，以這樣的方式，將五種顏色與五行對應。在隋唐時期的道教中，五色就是五行的代表，也是五臟的符號象徵。在此基礎上，「五氣朝元」說法真正出現，與《鍾呂傳道集》有很大關係，其中有一節專論朝元。相比於司馬承禎所設想的神解之法，《鍾呂傳道集》中的朝元之法則更加具體。而且鍾呂之說，也是後世內丹術的奠基之作，其朝元之法不僅是修煉精神之法，還會與修煉形體息息相關。如果說司馬承禎是在入室存思的基礎上，更進一步為神遊物外，那麼在內丹術中的朝元則是在存思之上，又加上了一層新的境界。

朝元是一種建立在人體五臟理論基礎上的神遊，把根本建立在對五臟〔註65〕、六氣〔註66〕的認識上。比之神解之法，朝元對精神運作的指引是更加具體的，它以體內的五臟類比，描述出東方青帝、南方赤帝、西方白帝、中央黃帝、北方黑帝等神仙，有理有據地引導著存想的方向。其神雖然游蕩於外，但與人體之內有聯繫。這種神遊之法，實際上是以體內真氣運行的路線去指導精神外遊的方向。結合五行學說，朝元給神遊規定出了具體模式。鍾呂之說先是論述了氣在人體的運行情況〔註67〕，人體的生成由陰陽而來，在

〔註64〕「土王四季，羅絡始終，青赤白黑，各居一方，皆稟中宮，戊巳之功。」參見（漢）魏伯陽撰，（清）仇兆鰲集注：《周易參同契集注》，上海：上海古籍出版社，1989年，第76頁。

〔註65〕「其中肝為木，曰甲乙，可比於東方青帝。心為火，曰丙丁，可比於南方赤帝。肺為金，曰庚辛，可比於西方白帝。脾為土，曰戊巳，可比於中央黃帝。腎為水，曰壬癸，可比於北方黑帝。」參見高麗楊點校：《鍾呂傳道集、西山群仙會真記》，北京：中華書局，2015年，第105頁。

〔註66〕「道本無形，及乎大原示樸，上清下濁，含而為一。大樸既分，混沌初判而為天地，天地之內，東西南北而列五方。每方各有一帝，每帝各有二子：一為陽而一為陰，乃曰二氣。二氣相生相成而分五行，五行相生相成而定六氣，乃曰三陰三陽。」參見高麗楊點校：《鍾呂傳道集、西山群仙會真記》，北京：中華書局，2015年，第105頁。

〔註67〕「人之初生，故無形象，止於一陰一陽。及其胎完，而有腸胃，乃分六氣，

母胎的孕育過程中，陰陽分為六氣。其中一氣統運五行，其他五氣為金木水火土。五行相交合正是大道在人身上的體現。然後在精神對此認識基礎上，化用到體外天地之中，「五者互相交合，所以二氣分而為六氣，大道散而為五行。如冬至之後，一陽生五方之地，而陽皆生也。」〔註68〕通過這種方式將精神放到天地之中，使存想不再限制於體內。再加之以之前的五方五帝的形象，將身外天地的陰陽五行運行的軌跡導入精神之中，從而實現朝元〔註69〕。這實際上是將對體內五臟神的存想升級為了物外之神遊，如同母胎孕育一般「日月之間，一陽始生，而五臟之氣朝於中元，一陰始生，而五臟之液，朝於下元。陰中之陽，陽中之陽，陰陽中之陽，三陽上朝內院，心神以返天宮。是皆朝元者也。」〔註70〕朝元之法通過以體內五臟類比體外五行，給修仙之人提供了一條更為具體的途徑。比之尸解、神解，朝元可以使人的精神依此到達神宮，進而得到修煉的同時，可以窺探肉體修煉的仙法，「水火相包而含之為一，以入神宮，定息內觀。一意不散，神識俱妙。靜中常聞樂聲，如夢非夢，若在虛無之境。風光景物不比塵俗，繁華美麗勝過人世。樓臺宮闕，碧瓦凝煙。珠翠綺羅，馨香成陣。當此之時，乃曰超內院，而陽神方得聚會面還上丹，煉神成仙以合大道。」〔註71〕

　　不過在朝元之法中，將自己的精神直接投射到仙界之後，並不是就此解脫，而還要使自己的精神回到體內：「一撞天門，金光影裏以現法身，閬花深

三男三女而已。一氣運五行，五行運六氣。先識陰與陽，陽有陰中陽，陰有陽中陰。次識金木水火土，而有水中火，火中水，水中金，金中木，木中火，火中土。五者互相交合，所以二氣分而為六氣，大道散而為五行。」參見高麗楊點校：《鍾呂傳道集、西山群仙會真記》，北京：中華書局，2015年，第105～106頁。

〔註68〕高麗楊點校：《鍾呂傳道集、西山群仙會真記》，北京：中華書局，2015年，第106頁。

〔註69〕具體過程如下：「一帝行令，而四帝助之。若以春令既行，黑帝不收其令，則寒不能變溫。赤帝不備其令，則溫不能變熱。及夫夏至之後，一陰生五方之天，而陰皆降也。一帝行令，而四帝助之。若以秋令既行，赤帝不收其令，則熱不能變涼。黑帝不備其令，則涼不能變寒。冬至陽生於地，以朝氣於天地。夏至陽生於天，以朝氣於地也。奉道之士，當深究此理。」參見高麗楊點校：《鍾呂傳道集、西山群仙會真記》，北京：中華書局，2015年，第106頁。

〔註70〕高麗楊點校：《鍾呂傳道集、西山群仙會真記》，北京：中華書局，2015年，第106頁。

〔註71〕高麗楊點校：《鍾呂傳道集、西山群仙會真記》，北京：中華書局，2015年，第108～109頁。

處而坐凡體。乘空如履平川，萬里若同展臂者也。復回再入本軀，神與形合，天地齊其長久者也。厭居塵世，寄下凡胎而返十洲。於紫府太激真君處，契勘鄉原，對會名姓，較量功行之高下，得居三島，而遨遊永在於風塵之外，其名曰超塵脫凡。」〔註 72〕即使自己的精神能夠神遊物外，還需返還自己的肉體凡胎，使得神形皆得到修煉，從而真正地飛昇仙界、超凡脫俗。朝元之法除了是神遊物外之法之外，還與《鍾呂傳道集》中的內丹術有著諸多聯繫，比之單純的將希望寄託於精神修煉的存想神遊，朝元還樹立了形神皆修的認識，「煉形止於住世，煉氣方可升仙」〔註 73〕，為內丹術的發展狀大提供了煉神之法的理論基礎。

三、內丹破虛

內丹術雖盛行於唐宋，但其理論來源已經有很多前期鋪墊。胡孚琛先生認為「秦漢方仙道已秘傳內丹修煉之術，這也可在《太平經》、《老子想爾注》等道書中找到蹤跡」，內丹術是由原始的巫師在祭神、療病時所施行的行氣、導引、房中等方技發展演化而來。〔註 74〕而之所以隋唐以前的煉丹術要統稱外丹術，也是為了與隋唐時期的興起的內丹術區別開來。無論是司馬承禎的「修真之道」，還是鍾離、呂岩的內還丹說，都已與以服食為主的外丹術有顯著的區別，而這個區別中最主要的，就是在方法上。內丹術認為「氣能存生，內丹也」〔註 75〕。此術不再以煉製丹藥為主要修仙手段，而是以人體為鼎爐，將體內的「精」、「氣」化做藥材，用「神」來引導燒煉，在人的念想之間使精、氣、神於體內凝聚成內丹，從而使人由外而內，身體與精神皆盡升仙。所以，我們會在內丹修煉方法中找到驅除體內寄生蟲的這種習慣，如唐代的《太上除三尸九蟲保生經》介紹的除三尸法，即驅除體內寄生蟲的治療方法〔註 76〕。這實際上與內丹術重視內外皆修有關。內丹術之所以從唐代開始興盛，一方

〔註 72〕高麗楊點校：《鍾呂傳道集、西山群仙會真記》，北京：中華書局，2015 年，第 109 頁。

〔註 73〕高麗楊點校：《鍾呂傳道集、西山群仙會真記》，北京：中華書局，2015 年，第 109 頁。

〔註 74〕胡孚琛、呂錫琛：《道學通論》（增訂本），北京：社會科學文獻出版社，2004 年版，第 532 頁。

〔註 75〕「氣能存生，內丹也；藥能固形，外丹也。」參見張繼禹主編：《中華道藏》第 18 冊，《通幽訣》，北京：華夏出版社，2014 年，第 611 頁。

〔註 76〕王永平：《道教與唐代社會》，北京：首都師範大學出版社，2002 年，第 326 頁。

面是由於外丹術發展到一定程度，而服丹之人多因外丹致病致死，使人們開始反思外丹術；另一方面，存想術發展到隋唐時期，提供了一套人內在修煉的方法體系，醫術的經絡學說也在唐代廣為流傳。外丹術的煉丹理論配合存想體系的完善以及養生導引在隋唐時期的流行，形成了另有特色的內丹術。而內丹術的主要內容，多集中在精神修煉上，本質上還是一種神仙存想方法。

（一）煉精為氣

《鍾呂傳道集》認為，元陽在腎而生真氣，真氣朝心而生真水。真水，真陰也；真氣，真陽也。真陰真陽，一升一降〔註77〕。欲修內丹術，就要效法天機，以人自身為對象，以五臟六腑對應先天八卦，從中修煉真陽真氣。在人體之內就能實現真陰真陽「上下往復」，直接修煉出金液還丹，不需要再服用外丹，是更為高效的修煉方法。在道家丹道工夫中，經過修煉，使精氣從下丹田開始，打開陰蹻庫，在任督二脈中循環，然後通過脊柱內部進行反覆鍛鍊，再上升到頭部。頭內藏神，陰蹻庫藏陰精。使精氣這種先天混元氣，能自由轉化為人體的任意物質，而意識裏面的神在精神中亦有類似的通用性，神和精氣結合到一起，能強化人的通用性。這種具有通用性的「精」才能慢慢地修煉成「氣」。而從精到氣然後到神的過程，就是內丹術中十分重要的部分。而內丹之丹爐，主要指丹田，「丹乃丹田也。丹田有三：上田神會、中田氣府、下田精區。精中生氣，氣在中丹。氣中生神，神在上丹。真水真氣合而成精，精在下丹。奉道之士莫不有三丹。然而氣主於腎，未朝於中元；神藏於心，未超於上元。所謂精華不能返合，雖三丹終成無用」〔註78〕內丹術所求之神並非直接能夠達到，中間有一個過程，先煉精，精存於人的下丹

〔註77〕《論天地第三》載：「呂曰：天地之機，運行於道而得長久，乃天地作用之功也……如何作用運行大道、法效天機，而亦得長久堅固，浩劫長存？」鍾曰：「大道無形，因彼之所得而為形……真水乃真陰也，真氣乃真陽也。真陽隨水下行，如乾索於坤，上曰震，中曰坎，下曰艮；以人比之，以中為度，自上而下，震為肝，坎為腎，艮為膀胱。真陰隨氣上行，如坤索於乾，下曰巽，中曰離，上曰兌；以人比之，以中為度，自下而上，巽為膽，離為心，兌為肺。形象既備，數足離母。既生之後，元陽在腎，因元陽而生真氣，真氣朝心，因真氣而生真液，真液還元，上下往復……此乃天機深造之理，古今不傳之事。」參見高麗楊點校：《鍾呂傳道集、西山群仙會真記》，北京：中華書局，2015年，第53～55頁。
〔註78〕高麗楊點校：《鍾呂傳道集、西山群仙會真記》，北京：中華書局，2015年，第93頁。

田，氣在人的中丹田，而神則會於人的上丹田。因此，想要修煉性命之神，就要修煉氣，而氣的來源需要通過提煉「精」來實現。如果沒有這麼一個過程，上中下三個丹田就是個無用的空殼。在煉精為氣的過程中，人的性命受後天影響不大。欲要求得性命真諦，則須找到真正的自我，正所謂：「玄中有玄，一切之人莫不有命。命中無精，非我之氣也，乃父母之元陽。無精則無氣，非我之神也，乃父母之元神。」〔註79〕此時人性命中的氣與神，仍是來自於父母精血，這些都是先天的。而人想要修得真正屬於自己的氣，就要從脫離母體之後重新修煉。而煉精為氣，是需要用到存想五臟的方法的。「腎中生氣，氣中有真一之水。使水復還於下丹。則精養靈根，氣自生矣。」〔註80〕從自身的藏精之腎中生出氣，此氣中含有「真一之水」，此時用煉丹當中的煉水之法，將此水復還於下丹田，往返與此，就能不停地修煉出屬於自己的「氣」。而由此氣生成的還丹，屬於小還丹〔註81〕。小還丹只能算是小成，可以保人的身體少病痛，卻不能使人飛昇成仙。

（二）煉氣為神

煉精成氣之後，由於先天之氣可以通過內丹術中的下丹田源源不斷地產生，使煉氣為神成了可能。如果能穩定地由氣生神，那麼就能夠說得上是入了仙品〔註82〕。這也是內單術通過之前已知的神仙術所能達到的最高境界了。煉氣為神的過程，實際上就是在人的體內生出仙胎，有了仙胎，就有機會慢慢地用它替代父母精血所化的現在的軀殼，也就有了內丹術所說的「大

〔註79〕高麗楊點校：《鍾呂傳道集、西山群仙會真記》，北京：中華書局，2015年，第93頁。

〔註80〕高麗楊點校：《鍾呂傳道集、西山群仙會真記》，北京：中華書局，2015年，第93頁。

〔註81〕「小還丹者，本自下元。下元者，五臟之主，三田之本。以水生木，木生火，火生土，土生金，金生水。既相生也，不差時候，當生而引未生，如子母之相愛。以火剋金，金克木，木剋土，土剋水。水剋火。既相剋也，不失分度，當剋而補，未剋如夫婦之相合也。氣液轉行，周而復始，自子至午，陰陽當生；自卯至酉，陰陽當停。凡一晝一夜，復還下丹，循環一次，而曰小還丹。奉道之士，於中採藥，進火以面下丹，良由此矣。」參見高麗楊點校：《鍾呂傳道集、西山群仙會真記》，北京：中華書局，2015年，第94～95頁。

〔註82〕「以至煉形化氣，煉氣成神。自下田遷而至中田，自中田遷而至上田，自上田遷而出天門。棄下凡軀，以入聖流仙品，方為三遷功成。」參見高麗楊點校：《鍾呂傳道集、西山群仙會真記》，北京：中華書局，2015年，第98頁。

還丹」〔註83〕。煉氣為神的過程，較煉精為氣來說是更加兇險的。由氣生神，是需要經「心」的，「心中生液，液中有正陽之氣。使氣復還於中丹，則氣養靈源，神自生矣。集靈為神，合神入道，以還上丹，而後脫。」〔註84〕在「心」中積累大量的真氣之後，濃稠的真氣形成液化的真氣。然後以這種液化的真氣復還於中丹田，循環往復，滋養靈源，不斷擴充體內「靈」的含量，最後「集靈為神、合神入道」，生出完全不同於來自父母精血的、完全屬於自己本身的「神」，人也由此脫胎換骨，可以摒棄原有的凡人之軀了。這才是真正的還丹，才是成仙了道的根本。

　　但要注意的是，如果沒有恰當的方法——服食、導引或者存想——這個過程是很容易出問題的，也就是常說的走火入魔，而這恰恰是很多內丹術丹書提及不夠的。在司馬承禎的《天隱子》將這個過程稱為「坐忘」。而考察內丹術興起的唐代，其理論是在相關的神仙術大有發展的基礎上的，也包括醫術醫經當中的養生之法。如孫思邈認為「多欲則志昏」，想要進行精神修煉就需要清心寡欲，萬事從簡，「必清必靜，無動汝形，無搖汝精，乃可以長生」。如《鍾呂傳道集》亦有專門論述內丹過程中的「九難十魔」〔註85〕，其中兇險，唯有煉內丹者本人能切身感受〔註86〕。因此，內丹修煉除了存想存思之

〔註83〕「龍虎相交而變黃芽，抽鉛添汞而成大藥。玄武宮中而金晶才起，玉京山下而真氣方升。走河車於嶺上，灌玉液於中衢，自下田入上田，自上田復下田，後起前來，循環已滿，而曰大還丹也。奉道之士，於中起龍虎而飛金晶，養胎仙而生真氣，以成中丹，良由此矣。」參見高麗楊點校：《鍾呂傳道集、西山群仙會真記》，北京：中華書局，2015年，第95頁。

〔註84〕高麗楊點校：《鍾呂傳道集、西山群仙會真記》，北京：中華書局，2015年，第93頁。

〔註85〕「煉丹者所遇衣食逼迫、難得閑暇、難敵愁煩，名利紫絆、災禍橫生、盲師約束、狂友指訣，志意懈怠及歲月蹉跎，為『九難』；又六賊、富、貴、六情、恩愛、患難、聖賢、刀兵、女樂、女色，為『十魔』。『九難十魔』說，泛指煉丹者所遇各種困境。又女樂、女色實指一事，故亦有『九難九魔』之說。」參見趙洪聯：《中國方技史（增訂版）》，上海：上海書店出版社，2017年，第713頁。

〔註86〕「呂曰：內觀以聚陽神，煉神以超內院，上湧以出天門，直超而入聖品……不知陰鬼邪魔如何制使，奉道之人不得升仙者也。鍾曰：奉道之士，始有信心，以恩、愛、名、利一切塵勞之事，不可變其大志。次發苦志，以勤勞、寂寞一切清虛之境不可改變其初心苦志。必欲了于大成，止於中成而已。必欲了於中成，止於小成而已。又況不識大道，難曉天機。所習小法，而多好異端。歲月磋跎，不見其功。晚年衰老，復入輪迴。致使好道之士，以長生為妄說，超脫為虛言。往往聞道而不信，心縱信之而無苦志。對境生心，以

外，還需要許多其他神仙術配合。而煉氣為神理論形成，是在這些方術方技發展基礎上的。因此，我們可以合理推測，欲修煉內丹術，達到煉氣為神、褪去凡胎的境界，是建立在充足充分的服食、導引、存想的基礎上的，再由此修煉，煉氣成神才有可能。雖然內丹術的理論探索者們下工夫最多的地方，在體內存想、引導精氣神的方法上，但我們還是要注意同時期的其他神仙術的互動。在煉氣為神之後的兩個階段「虛」與「道」，則更需要精打細算、循序漸進的過程。雖然內丹術所追求的成仙了道終歸於虛無縹緲，但我們可以在這個過程中研究出一些古人探索天道、自然的方式方法。因為西方科學方法的產生，也是孕育在許多人對中世紀神學終極問題的不斷探索中的。所以，接來下的煉神為虛、煉虛為道這兩個階段，雖然已經完全脫離的人之外的客觀世界，卻是一個有必要繼續研究探討的問題。

（三）煉神為虛

有關養神煉神的說法，在先秦道家思想中多有提及。如《老子》中有「虛其心，實其腹」「致虛極，守靜篤」「專氣致柔能嬰兒乎」等論述。〔註 87〕之後在東漢《太平經》的中，對守一、潛心靜養方法也例舉了很多〔註 88〕，認為養神與人性命的延長有莫大的關係。魏晉時期有一些學者，如嵇康，也有部分論述養神之法的言語。東晉葛洪《抱朴子・內篇》中提倡的「守一」〔註 89〕之道，則主張長生需要對人腦海裏的神進行修煉。到了隋唐之際，隨著越來越多外丹術致死「事故」的出現，越來越多的修道修仙之士把目光集中到人體本身，以免過度依賴於外丹之術。而之前多隱逸於山林的老莊之說，結合內丹煉神之道，又產生了新的內丹煉神為虛的理論。

煉氣為神已是極須自制能力的過程，而煉神為虛則是在此基礎上對道

物喪志，終不能出於十魔、九難之中矣。」參見高麗楊點校：《鍾呂傳道集、西山群仙會真記》，北京：中華書局，2015 年，第 118 頁。

〔註 87〕參見朱謙之撰：《老子校釋》，北京：中華書局，2000 年，第 15、64、39 頁。

〔註 88〕「守一明之法，長壽之根也，萬神可祖，出光明之門。守一精明之時，若火始生時，急守之勿失。始正赤，終正白，久久正青，洞明絕遠復遠，還以治一，內無不明也。百病除去，守之無懈，可謂萬歲之術也。守一明之法，明有日出之光，日中之明，此第一善得天之壽也，安居閒處，萬世無失。守一時之法，行道優劣。」參見《太平經》，上海：上海古籍出版社，1993 年，第 9 頁。

〔註 89〕「子欲長生，守一當明。」參見（晉）葛洪撰，王明校釋：《抱朴子內篇校釋》卷 18，北京：中華書局，1986 年，第 323 頁。

家、道教終極目標「虛無」在內丹術上的探討。其目的在於以人所煉之神返天地未分之前的虛無為極致，而存神則招致神靈，以神真接引、飛昇上天，由神而虛。在司馬承禎的《坐忘論》中，就以存思為基礎，形成了一套「七階論」。「七階論」中最基礎的要求是「敬信」，對道德經中記載的道要有信仰〔註90〕。然後是「斷緣」：除了修煉之外的其他俗事一概不理〔註91〕，「塞其兌，閉其門、終身不勤」〔註92〕，從而使人脫離塵世的紛擾，一心以長生為目的。接著「收心」：將對世俗欲望的渴望通過心神修煉漸次消解，「欣迷幻境之中，唯言實是；甘寫宴有為之內，誰悟虛非。心識顛癡，良由所託之地」〔註93〕，在萬丈紅塵中須收心才能致虛。其後「簡事」：摒棄與煉神無關的一切身外之事，「情慾之餘好，非益生之良藥」〔註94〕，這與孫思邈「多欲則志昏」〔註95〕的觀念相近。因此，欲求得真正的長生，必須一切從簡，欲心不起〔註96〕。其後「真觀」：收心簡事還僅是與世俗隔絕，還需要「日損有為，體靜心閒」〔註97〕，進行進一步地修煉，才能觀見真理。其後「泰定」：自覺地虛心、安心，時刻保持內心空虛的狀態，同時不分心於外界，使得心與俗世再無關聯〔註98〕。最後「得道」：做到「虛心谷神，唯道來

〔註90〕 「夫信者道之根，敬者德之蒂。根深則道可長，蒂固則德可茂。」參見（唐）司馬承禎撰，吳受琚輯釋，俞震、曾敏校補：《司馬承禎集》，北京：社會科學文獻出版社，2013年，第132頁。

〔註91〕 「斷緣者，斷有為俗事之緣也。棄事則形不勞，無為則心自安。恬簡日就，塵累日薄。」參見（唐）司馬承禎撰，吳受琚輯釋，俞震、曾敏校補：《司馬承禎集》，北京：社會科學文獻出版社，2013年，第133頁。

〔註92〕 （唐）司馬承禎撰，吳受琚輯釋，俞震、曾敏校補：《司馬承禎集》，北京：社會科學文獻出版社，2013年，第133頁。

〔註93〕 （唐）司馬承禎撰，吳受琚輯釋，俞震、曾敏校補：《司馬承禎集》，北京：社會科學文獻出版社，2013年，第134頁。

〔註94〕 （唐）司馬承禎撰，吳受琚輯釋，俞震、曾敏校補：《司馬承禎集》，北京：社會科學文獻出版社，2013年，第138頁。

〔註95〕 （唐）孫思邈撰，李景榮等校釋：《備急千金方校釋》卷27，北京：人民衛生出版社，2014年，第931頁。

〔註96〕 「必清必靜，無動女形，無搖女精，乃可以長生。」參見（清）郭慶藩撰，王孝魚點校：《莊子集釋》，北京：中華書局，1961年，第381頁。

〔註97〕 （唐）司馬承禎撰，吳受琚輯釋，俞震、曾敏校補：《司馬承禎集》，北京：社會科學文獻出版社，2013年，第139頁。

〔註98〕 「無心於定，而無所不定。」參見（唐）司馬承禎撰，吳受琚輯釋，俞震、曾敏校補：《司馬承禎集》，北京：社會科學文獻出版社，2013年，第142～143頁。

集」〔註99〕，一身上下無一處世俗之物，所有神念，皆是靈性虛無下的道的產物，從而正式開始下一個煉虛為道的進程。

（四）煉虛為道

能煉神為虛的人，「被形者，神人也」〔註100〕，實際上已經可以說是有形的神仙了，但還不能算達到真正的虛無之道。「及心者，但得慧覺，而身不免謝」〔註101〕，人的肉體最終還是不能逃脫毀滅，附之於上的精、氣、神也會隨之消失。而依據《道德經》所言「有生於無」的理論，有形之神仙之上，還有方天大道存在，才是修煉的目的，才是內丹術所煉七返、九轉還丹之上的真正的「還丹」〔註102〕。以人體為爐鼎、體內精氣為藥引，養「神」為燃素，從而使人的精、氣、神煉化到一起，渾然一體，凝結為「聖胎」。有了「聖胎」就能夠脫離人軀體的侷限，實現煉虛為道，由腦戶而飛昇，永世不滅。

隋唐時期的神仙術中，煉虛為道已非常人所能直接描述。如司馬承禎認為：「夫道者，神異之物，靈而有性，虛而無象。隨迎不測，影響莫求，不知所以然而然。」〔註103〕道是超出凡人感知範圍外的東西，凡人對其直觀感覺是虛無，但實際上道並非什麼都沒有的虛無。「虛心谷神，唯道來集。道有深力，徐易形神。形隨道通，與神合一，謂之神人」，〔註104〕如果人能夠得通過

〔註99〕（唐）司馬承禎撰，吳受琚輯釋，俞震、曾敏校補：《司馬承禎集》，北京：社會科學文獻出版社，2013年，第145頁。

〔註100〕（唐）司馬承禎撰，吳受琚輯釋，俞震、曾敏校補：《司馬承禎集》，北京：社會科學文獻出版社，2013年，第145頁。

〔註101〕（唐）司馬承禎撰，吳受琚輯釋，俞震、曾敏校補：《司馬承禎集》，北京：社會科學文獻出版社，2013年，第145頁。

〔註102〕「呂曰：『七返者，以其心之陽復還於心而在中丹。九轉者，以其肺之陽本自心生，轉而復還於心，亦在中丹。七返、九轉既已知矣，所謂金液、玉液，上、中、下相交，陰與陽往復而還丹者，何也？』鍾曰「前賢往聖多以肺液入下田而曰金液還丹，心液入下田而曰玉液還丹。此論非不妙矣，然而未盡玄機。蓋夫肺生腎，以金生水，金入水中，何得謂之還丹？腎克心，以水剋火，水入火中，何得謂之還丹？金液乃肺液也，肺液為胎胞，含龍虎，保送在黃庭之中。……補腦煉頂，以下還上。既濟澆灌以上還中。燒丹進火，以中還下。煉質焚身，以下還中。五行顛倒，三田返復，互相交換。以至煉形化氣，煉氣成神。』參見高麗楊點校：《鍾呂傳道集、西山群仙會真記》，北京：中華書局，2015年，第97~98頁。

〔註103〕（唐）司馬承禎撰，吳受琚輯釋，俞震、曾敏校補：《司馬承禎集》，北京：社會科學文獻出版社，2013年，第145頁。

〔註104〕（唐）司馬承禎撰，吳受琚輯釋，俞震、曾敏校補：《司馬承禎集》，北京：社會科學文獻出版社，2013年，第145頁。

之前幾個階段的鍛鍊，結成還丹或者聖胎，就有了形神合一的基礎。「然虛無之道，力有深淺。深則兼被於形，淺則唯及於心……凝神寶氣，學道無心。神與道合，謂之得道」〔註105〕煉虛為道的過程，是一個神形兼備的過程，是名實相符的過程。這個過程中力的深淺，已非凡人所能直接觀察，只能用虛無來形容，而當人體也能修煉得如此虛無一般，就是真正的得道成真仙了。如鍾離權與呂洞賓的「朝元」理論：「呂曰：『煉形之理，既已知矣。所謂朝元者，可得聞乎？』鍾曰：『大藥將就，玉液還丹而沐浴胎仙……金液還丹以煉金砂，而五氣朝元，三陽聚頂，乃煉氣成神，非止於練形住世而已。所謂朝元，古今少知。苟或知之，聖賢不說。蓋以真仙大成之法，默藏天地不測之機，誠為三情隱秘之事，忘言忘象之玄旨，無問無應之妙理。恐子之志不篤而學不專，心不寧而問不切。輕言易語，增我漏泄聖機之愆，役此各為無益。』」〔註106〕到了煉虛為道的階段，還丹早已成了胎仙沐浴的養料，是外丹術無法達到的高度。這個階段的修煉已經超脫了世俗的範圍，即便是聖賢，也難以言說，說了常人也無法真正理解，成了修道修仙之人的隱秘之事。通過煉虛為道，人最終實現肉體與精神皆入仙道的目的，比之入室存思、神遊外物，是更加良好的神仙術。也正是在唐代之後，內丹術逐漸成了神仙術修煉的主流。

〔註105〕（唐）司馬承禎撰，吳受琚輯釋，俞震、曾敏校補：《司馬承禎集》，北京：社會科學文獻出版社，2013年，第145～146頁。
〔註106〕高麗楊點校：《鍾呂傳道集、西山群仙會真記》，北京：中華書局，2015年，第104頁。

第五章　神仙術與隋唐社會

　　隋唐作為中國封建社會的頂峰，其政治、經濟、文化對周邊國家和地區，乃至世界都具有深遠影響。神仙術作為這一時期中國人探尋自身性命問題的主要手段，對中國社會乃至世界的影響亦不容忽視。在這一時期，造紙術的進一步改進和推廣；雕版印刷的廣泛應用；朝廷大興文教，多次對圖書文籍進行大規模的收集和整理；冶金、手工業的發達，也為神仙術等相關的思想、學術交流提供了極大的便利。除了國內的文化昌盛之外，隋唐時期中國與國際間的交往也是盛況空前。長安作為當時的數一數二的世界性大都會〔註1〕，有來自世界許多國家、不同文明的人，中國與東亞周邊國家以及印度洋沿岸多個文明的聯繫大大加強。此時的中國人，通過吸收外來文化，進一步延展了中國傳統文化，神仙術的內容也隨之豐富了起來。神仙術的內容較之前代，既有兩漢魏晉時期流行的修仙、煉丹、服食等文化，也吸收了許多域外新的文化，如瑜伽、佛教觀想、密宗的契印、天竺導引術等。

　　在隋唐時期諸多的史料、文學作品中，我們可以在諸多地方感受到神仙術這種非「正統」的方技對隋唐社會的影響。在皇室貴族之間，仍然還保留著自魏晉以來服食丹藥的習慣，煉丹術也風靡一時，在上層社會的生活中時

〔註 1〕 「京兆府：隋京兆郡，領大興、長安、新豐、渭南、鄭、華陰、藍田、鄠、
盩厔、始平、武功、上宜、醴泉、涇陽、雲陽、三原、宜君、同官、華原、
富平、萬年、高陵二十二縣。……天寶元年，以京師為西京。七載，置貞符
縣。十一年廢。舊領縣十八，戶二十萬七千六百五十，口九十二萬三千三百
二十。天寶領縣二十三，戶三十六萬二千九百二十一，口一百九十六萬七千
一百。八十八府。理京城之光德坊。去東京八百里。」參見（後晉）劉昫等
撰：《舊唐書》卷 38，北京：中華書局，1975 年，第 1395～1396 頁。

常出現。隨著醫術醫經的發展，隋唐時期的服氣、服餌、導引之術也在士民之間頗為流行。魏晉以來的玄學思潮也影響了許多文人士子，他們都與神仙術有所糾葛，還出現了討論玄學道士，如提倡「重玄」的成玄英、李榮等，形成了獨特的道家哲學。在民間生活中，隋唐社會也處處有著神仙術的影子。在日常生活中的衣食住行、婚嫁喪取都有各式各樣的禁忌，各類宗教術法在民間都有流傳。加之唐代社會並不排斥外來宗教，除了原有影響的佛道以外，伊斯蘭教、景教、摩尼教、襖教都有自己的一些獨特的神仙術法流傳。以往的神話傳說，被道教、佛教吸收之後，逐漸形成了民間信仰的神仙體系。還有在唐代筆記傳奇中記載的、光怪陸離的仙人事蹟，也隋唐時期文學的發展起了重要作用。神仙術與隋唐時期的政治、經濟、文化均互有影響。

一、上層政治中的神仙術

隋末唐初是中國在中古時期由分裂走向統一的歷史時期，在此過程中，為了獲取在新朝上的話語權，儒、釋、道三家都在積極地為新王超提供理論依據。各方為了搶佔先機，對神仙術中的一些方法都進行了靈活運用。仙人的傳說、皇室與仙人的血緣關係、讖緯之術、煉丹術等方法都在這個過程中被採用。

（一）隋代上層政治中的神仙術

與北周武帝的滅佛不同，隋唐時期對神仙術的使用並不排斥，對宗教的態度也不極端，反而呈現拉攏的狀態。如隋文帝楊堅，在正史記載中生於佛寺，為尼姑所撫養長大〔註2〕，其故事有類於神仙。他不但不避諱這一點，反而在其成為皇帝後多次展現出對佛教的感情，有意無竟間擴大這個故事的流傳，史載「高祖信佛法，於道士蔑如也。」〔註3〕但隋文帝實際上對道教也並未採取敵視的態度，反而加以籠絡。在楊堅作為北周靜帝輔政大臣的時候，就曾兩次下令興復佛道〔註4〕，一反之前北周武帝的滅佛之舉。他的舉措也帶

〔註2〕「生高祖於馮翊般若寺，紫氣充庭。有尼來自河東……尼將高祖舍於別館，躬自撫養。皇姚嘗抱高祖，忽見頭上角出，遍體鱗起。皇姚大駭，墜高祖於地。尼自外入見曰：『已驚我兒，致令晚得天下。』為人龍頷，額上有五柱入頂，目光外射，有文在手曰『王』。長上短下，沈深嚴重。初入太學，雖至親昵不敢狎也。」參見（唐）魏徵等撰：《隋書》卷1，北京：中華書局，1973年，第1頁。

〔註3〕（唐）魏徵等撰：《隋書》卷35，北京：中華書局，1973年，第1094頁。

〔註4〕「復行佛、道二教，舊沙門、道士精誠自守者，簡令入道。」參見（唐）令狐德棻等撰：《周書》卷8，北京：中華書局，1971年，第132頁。

來了相應的政治價值：當時許多道士都轉投隋文帝身邊〔註5〕，為隋代周積極謀劃和宣傳〔註6〕，甚至有人直接用神仙術作為偽裝手段「告隋文受命之符」〔註7〕。這實際上是在利用佛道的神仙法術，為自己的政權合法性背書，為楊堅登上皇位，打下輿論基礎。道教徒們的奔走呼號，除了撈取個人政治資本外，更重要是為尋求新政權對道教的支持與復興。因為當時社會上流傳著「老子將度世」，「當有聖人出，吾道復行」〔註8〕的說法，並非完全出於個別道士的名利之舉，也體現了隋唐時期整個道教界的政治訴求。楊堅對於這種類似讖緯之語，也會主動配合。比如在老子故鄉任職時，作為亳州總管的他，「親至祠樹之下」，並在登基之後「建碑作頌」〔註9〕，這也證明了，除了對長生的需求之外，隋文帝對神仙方術還有政治上的考量。

其後的隋煬帝楊廣，也對社會上持有神仙術的佛道之士們頗為寵信。在楊廣還是晉王的時候，就已經有意識地對佛道之士進行拉攏。南朝佛道兩教均十分興盛，楊廣在坐鎮淮揚期間，利用職務之便，對佛道之士招攬不輟，有高僧記其情景場面「釋李兩部各盡搜揚，以藏名解著功，如入慧日，禮事豐華，優賞倫異」〔註10〕，以藩王之位，卑辭屈身、禮賢下士，作足了姿態。他之所以這樣做，是有其政治目的的。據《隋書·煬帝紀下》記載，這個時候的楊廣，已經「陰有奪宗之計」〔註11〕，謀求最高權力。而這些佛道之士對楊廣的目的也能領會，如乙弗弘禮，與楊廣會面時，稱他為「萬乘之主」〔註12〕，秘密支持他的奪儲活動。道士徐則也在楊廣居藩期間被請到揚州，

〔註5〕　「道士張賓、焦子順、雁門人董子華，此三人，當高祖龍潛時，並私謂高祖曰：『公當為天子，善自愛。』」參見（唐）魏徵等撰：《隋書》卷78，北京：中華書局，1973年，第1774頁。

〔註6〕　「時高祖作輔，方行禪代之事，欲以符命曜於天下。道士張賓，搞知上意，自云玄相，洞曉星曆，因盛言有代謝之徵，又稱上儀表非人臣相。」參見（唐）魏徵等撰：《隋書》卷17，北京：中華書局，1973年，第421頁。

〔註7〕　（宋）王溥撰：《唐會要》卷50《觀》，上海：上海古籍出版社，1991年，第1026頁。

〔註8〕　（唐）魏徵等撰：《隋書》卷69，北京：中華書局，1973年，第1640頁。

〔註9〕　（隋）薛道衡：《老子碑》，參見《文苑英華》卷848，北京：中華書局，1982年，第4480頁。

〔註10〕　（唐）道宣撰：《續高僧傳上》卷11《釋吉藏傳》，北京：中國書店，2018年，第178頁。

〔註11〕　（唐）魏徵等撰：《隋書》卷4，北京：中華書局，1973年，第94頁。

〔註12〕　（宋）歐陽修、宋祁撰：《新唐書》卷204，北京：中華書局，1975年，第5803頁。

楊廣「執弟子禮」「請授道法」〔註13〕，還以商山四皓來類比徐則。這也隱晦地傳達出楊廣有意儲君之位，因為漢代的商山四皓，是呂后借張良之計，用來穩定劉盈太子之位請來的名士。除此之外，隋唐交替之際有名的道士王知遠，也於此時受邀請拜訪過身為晉王的楊廣，楊廣對他「承候動止」〔註14〕，從而獲得更多名義上天命的支持，為將來奪位作準備。

　　隨著佛道之士廣泛、密切地參與隋代皇室的政治活動，他們所常用的神仙術和其他一些宗教神仙文化也隨之流行，深刻影響著當時的上層社會，記載這些神仙方技的書籍也被廣泛傳播。如隋文帝楊堅的家族就有崇佛的習慣，其父楊忠曾捐建山西棲岩寺〔註15〕，前文也提到楊堅本人出生於寺院，曾受尼姑撫養，還有個佛教小名「那羅延」〔註16〕。其皇后獨孤氏的父親獨孤信亦信奉佛教，獨孤氏之名「伽羅」〔註17〕也極具佛教色彩。在開皇初年，隋文帝曾下詔支持出家，興建佛像、賜放佛經，「民間佛經，多於六經數十百倍」〔註18〕。此外，他還曾分別於仁壽元年六月〔註19〕、十二月〔註20〕以及仁壽二年〔註21〕三次分發舍利，供各地佛徒觀想、膜拜。他還設立了專門管理佛教的昭玄寺及僧官。〔註22〕並在開皇十二年，隋文帝又設立了相當於佛教義學的機構五眾和二十五眾，每眾設有「眾主」進行管理。隋文帝時期的佛教活動，如佛經編纂、翻譯等，也十分活躍，僅大興城就有五座譯場，其中

〔註13〕　（唐）魏徵等撰：《隋書》卷77，北京：中華書局，1973年，第1758頁。

〔註14〕　（後晉）劉昫等撰：《舊唐書》卷192，北京：中華書局，1975年，第5125頁。

〔註15〕　李四龍：《論仁壽舍利的「感應」現象》，佛學研究，2008年第1期，第115頁。

〔註16〕　（宋）歐陽修、宋祁撰：《新唐書》卷71，北京：中華書局，1975年，第2348頁。

〔註17〕　（唐）李延壽撰：《北史》卷14，北京：中華書局，1974年，第532頁。

〔註18〕　（唐）魏徵等撰：《隋書》卷36，北京：中華書局，1973年，第1109頁。

〔註19〕　「仁壽元年……六月，頒舍利於諸州。」參見（唐）魏徵等撰：《隋書》卷2，北京：中華書局，1973年，第47頁。

〔註20〕　「（仁壽元年）十二月，在長安大興善寺設無遮大會以送舍利入高麗、新羅、百濟三國。」參見游自勇：《隋文帝頒天下舍利考》，五臺山研究，2002年第4期，第17頁。

〔註21〕　「今舍利真形猶有五十，所司可依前式分送海內。」參見（唐）釋道宣撰：《廣弘明集》卷17《慶舍利感應表並答》，參見《大正藏》卷52，第216頁。

〔註22〕　《隋書·百官志》記載：「昭玄寺，掌諸佛教。置大統一人，統一人，都維那三人。亦置功曹、主簿員，以管諸州郡縣沙門曹。」參見（唐）魏徵等撰：《隋書》卷27，北京：中華書局，1973年，第758頁。

就有翻譯了許多佛經的大興善寺。此外，隋文帝規定每月要定期派遣僧侶入宮講解佛經。他與獨孤皇后甚至在高僧法淳處受戒，各取法號為「總持」、「莊嚴」〔註23〕，這兩個法號還被其後的隋煬帝與蕭皇后所繼承。隋文帝的這些活動也為當時一些大臣們所諫言，認為他過於崇佛。

　　隋煬帝楊廣即位後也大肆修建佛寺，其中有名的有西禪定寺、隆聖寺、弘善寺、慧日道場、清禪寺、日嚴寺、香臺寺等，還將一些宮殿改為寺廟，並在皇室陵墓附近也修建了佛寺。在大業年間的洛陽無遮大會中，還度化了上百人為僧尼。在繼承了其父佛教政策的基礎上，隋煬帝對佛道不偏不倚，既篤信佛教，又扶持道教。隋煬帝在位期間，於長安修建了數座道觀。並在大業七年又再次召見了王知遠，以帝王之尊，「親執弟子之禮」〔註24〕，敕命於都城（長安）建玉清壇以處之。在延續了隋文帝對佛教原有尊崇的基礎上，隋煬帝對道教及其中的神仙術（長生術）十分感興趣，四處搜羅能為其所用的道士。在其即位之後，「召天下道術人，置坊以居之」〔註25〕，讓身具道家神仙術之人能在京都長留。他還在宮內設置道場、玄壇〔註26〕，在上林苑（西苑）中設立蓬萊、方丈、瀛洲三神仙的神仙境〔註27〕，以供自己享樂。隋煬帝一直對長生不死充滿幻想，迷信各類丹藥，引來了各類以修仙煉丹為名的道士。有嵩山道士潘誕在大業八年來朝，自稱有三百歲的高壽，要為隋煬帝煉取長生金丹，結果金丹不成，反被氣極敗壞的煬帝斬殺。〔註28〕煬帝

〔註23〕杜文玉：《隋煬帝與佛教》，《陝西師範大學學報：哲學社會科學版》，2001年第30期，第2頁。

〔註24〕（後晉）劉昫等撰：《舊唐書》卷192，北京：中華書局，1975年，第5125頁。

〔註25〕（後晉）劉昫等撰：《舊唐書》卷191，北京：中華書局，1975年，第5092頁。

〔註26〕「煬帝引入內道場，即令章醮。」參見（後晉）劉昫等撰：《舊唐書》卷191，北京：中華書局，1975年，第5089頁。

〔註27〕參見（清）徐松撰，（清）張穆校補，方嚴點校：《唐兩京城坊考》，北京：中華書局，1985年，第142～144頁。

〔註28〕「初，嵩高道士潘誕自言三百歲，為帝合煉金丹。帝為之作嵩陽觀，華屋數百間，以童男童女各一百二十人充給使，位視三品；常役數千人，所費鉅萬。云金丹應用石膽、石髓，發石工鑿嵩高大石深百尺者數十處。凡六年，丹不成。帝詰之，誕對以『無石膽、石髓，若得童男女膽髓各三斛六斗，可以代之。』帝怒，鎖詣涿郡，斬之。且死，語人曰：『此乃天子無福，值我兵解時至，我應生梵摩天』云。」參見（宋）司馬光編著，（元）胡三省音注：《資治通鑑》卷181，北京：中華書局，1956年，第5658～5659頁。

遷都洛陽後，又在城內及京畿造道觀二十四所，並建置崇玄署，設令、丞各
一人，專管宗教事務。

　　隋代兩位皇帝對的佛道重視，影響了神仙術的進一步發展和傳播，同時，
佛道之士也利用神仙術對當時的上層政治有所影響。例如，在兩漢魏晉流行
的讖緯之說，雖然為隋唐時期的儒士們所排斥，但道教興起以後，吸收了其
中的陰陽圖讖，結合一些神仙術手段，轉化為自己的政治工具。〔註 29〕一些
佛道的教徒出入朝堂、參與朝政，如道士焦子順「常諮謀軍國」〔註 30〕，王
知遠曾勸隋煬帝不宜遠離京都〔註 31〕。更有甚者如張賓，與人策劃罷黜當時
的執政高熲、蘇威，擁立太子楊勇〔註 32〕；如韓朗、黃儒林，調唆蜀王楊秀
奪權。〔註 33〕這些行為，對政治穩定是極為不利的。雖然皇帝對這些佛道之
士比較寬容，如參與太子楊勇一事的張賓「上以龍潛之舊，不忍加誅，並除
為民」〔註 34〕，但對於這些危害到政治核心利益的行為，是明令禁止的。如
隋文帝於開皇十三年（593 年）詔令「私家不得隱藏緯候圖讖」〔註 35〕，隋煬
帝即位後，還搜集與讖緯相關的書籍集中焚燒，處決與之相關者〔註 36〕，並
藉此排除異己。一些王公大臣涉及此類政治活動的，都遭受的嚴屬的壓制。
如衛王楊集因「呼術者俞普明，章醮以祈福助」而被禁錮；〔註 37〕郇國公王
誼因結交巫覡、搬弄圖讖被賜死〔註 38〕等。

〔註 29〕「道教興起以後，拾取了一度歸屬於儒家的陰陽圖讖這一套。」參見王永平
　　　　著：《道教與唐代社會》，北京：首都師範大學出版社，2002 年，第 8 頁。
〔註 30〕（宋）王溥撰：《唐會要》卷 50《觀》，上海：上海古籍出版社，1991 年，第
　　　　1026 頁。
〔註 31〕（後晉）劉昫等撰：《舊唐書》卷 192，北京：中華書局，1975 年，第 5125
　　　　頁。
〔註 32〕（唐）魏徵等撰：《隋書》卷 38《盧賁傳》，北京：中華書局，1973 年，第 1142
　　　　頁。
〔註 33〕「又開皇十八年，益州道士韓朗、綿州道士黃儒林，扇惑蜀王令興逆，云欲
　　　　建大事，須借勝緣。」參見《法苑珠林校注》卷 55《破邪篇第六十二》、《感
　　　　應緣‧妖惑亂眾四》，北京：中華書局，2003 年，第 1665 頁。
〔註 34〕（唐）魏徵等撰：《隋書》卷 38《盧賁傳》，北京：中華書局，1973 年，第 1142
　　　　頁。
〔註 35〕（唐）魏徵等撰：《隋書》卷 2，北京：中華書局，1973 年，第 38 頁。
〔註 36〕「發使四出，搜天下書籍與讖緯相涉者，皆焚之，為吏所糾者至死。」參見
　　　　（唐）魏徵等撰：《隋書》卷 32，北京：中華書局，1973 年，第 941 頁。
〔註 37〕（唐）魏徵等撰：《隋書》卷 44，北京：中華書局，1973 年，第 1224 頁。
〔註 38〕（唐）魏徵等撰：《隋書》卷 40，北京：中華書局，1973 年，第 1170 頁。

（二）唐代上層政治中的神仙術

在隋末動盪之際，由於隋朝的統治陷入混亂，又出現了許多讖語，其中最有影響的當屬「李氏當為天子」[註39]，隋煬帝甚至因此猜忌起了李氏功臣，李遠家族中的李敏，就因為姓李且小名為洪兒，楊廣「疑其名應讖，常面告之，冀其引決」[註40]，最後被滅族。不過這樣的做法，不但沒有解決隋朝的危機，反而為覬覦皇位者們所利用[註41]，最終造成了其他李姓功臣與隋煬帝離心離德。在隋煬帝逃往揚州避難之後，這些李姓功臣們便一個接一個地掀起了反隋的旗幟。李弼家族的李密在做瓦崗軍首領時，就有道士李玄英獻民謠《桃李章》，把李密視為代隋之人[註42]。武威人李軌，與同郡曹珍等人起兵造反，因為「李氏當王」的讖語，被推為主[註43]。甚至連不是李姓的王世充，也想方設法給自己炮製圖讖，利用道教神仙之說，「有道士桓法嗣者，自言圖讖。充昵之……法嗣云：『楊，隋姓也。干一者，王字也。居羊後，明相國代隋為帝也』……充大悅，曰：『此天命也』。再拜受之。」[註44]給自己的反隋行為，披上一層天命的外衣。此外，還有一起反隋武裝甚至直接用神仙術吸引人們加入反隋活動，如江淮地區的杜伏威「好神仙長年之術」[註45]，以此聚攏人眾；輔公祐「與故人左遊仙偽學道辟穀」[註46]。在這些人之外，還有在戰爭過程中使用神仙術導致敗北的。又如冀州刺史曲

〔註39〕（宋）司馬光編著，（元）胡三省音注：《資治通鑒》卷 182，北京：中華書局，1956 年，第 5695 頁。

〔註40〕（宋）司馬光編著，（元）胡三省音注：《資治通鑒》卷 182，北京：中華書局，1956 年，第 5695 頁。

〔註41〕參見寧可、蔣福亞：《中國歷史上的皇權和忠君觀念》，歷史研究，1992 年第 2 期，第 79～95 頁。

〔註42〕「會有李玄英者，自東都逃來，經歷諸賊，求訪李密，云『斯人當代隋家。』人問其故，玄英言：『比來民間謠歌有《桃李章》曰：「桃李子，皇后繞揚州，宛轉花園裏。勿浪語，誰道許！」「桃李子」，謂逃亡者李氏之子也；皇與後，皆君也；「宛轉花園裏」，謂天子在揚州無還日，將轉於溝壑也；「莫浪語，誰道許」者，密也。』」參見（宋）司馬光編著，（元）胡三省音注：《資治通鑒》卷 183，北京：中華書局，1956 年，第 5709 頁。

〔註43〕「謀共起兵，皆相讓，莫肯為主。曹珍曰：『常聞圖讖云：「李氏當王」。今軌在謀中，豈非天命也』。遂拜賀之，推以為主。」參見（後晉）劉昫等撰：《舊唐書》卷 55，北京：中華書局，1975 年，第 2248～2249 頁。

〔註44〕（唐）魏徵等撰：《隋書》卷 85，北京：中華書局，1973 年，第 1898 頁。

〔註45〕（宋）歐陽修、宋祁撰：《新唐書》卷 92，北京：中華書局，1975 年，第 3801 頁。

〔註46〕（後晉）劉昫等撰：《舊唐書》卷 56，北京：中華書局，1975 年，第 2269 頁。

棱，在竇建德兵臨城下時，不積極備戰，居然聽信方士崔履行的方法，以城牆「為壇，夜設章醮，然後自衣衰經，杖竹登北樓慟哭；又令婦女升屋四面振裙……俄而城陷，履行哭猶未已。」〔註47〕

　　後來作為唐王朝建立者的李淵，也充分利用了神仙方術。在大業十二年，李淵出鎮太原時，曾對自己的兒子李世民說：「隋曆將盡，吾家繼膺符命」〔註48〕，明顯對「李氏當為天子」的說法頗為心動。一些道士方士也投其所好，主動向李淵靠攏。如曾受隋文帝、隋煬帝敬重的王知遠，此時向李淵示好，並「密傳符命」〔註49〕；樓觀派道士岐暉預言：「當有老君子孫治世，此後吾教大興」〔註50〕，暗示李淵是老子之後；還有方士李淳風假託太上老君傳言：「唐公當受天命」〔註51〕。不過，與其他反隋勢力不同，李淵是在起兵之前就有這些準備，在時機成熟後才決定起兵反隋。所以當李淵晉陽起兵時，「逸民道士，亦請效力」〔註52〕，之前暗示李淵為老群之後的道士岐暉，也將自己觀中的錢糧獻予李淵，還「發道士八十餘人，向關接應」〔註53〕，全力支持李淵。對於方士道士們的投奔，李淵也不吝嘉獎：「義旗撥亂，庶品來蘇，類聚群分，無思不至。乃有出自青溪，遠辭丹灶，就人間而齊物，從戎馬以同塵，咸願解巾，負茲羈緤。雖欲勿用，重違其請。逸民道士等誠有可嘉，並依前授。」〔註54〕除了接受他人的天命之說的輔助外，唐高祖李淵還

〔註47〕（宋）司馬光編著，（元）胡三省音注：《資治通鑒》卷186，北京：中華書局，1956年，第5826頁。

〔註48〕（唐）溫大雅撰：《大唐創業起居注》卷1，上海：上海古籍出版社，1983年，第4頁。

〔註49〕（後晉）劉昫等撰：《舊唐書》卷192，北京：中華書局，1975年，第5125頁。

〔註50〕（宋）謝守灝：《混元聖紀》卷8，（明）張宇初、張宇清等編撰：《正統道藏》第17冊，北京：文物出版社、上海：上海書店、天津：天津古籍出版社，1988年，第854頁。

〔註51〕（宋）謝守灝：《混元聖紀》卷8，（明）張宇初、張宇清等編撰：《正統道藏》第17冊，北京：文物出版社、上海：上海書店、天津：天津古籍出版社，1988年，第854頁。

〔註52〕（唐）溫大雅：《大唐創業起居注》卷2，上海：上海古籍出版社，1983年，第29頁。

〔註53〕（宋）謝守灝：《混元聖紀》卷8，（明）張宇初、張宇清等編撰：《正統道藏》第17冊，北京：文物出版社、上海：上海書店、天津：天津古籍出版社，1988年，第854頁。

〔註54〕（唐）李淵：《授逸民道士等官教》，參見《全唐文》卷1，北京：中華書局，1983年，第17頁。

主動創作了一些神仙故事，用以美化自己。如《舊唐書・高祖紀》中記載的霍山山神白衣老父的故事：

> 秋七月壬子，高祖率兵西圖關中，以元吉為鎮北將軍、太原留守。癸丑，發自太原，有兵三萬。丙辰，師次靈石縣，營於賈胡堡。隋武牙郎將宋老生屯霍邑以拒義師。會霖雨積旬，饋運不給，高祖命旋師，太宗切諫乃止。有白衣老父詣軍門曰：「余為霍山神使謁唐皇帝曰：『八月雨止，路出霍邑東南，吾當濟師。』高祖曰：「此神不欺趙無恤，豈負我哉！」八月辛巳，高祖引師趨霍邑，斬宋老生，平霍邑。〔註55〕

在這個故事中，李淵的反隋義軍在前軍受挫的情況下，有山神化為的白衣老父相助，打敗了宋老生的軍隊，有如天助。這可以讓不明就裏的人相信李淵出兵是天命所歸。而隨著時代的發展變化，這個故事後來被附加了更多情節。如《混元聖紀》中將「白衣老父」的形象直接化為霍山山神，同時增加了老君授命的情節〔註56〕。而在另一個神仙故事中，李淵被太上老君認為是自己的後代，直接將他和中國傳統神仙體系聯繫在了一起：

> 武德三年五月，晉州人吉善行於羊角山，見一老叟，乘白馬朱鬣，儀容甚偉，曰：「謂（為）吾語唐天子，吾汝祖。今年平賊之後，子孫享國千歲。」高祖異之，乃立廟於其地。〔註57〕

李唐皇室是老子後裔的說法，正是從羊角山神話而來。通過這個故事，道士們成了「皇親國戚」，獲得了為李唐王朝服務的報酬，得到了最高統治者大力的扶持。李唐皇室也由此獲得了比楊隋皇室更加高的理論依據，成了真正的「天命所歸」，使皇權多了一層宗教神權的權威。縱觀此後的李唐皇室，從李淵到李曄，一直對道教十分親進。連認為這些道士有聯合宦官殺父之嫌的唐穆宗〔註58〕，最後還是抵不住對長生不老的誘惑，服食金石之藥，最終

〔註55〕（後晉）劉昫等撰：《舊唐書》卷1，北京：中華書局，1975年，第3頁。

〔註56〕（宋）謝守灝：《混元聖紀》卷8，（明）張宇初、張宇清等編撰：《正統道藏》第17冊，北京：文物出版社、上海：上海書店、天津：天津古籍出版社，1988年，第854頁。

〔註57〕（宋）王溥撰：《唐會要》卷50，上海：上海古籍出版社，1991年，第1026頁。

〔註58〕「十五年春正月甲戌朔，上（唐憲宗）以餌金丹小不豫，罷元會……戊戌，上對悟于麟德殿。上自服藥不佳，數不視朝，人情恟懼，及悟出道上語，京

三十歲時就駕崩了。如歷經隋文帝、隋煬帝、唐高祖、唐太宗等數朝皇帝的道士王知遠，即參與了楊廣奪儲之事，又參與了李唐反隋之事，卻能安度一生，武德七年唐高祖李淵還「以遠知嘗奉老君旨，以預告受命之符也」〔註59〕，詔授王知遠朝散大夫之職，並賜予金縷冠、紫絲霞帔。雖然唐朝仍以儒家為治國之本，但在很多宗教場合，卻將尊祖放在重道之前，呈現出「先老、次孔、末後釋宗」的祭祀次序〔註60〕。唐太宗李世民對這些神仙故事的利用也是爐火純青，經學者靠證，羊角山神話就有李世民的參與：「這個神話誕生於李世民北上征討劉武周、宋金剛的戰火中，道教典籍曾對此大肆渲染，看來李世民夥同道教徒杜撰了這個神話是確定無疑的」〔註61〕，這種類似的神話還在李建成與李世民爭奪皇位期間出現過〔註62〕。而且從這次奪位過程來看，李世民有道教神話支持，而李建成則與佛教關係較近。正因如此，武德四年、七年，大臣傅亦雖然兩次上疏唐高祖反佛，但太子李建成卻規勸李淵「今欲並令還俗，無別賢愚，將恐火縱崑山，玉石同爐；霜飛奈苑，蘭艾俱摧」〔註63〕。就連齊王李元吉府上，也流傳過「元吉合成唐字」〔註64〕的讖言。可見，在初唐上層政治中，神仙術是一種常用的工具手段。因此，在唐代的上層社會生活中，除了這些帝王奪位之外，其他場景中也有不少神仙術的影子。如《唐會要》中記載：「貞觀五年，太子承乾有疾，敕道士秦（世）英

城稍安。庚子，以少府監韓璀為鄜州刺史、鄜坊丹延節度使。是夕，上崩於大明宮之中和殿，享年四十三。時以暴崩，皆言內官陳弘志弒逆，史氏諱而不書。」參見（後晉）劉昫等撰：《舊唐書》卷15，北京：中華書局，1975年，第472頁。

〔註59〕（宋）謝守灝：《混元聖紀》卷8，（明）張宇初、張宇清等編撰：《正統道藏》第17冊，北京：文物出版社、上海：上海書店、天津：天津古籍出版社，1988年，第856頁。

〔註60〕（唐）道宣：《續高僧傳下》卷24《釋慧乘傳》，北京：中華書局，2018年，第132頁。

〔註61〕王永平：《道教與唐代社會》，北京：首都師範大學出版社，2002年，第21～22頁。

〔註62〕「武德八年，（世民）拜中書令，嘗夜於嘉猷門側，見一神人，長數丈，素衣冠。呼太宗進而言曰：『我當令汝作天子。』太宗再拜，忽因不見。」參見（宋）王欽若、楊億等輯：《冊府元龜》卷21《帝王部·徵應類》，北京：中華書局，1960年，第226頁。

〔註63〕（唐）彥悰：《唐護法沙門法琳別傳》卷上，參見王永平：《道教與唐代社會》，北京：首都師範大學出版社，2002年，第23頁。

〔註64〕（後晉）劉昫等撰：《舊唐書》卷64，北京：中華書局，1975年，第2422頁。

祈禱，得愈，遂立為西華觀」〔註65〕；成玄英也因其「重玄」理論受太宗常識，加為西華法師〔註66〕。

此後的歷代唐朝皇帝，均對這些負有神仙術的佛道之士十分看重，除了一些偏向於巫蠱的法術，神仙術中的服食、導引、存想的發展流行，在唐代都得到了極大的發展，從唐太宗開始，唐代數任皇帝都有服食丹藥的經歷，高宗、武后、憲宗、懿宗都有迎送佛骨舍利的史料，唐高宗李治和皇后武則天還曾親自巡幸了傳說中的老子故里亳州谷陽縣〔註67〕，加封老子為太上元皇帝，正史中還記載了如道士司馬承禎「傳其符籙及辟穀導引服餌之術」〔註68〕的言語，無一不體現了神仙術在上層社會活動的痕跡。迨至唐中後期，神仙術雖未像之前那樣頻繁與上層政治相聯繫，然而經由高祖、太宗、高宗幾任皇帝的推崇，已成為當時社會的一種風尚，並逐漸滲透到了唐代的民間文化生活中。

二、其他文化生活中神仙術

比之上層政治間的神秘隱晦，隋唐時期文化生活中的神仙術則落落大方得多。雖然儒、釋、道在上層政治中爭鬥不休，但在其他文化生活中卻是百花齊放，多姿多彩。在宗教信仰上，佛、道均在隋唐有了更高一層次的發展。除了寺、觀數量增多，佛、道經典也有新的注釋刊印，還產生了許多新的流派。除佛道外，外來的宗教，如伊斯蘭教、景教、摩尼教、襖教等，雖然影響有限，但均在中國建有廟壇，自由地宣揚教義。除了這些成系統的宗教之外，還有民間樸素的鬼神信仰也有了新的變化，產生了許多神仙傳說、傳奇故事，如《集仙傳》收錄的唐代一百六十二個神仙人物故事〔註69〕。服食用的丹藥、導引的功法、存想的方式和對象均在科學、文學和民間生活中有所體現。

〔註65〕（宋）王溥撰：《唐會要》卷50，上海：上海古籍出版社，1991年，第1026頁。

〔註66〕參見任繼愈主編：《宗教詞典》，上海：上海辭書出版社，1995年，第367頁。

〔註67〕「二月己未，次亳州。幸老君廟，追號曰太上玄元皇帝，創造祠堂。其廟置令、丞各一員。改谷陽縣為真源縣，縣內宗姓特給復一年。」參見（後晉）劉昫等撰：《舊唐書》卷5，北京：中華書局，1975年，第90頁。

〔註68〕（後晉）劉昫等撰：《舊唐書》卷192，北京：中華書局，1975年，第5127頁。

〔註69〕任繼愈主編：《宗教詞典》，上海：上海辭書出版社，1995年，第1022頁。

（一）外丹術對隋唐科學文化的影響

外丹術對隋唐時期的科學文化有很大的貢獻。作為追求成仙、長生的外丹術，一類特殊的服食術，在隋唐時期風靡於朝堂上下。從史料中我們可以很明確的認識到，外丹術的丹藥，大都沒有達到長生的效果。反而是在練丹的過程中，產生了許多化學配方，對中國以及世界古代化學的發展，起了很大地推進作用。在這些丹方中，就記載了許多與化學反應有關的知識。如唐代陳少微的《大洞煉真寶經修伏靈砂妙訣》中，以丹砂為「自然之還丹」，記載了中國煉丹術對質量守恆定律的樸素認識〔註70〕，將種規律形容為「返者是丹砂化為金，還者是金歸於丹」〔註71〕。這個規律在金陵子的《龍虎還丹訣》中亦有記載，此訣還對對質量守恆原理進行了實踐應用〔註72〕，以砷銅的製備為例，列舉了 15 種用銅化合物提煉純銅的方法〔註73〕。唐代張隱居的《張真人金石靈砂論》中亦用類似的方式，探討了鉛的化學屬性和相關反應〔註74〕。在之前的外丹術章節中，亦提到過唐代還有現存僅有的兩部水煉法之一的《軒轅黃帝水經藥法》，並對另一本漢代的《三十六水法》有新的改動。而水煉法中有很多丹方均涉及到現代化學中常見的酸城平衡、沉澱平衡、氧還平衡、絡合平衡等原理〔註75〕。

除了這些基本的化學原理外，隋唐時期的外丹術的配方中，已經涉及到

〔註70〕「且光明砂一斤，抽汞可得十四兩，而光白流利，此上品光明砂，只含石黑二兩。白馬牙砂一斤，抽出汞得十二兩，而含石黑四兩。紫靈砂一斤，抽汞可得十兩，而含石黑六兩。上色通明砂一斤，抽出汞只可得八兩半，而含石黑七兩半。石黑者，火石之空黑也。如汞出後，可有石胎一兩，青白灰耳。」參見（宋）張君房纂輯，蔣力生等校注：《雲笈七籤》卷 69，北京：華夏出版社，1996 年，第 422～423 頁。

〔註71〕（宋）張君房纂輯，蔣力生等校注：《雲笈七籤》卷 69，北京：華夏出版社，1996 年，第 418 頁。

〔註72〕「《還丹訣》成就之一是對物持守恆原理的定量研究。」參見孟乃昌撰：《道教與中國煉丹術》，北京：北京燕山出版社，1993 年，第 74 頁。

〔註73〕郭正誼：《從〈龍虎還丹訣〉看我國煉丹家對化學的貢獻》，《自然科學史研究》，1983 年第 2 期，第 112～117 頁。

〔註74〕「鉛者黑，金也，水也，屬北方，成數一，為臣。服之通神。治三關，黑鬚髮，少顏色，調血脈，治瘡癩，殺九蟲，利五藏，而生於陽。白銀是其母，性微玲，有毒，可作黃丹、胡粉、密砣僧也……將鉛抽作千變玉化，不失常性，唯鉛與汞。」參見張繼禹主編：《中華道藏》第 18 冊，《張真人金石靈砂論·黑鉛篇》，北京：華夏出版社，2014 年，第 345 頁。

〔註75〕王永平：《道教與唐代社會》，北京：首都師範大學出版社，2002 年，第 329 頁。

火藥的煉製。唐元和三年清虛子所撰〔註76〕的《太上聖祖金丹秘秘訣》中的
《伏火礬法》提到了將硫、硝等物質進行煉製時會產生煙霧的現象〔註77〕。
中唐以後的煉丹書《真元妙道要略・黜假驗真鎮第一》中的《伏火消石法》也
提到「有以硫磺、雄黃合硝石並密燒之，焰起，燒手面及燼屋舍者」的現象。
〔註78〕在《諸家神品丹法》中記載的《伏火硫黃法》中也提到，這種配方會
引發爆炸燃燒的效果：

> 硫黃、硝石各二兩，令研。右用銷銀鍋，或砂罐子，入上件藥
> 在內，掘一地坑，放鍋子在坑內，與地平，四面卻以土填實，將皂
> 角子不蛀者三個，燒令存性，以鈐逐個入之，候出盡焰，即就口上，
> 著生熟炭三斤，簇煅之。候炭消三分之一，即去餘火，不用冷取之，
> 即伏火矣。〔註79〕

這三個配方中提到的硫磺硝石的配比，以古人一斤十六兩的計量方法來
算，已經接近早期火藥配合的成分了，只不過由於煉丹術的目的在於成丹服
食，最終的爆炸、殺傷效果沒有記載在丹方中。在後來宋代曾公亮等人編纂
的《武經總要》中記載的三種火藥配方〔註80〕，成分實際上與唐代丹方記載
的伏火配方大同小異（見下表）。

	焰硝（%）	硫黃（%）	炭末（松脂）%	其他成分
毒藥煙球	30	15	5	竹茹，麻茹，小油，桐油，瀝青，黃臘，巴豆，砒霜，狼毒草烏頭
蒺藜火球	40	20	5	至黃臘同上，乾漆
大炮	40	14	（14）	至黃臘同上，（無小油）乾漆，砒黃，黃丹，定粉，濃沒

〔註76〕王永平：《道教與唐代社會》，北京：首都師範大學出版社，2002年，第329頁。
〔註77〕「硫二兩硝二兩馬兜鈴三錢半。右為末，拌勻，掘坑，入藥於罐，內與地平。
將熟火一塊彈子大，下放裏面，煙漸起，以濕紙四五重蓋，用方磚兩片，捺
以土冢之。候冷取出，其硫黃住。」參見張繼禹主編：《中華道藏》第18冊，
《鉛汞甲庚至寶集成》卷2，北京：華夏出版社，2014年，第408頁。
〔註78〕孟乃昌撰：《道教與中國煉丹術》，北京：北京燕山出版社，1993年，第197頁。
〔註79〕參見王永平：《道教與唐代社會》，北京：首都師範大學出版社，2002年，第
329頁。
〔註80〕參見孟乃昌撰：《道教與中國煉丹術》，北京：北京燕山出版社，1993年，第
199頁。

因此在公元 904 年（唐天佑元年）中國就有用「飛火」進攻城市的記載了〔註81〕。

對於外丹本來的目的，煉丹士們也沒有放棄研究，他們結合一些醫方，在魏晉時期就有的神仙傳說、存思方法的基礎上，用外丹的煉丹理論，拓展出了另一門以精神修煉為主的內丹術。據《羅浮山志》記載，道士蘇玄朗曾經隱居在句曲山（今江蘇茅山）學道，得司命真秘。開皇（581 年～604 年）年間，到羅浮山青霞谷，修煉大丹，自號青霞子。作《太清石壁記》等。後著《旨道篇》，闡明內丹修煉之法。自此道教始知內丹矣。又鑒於《古文龍虎經》、《周易參同契》、《金碧潛通秘訣》三書文繁義隱，於是纂寫《龍虎金夜還丹通元論》，歸神丹於心煉。蘇玄朗（元朗）用外丹名詞解說內丹，提倡「性命雙修」，以此為內丹修煉的核心。蘇氏內視 9 年道成，沖舉仙去。自隋代蘇玄朗倡導的內丹道開始，至唐代發展迅速，司馬承禎在其中貢獻了不少存想方法，而呂洞賓則集唐代內丹術大成。比之外丹術，內丹術沒有暴斃之憂，在存續性命方面比外丹術要強。所以從唐中後期開始，內丹術逐漸成了神仙術修煉的主流，如呂洞賓被後世稱為呂祖，敬之為神仙。從古代生命科學的發展來看，這也是一種進步。

（二）神仙存想對隋唐文學的影響

中國自古就有許多志怪傳說，對鬼神有各種各樣的想像。在魏晉時期就有如《搜神記》這樣的志怪文學作品。而中國人對神仙、成仙的嚮往也是史料載之不絕。《山海經》中記載的仙山仙境，是秦皇漢武一直尋找的地方，道教佛教興盛之前，中國人就一直在尋找仙人、仙境、仙藥。我們從現代的角度去看，會認為過於虛無縹緲，但不能否定的是，這些對神仙、鬼怪的想像和追尋，給我們的文學藝術文化提供了大量的材料和豐富的營養。在隋唐時期，雕版印刷術得到廣泛使用，進一步降低了文化傳播的成本，原本記載在竹簡內的知識可以更方便地為人瞭解。同時，文學藝術的創作也更加地方便，隋唐時期大量的文人、畫家、舞者創作的作品中都有涉及神仙故事的內容。比之秦漢，隋唐時期的神仙人物慢慢成了體系，被道教或者佛教所吸收。如先秦時期的老子，到了隋唐時期就成了老君、太上老

〔註81〕「現在較普遍認為在公元 904 年（唐哀宗天佑元年）鄭璙進攻豫章時曾『發機飛火』燒龍沙門，是為火藥用於軍事的最早記載。」參見《中國軍事史》卷 1，北京：解放軍出版社，2009 年，第 83 頁。

－224－

君，莊子成了南華真人，釋迦摩尼成了如來佛，漢代的方士鍾離權等人演變為神仙，就連本來是隋唐時期生活的如呂洞賓、韓湘、張果等人也在後世被尊為神仙。還有原來民間傳說中的山精鬼怪，也慢慢的有了稱號、名字。此時中國的神仙體系無疑是多元的，所以在文學作品中的表現也是多元的。

如作為道士的吳筠，「詞理宏通，文采煥發，每製一篇，人皆傳寫。雖李白之放蕩，杜甫之壯麗，能兼之者，其惟筠乎！」〔註82〕其詩多為對天庭和神仙的描述，把自己在存思過程中的神仙形象用詩表達出來。所以正史會說他能與李白比放蕩、與杜甫比壯麗，兼兩者而有之。在《全唐詩》中吳筠存有詩作128首，其中《遊仙詞》24首是典型的帶有神仙存思術的作品，他在其中神遊天外，充滿想像力。現摘抄其中部分如下：

碧海廣無際，三山高不極。金臺羅中天，羽客恣遊息。

霞液朝可飲，虹芝晚堪食。嘯歌自忘心，騰舉寧假翼。

保壽同三光，安能紀千億。將過太帝宮，暫詣扶桑處。

真童已相迓，為我清宿霧。海若寧洪濤，羲和止奔馭。

五雲結層閣，八景動飛輿。青霞正可挹，丹椹時一遇。

留我宴玉堂，歸軒不令遽。欲超洞陽界，試鑒丹極表。

赤帝躍火龍，炎官控朱鳥。導我升絳府，長驅出天杪。

陽靈赫重暉，四達何皎皎。為爾流飄風，群生遂無夭。〔註83〕

這其中提到的太帝宮、真童等人與物，與《道藏》中記載的神仙名稱一致，其他幾篇《遊仙詞》還提到王母、三清、九天等，具有極高的藝術欣賞價值。

另一類人，如藥王孫思邈，其所作詩文多與醫方、丹藥有關，還能便於其記憶藥方、丹方。《全唐詩》存留其四言一首，現抄錄於下：

取金之精，合石之液。列為夫婦，結為魂魄。

一體混沌，兩精感激。河車覆載，鼎候無忒。

洪爐烈火，烘焰翕赫。煙未及黔，焰不假碧。

〔註82〕（後晉）劉昫等撰：《舊唐書》卷192，北京：中華書局，1975年，第5129、
5130頁。

〔註83〕（清）彭定求等編校：《全唐詩》卷853，吳筠：《遊仙二十四首》，北京：中
華書局，1960年，第9642頁。

如畜扶桑，若藏霹靂。姹女氣索，嬰兒聲寂。

透出兩儀，麗於四極。壁立幾多，馬馳一驛。

宛其死矣，適然從革。惡黜善遷，情回性易。

紫色內達，赤芒外射。熠若火生，乍疑血滴。

號曰中環，退藏於密。霧散五內，川流百脈。

骨變金植，顏駐玉澤。陽德乃敷，陰功□積。

南宮度名，北斗落籍。〔註84〕

　　通讀此詩，朗朗上口，即有詩韻，又能作口訣，描述煉丹求藥的過程。其中姹女、嬰兒等詞，涉及到內丹之術，兩儀、四極與外丹也有關，其詩實用價值很高。然後我們再來看李白的《古風·太白何蒼蒼》：

太白何蒼蒼，星辰上森列。去天三百里，邈爾與世絕。

中有綠髮翁，披雲臥松雪。不笑亦不語，冥棲在岩穴。

我來逢真人，長跪問寶訣。粲然啟玉齒，授以煉藥說。

銘骨傳其語，竦身已電滅。仰望不可及，蒼然五情熱。

吾將營丹砂，永與世人別。〔註85〕

　　會發現唐代的文人其實在很多詩中會涉及到神仙術或者神仙故事。可見神仙術作為一種文化是十分流行的，正是「儒生也愛長生術」〔註86〕。李白在這些文人士子群體中，是屬於比較信仰道教神仙的一類。郭沫若先生認為「李白在出蜀前的青少年時代，已經和道教接近……離開長安以後，他索性認真地傳授了《道籙》。」〔註87〕羅宗強先生也認為「在唐代的重要詩人中，沒有一位像李白那樣受到道教那麼深刻的影響。」〔註88〕在李白的詩中，我們也能充分感受到他「仙風道骨」的一面。傳說中的神仙虛無縹緲，但李白讓我們實實在在地感受到了「仙」。與李白欽慕道家神仙不同，韓愈對服食成仙的理論是持否定態度的。不過他還是與這些修仙之士保持交流，也常勸他

〔註84〕（清）彭定求等編校：《全唐詩》卷860，孫思邈：《四言詩》，北京：中華書局，1980年，第9717頁。

〔註85〕（清）彭定求等編校：《全唐詩》卷161，李白：《古風》，北京：中華書局，1960年，第1671頁。

〔註86〕（清）彭定求等編校：《全唐詩》卷562，劉威：《贈道者》，北京：中華書局，1960年，第6526頁。

〔註87〕郭沫若：《郭沫若全集·歷史編》第4冊，北京：人民文學出版社，1984年，第302頁。

〔註88〕羅宗強：《道教與傳統文化》，北京：中華書局，1992年，第255～262頁。

們不要「迷惑溺沒於老佛之學而不出」〔註89〕這也代表了大部分儒者對神仙之術敬而遠之的態度。另外還有以白居易為代表的一類人群，他在仕途、人生順利的時候，對神仙術及神仙故事嗤之以鼻，但當他們受到較大的挫折時，又會在佛、道宗教羅列的神仙體系中尋求精神慰藉。對於此類人群，葛兆光先生作出了如下點評：

> 這批文人對於生命的短暫感到深深的憂患，對於社會的喧器感到煩惱，一種強烈的生命意識和一種灰暗的逃避意識使他們由衷地羨慕道門的清幽曠逸情致和長生不死追求，他們與道士為友，在道觀棲息遊覽，進而受道教的精神的薰染……他們往往無暇分辨老、莊哲學與道教的差異，也無暇在道教與佛教之間細細挑選，只是希望在這裡找到一種超越凡塵的生活情趣和超越現實的生存希望，使自己的肉體和精神都擺脫桎梏，馳騁在自由天地之中。這批文人也許並未受籙入道，但道教精神卻滲入他們心靈，表現在他們的言談舉止——也包括創作——之中。〔註90〕

這樣的情緒，也代表了大部分對神仙術並不瞭解的人群。這些人群對信仰上的不確定，也造成了後來唐末五代的道統危機，也引發了後來儒學對本體論和方法論的思考，是之後理學產生和興起思想動力。

（三）隋唐民間社會生活中的神仙術

與文人士子們對文學文化信仰的理解不同，民間社會中沒有想那麼深遠，神仙術和神仙傳說在其中扮演了各種各樣的角色。如我們現在常說的玉皇大帝，在唐前只是「道君」〔註91〕，是在唐代以後，如《玉皇經》宣稱「帝即道身也」，才有「玉帝」的提法。唐代皇室與太上老君之間的許多故事，雖多為杜撰，但也著實影響到了神仙的地位，使其進一步提高，「道君」便成了「大帝」。在唐代興起的還有對城隍的崇拜。隋唐以前，城隍是有保護城池之職的小神，但到了唐代，他所保護的範圍擴大了。《廣異記》記載：

〔註89〕（唐）韓愈著，劉真倫、岳珍校注：《韓愈文集匯校箋注》卷 10《送廖道士序》，北京：中華書局，2010 年，第 1095 頁。

〔註90〕葛兆光：《想像力的世界——道教與唐代文學》，北京：現代出版社，1990 年，第 44 頁。

〔註91〕「在南朝陶弘景撰的《真靈位業圖》中，玉皇列於『玉清』第一階右方的第十二位尊神，稱之為『玉皇道君』。」參見王永平：《道教與唐代社會》，北京：首都師範大學出版社，2002 年，第 373 頁。

　　開元中，滑州刺史韋秀莊，暇日來城樓望黃河。樓中忽見一
人，長三尺許，紫衣朱冠。通名參謁，秀莊知非人類，問是何神。
答曰：「即城隍之主。」又問何來。答曰：「黃河之神，欲毀我城，
以端河路，我固不許。克後五日，大戰於河湄，恐力不禁，故來求
救於使君爾。若得二千人，持弓弩，物色相助，必當克捷。君之城
也，唯君圖之。」秀莊許諾，神乃不見。至其日，秀慶帥勁卒二千
人登城。河中忽爾晦冥，須臾，有白氣直上十餘丈，樓上有青氣
出，相縈繞。秀莊命弓弩亂射白氣。氣漸小，至滅，唯青氣獨存，
逶迤如雲峰之狀，還入樓中。初時，黃河俯近城之下，此後漸退，
至今五六里也。〔註92〕

　　城隍不僅保護城池，還保護城池裏的人不受病邪鬼神侵害的功能，人們
在很多情況下都會向城隍祈禱，「水旱疾疫必禱焉」〔註93〕。所以自唐以後，
幾乎每一個城市都供奉起了城隍神。和城隍一樣，而隨著道教、佛教等宗教
的進一步發展，原來神仙術中所存思的神仙對象也大多被搬到了寺觀中供奉
了起來。其中受供比較廣泛的還有灶神、梓潼帝君、二郎神等。連身為唐朝
人鍾馗，也因為其奇曲的一生，在唐代就成了受人崇敬的捉鬼之神，在《全
唐文》中多有記載，現列其中之二：

　　臣某言：中使至，奉宣聖旨，賜臣畫鍾馗一及新曆日一軸者。
猥降王人，俯臨私室，榮鍾睿澤，寵被恩輝，臣某中謝。臣伏以星
紀回天，陽和應律，萬國仰維新之慶，九霄垂湛露之恩。爰及下臣，
亦承殊賜：屏祛群厲，繢神像以無邪；允授人時，頒曆書而敬授。
臣性惟愚懦，才與職乖，特蒙聖慈，委以信任，既負叨榮之責，益
懷非據之憂，積愧心顏，雖勝惕屬。豈謂光回蓬蓽，念等勳賢，慶
賜之榮，賤微常及，感深犬馬，戴重邱山。無任感荷之至。〔註94〕

　　臣某言：中使某乙至，奉宣聖旨，賜臣畫《鍾馗》一、新曆日
一軸。恩降雲霄，光生里巷。雖當歲暮，如煦陽和。臣某中謝。伏

〔註92〕　（唐）戴孚撰，方詩銘輯校：《廣異記》，《韋秀莊》，北京：中華書局，1992
　　　　　年，第59～60頁。

〔註93〕　（唐）李陽冰：《縉雲縣城隍神記》，參見《全唐文》卷437，北京：中華書
　　　　　局，1983年，第4461頁。

〔註94〕　（唐）張說：《謝賜鍾馗及曆日表》，參見《全唐文》卷223，北京：中華書
　　　　　局，1983年，第2255頁。

以將慶新年，聿修故事。續其神像，表去厲之方；頒以曆書，敬授
時之始。微臣何幸？天意不遺。無任感戴屏營之至。〔註95〕

這些文章中所提到的「屏祛群厲」「續神像以無邪」「去厲之方」等，都
是講鍾馗具有捉鬼、驅邪的職能。除此二文之外，還有很多表文裏都提到了
鍾馗的畫像具有驅鬼的效果。在敦煌文書的隋唐文獻中，也有提到鍾馗是「驅
儺」之神的說法。〔註96〕兩魏晉對鬼神模糊的形象，在隋唐之後越發清晰。
漫天神佛的出現，也給人們在生活之餘，增添了許多談資。

在唐代許多筆記小說中也有這類神奇人物事蹟的記錄，雖然他們後來沒
有成為神仙。如沈既濟《枕中記》，李公佐《南柯太守傳》，把夢境中的仕途榮
遇與波折鋪敘得淋漓盡致。如沈既濟《任氏傳》、陳玄佑《離魂記》、李朝威
《柳毅傳》、李景亮《李章武傳》等，借神仙鬼神，描述男女之間的愛情故事。
還有以神仙傳說寫俠義之事的《柳毅傳》、《虬髯客傳》、《聶隱娘》等。構成這
些故事、人物的要素中，比如仙法、符籙、咒語等內容有很多都來自於神仙
術。從這些作品中，我們可看到，雖然神仙術真正的內容晦澀難懂，但對於
所有人來說，性命延續、美好生活是共同的追求，神仙術的傳播和發展，也
是隋唐社會充滿活力的表現。

〔註95〕　（唐）劉禹錫：《為李中丞謝賜鍾馗曆日表》，參見《全唐文》卷602，北京：
　　　　　中華書局，1983年，第6083頁。
〔註96〕　《兒郎偉》云：「驅儺之法，自昔軒轅，鍾馗白澤，統領居仙。」參見黃永武
　　　　　主編：《敦煌寶藏》，南京：江蘇古籍出版社，1999年，P.3552號。

第六章　隋唐神仙術批判與繼承

　　隋唐時期的神仙術相較於前代是有很大的發展，無論從規模還是精微呈度，都有很高的水平，對同時代的世界造成了重大影響。但我們也應當反思，為什麼在這樣的基礎上，我們的文明在近代沒有在這類神仙術中，形成出自己的一套科學方法。我們從神仙術的目的來看，研究人的性命，本身是一個具劃時代意義的命題。但我們從隋唐時期的歷史實際上去觀察，可以發現在一個有意義的命題下，命題本身沒有被解決，反而帶動了很多命題外問題的解決。無論生理與心理健康，還是火藥與化學，都是夾雜在晦澀文字之中的。對於現代中華文化而言，這其中必然有我們需要的、能在現代社會中發揮作用的精神財富。但我們也要明白，想要真正的認知其中優秀、可行的知識，一定不要被蒙在其上的虛影所蒙蔽。我們懷著自豪的情感，但要小心求證，批判其中使人蒙昧的內容，找尋並繼承其中真正有價值的內容。

一、探尋先天性命的合理需求

　　隋唐時期的神仙術是有其存在的歷史價值的。從當時的歷史條件去看，神仙術中的很多方法，對促進當時社會的科技、文化、經濟等方面的發展都具有相當大的作用。單從神仙術本身的目的去看，一直秉承著對先天性命的探求，追求人本身生命的終極真理，本身就是一件有價值的事。也許以今天的角度去看，其內容有很多地方不符合現代觀念，但在當時它對中華文化和中華歷史是具有很大的推動作用的，最起碼神仙術體現了古代中國人對未知領域探索的勇氣與智慧。現代科學發展雖然十分迅速，解釋了我們過去許多

不能解釋的未知領域，但是現代科學仍然不能斷定自己能完全解釋所有的未知領域，這就意味著，我們現在仍然需要這樣一種對未知領域不斷探索的精神。而神仙術與其他方術方技又有另外一層不同，其對象往往超出了當時歷史條件下的認識能力，所以在神仙術中有許多內容會鋪上一層紗布一般，使人產生一定的認識模糊。但無論怎麼模糊，其框架或者說核心訴求，一直是圍繞著人的先天性命進行的。

神仙術所言神仙，除了宗教裏的崇拜偶像以外，在中國文化語境裏往往會與「道」聯繫在一起，不像西方許多一神教，會有個真神在那。他們所力證的神仙，很多也是由人發展而來的。神仙術研究者想要探究的就是由人到神仙這個過程中人的性命究竟是如何變化的，究竟可不可能，又要用哪些不同於世俗的手段。在唐代吳筠的《神仙可學論》中，就引用嵇康之語，謂神仙有稟異氣不學而致者，有必待功滿學成者，有初勤中墮學之不終而不成者，認為可以通過清心寡欲、保精養氣以和神的方式致神仙〔註1〕。這種對先天性命的探求，是具有一定的合理性的，其合理性是可以通過邏輯論證或者實驗論證的。所以隋唐時期的神仙術，一方面延續了自漢代以來由學而致神仙的傳統，進一步發展了服食、外丹、導引、房中、存想等方技，另一方面也在此基礎上逐漸形成了內丹術理論系統。

隋唐神仙術對前代神仙術的繼承，是隨著歷史的發展在不斷變化的。隋末唐初的修神仙術者，多類於漢代的神仙傳說，並對前代著作有注解。如隋代徐則「因絕穀養性，所資唯松水而已，雖隆冬沍寒，不服綿絮。」〔註2〕其行狀與秦漢時期許多方士一般，不求功名，服食簡素。而且徐則通過這些神仙術，最終以尸解之法羽化升仙，「至止甫爾，未淹旬日，厭塵羽化，反真靈府。身體柔軟，顏色不變，經方所謂尸解地仙者哉！」〔註3〕其羽化之處，與當時還是晉王的楊廣召見有關。徐則的事蹟直接影響了隋煬帝對神仙術的重

〔註1〕 「涓子曰：兩有耳。夫言兩有者，為理無不存。理無不存，則神仙可學也。嵇公言：神仙，特受異氣，稟之自然，若積學所能致。此未必盡其端矣。有不因修學而致者，稟受異氣也；有必待學而後成者，功業充也；有學而不得者，初勤中惰，誠不終也。」參見（宋）張君房纂輯，蔣力生等校注：《雲笈七籤》卷93，（唐）吳筠撰：《神仙可學論》，北京：華夏出版社，1996年，第563頁。
〔註2〕 （唐）魏徵等撰：《隋書》卷77，北京：中華書局，1973年，第1758頁。
〔註3〕 （唐）魏徵等撰：《隋書》卷77，北京：中華書局，1973年，第1759頁。

視程度，對許多道士都十分寵信〔註4〕。如道士王遠知，相傳活了一百二十六歲，有返老還童之法：「及隋煬帝為晉王，鎮揚州使王子相、柳顧言相次召之，遠知乃來謁見，斯須而鬢髮變白，晉王懼而遣之，少頃又復其舊……煬帝親執弟子之禮」〔註5〕，為當時隋煬帝所敬重。而且王知遠還認為「此中有聖人，得非秦王乎？」〔註6〕預言了後來唐太宗登基為帝，也被唐朝朝廷「敕潤州於茅山置太受觀」〔註7〕，成為隋唐之際頗受重視的神仙之士。還有初唐時期的潘師正，師從於王遠知，辟穀飲水，擅長道門隱訣和符籙之術，為唐高宗所重〔註8〕。此類人物，或為肉身不滅、或為長壽長生，其行蹤飄忽不定，其方術方技有秦漢魏晉的古人之風。

在唐朝中期，神仙術的發展則更加趨於學術化、專業化。除了個人修行外，修神仙術者還會對前代著作進行注解，結合當時的醫術、天文等知識，總結服食、煉丹等方技經驗，參與世事變化。如白履忠，不受朝廷徵辟，著《三玄精辯論》，注《老子》及《黃挺內景經》〔註9〕，《新唐書》贊他「通經誼，美文辭」〔註10〕，其文章對神仙術的通俗化和進一步傳播深化很有幫助。如唐玄宗時期的吳筠，「少通經，善屬文……文集二十卷。其玄綱三篇、神仙可學論等，為達識之士所稱。筠在翰林時，特承恩顧，由是為群僧所嫉。」〔註11〕在當時就有廣泛影響，甚至為其他僧道所嫉妒，可見彼時之神仙術的著述，是有相當水平的。也正是由於這些人有相關的著作流傳於世，使得當

〔註4〕「時有建安宋玉泉、會稽孔道茂、丹陽王遠知等，亦行辟穀，以松水自給，皆為煬帝所重。」參見（唐）魏徵等撰：《隋書》卷77，北京：中華書局，1973年，第1759頁。
〔註5〕（後晉）劉昫等撰：《舊唐書》卷192，北京：中華書局，1975年，第5125頁。
〔註6〕（後晉）劉昫等撰：《舊唐書》卷192，北京：中華書局，1975年，第5125頁。
〔註7〕（後晉）劉昫等撰：《舊唐書》卷192，北京：中華書局，1975年，第5125頁。
〔註8〕「高宗與天后甚敬之，留連信宿而還……初置奉天宮，帝令所司於逍遙谷口特開一門，號曰仙遊門。又於苑北面置尋真門，皆為師正立名焉。時太常奏造樂曲，帝又令以祈仙、望仙、翹仙為名。前後贈詩，凡數十首。」參見（後晉）劉昫等撰：《舊唐書》卷192，北京：中華書局，1975年，第5126頁。
〔註9〕「白履忠，陳留濬儀人也……尋壽終。著三玄精辯論一卷，注老子及黃庭內景經，有文集十卷。」參見（後晉）劉昫等撰：《舊唐書》卷192，北京：中華書局，1975年，第5124頁。
〔註10〕（宋）歐陽修、宋祁撰：《新唐書》卷192，北京：中華書局，1975年，第5604頁。
〔註11〕（後晉）劉昫等撰：《舊唐書》卷192，北京：中華書局，1975年，第5129～5130頁。

時的社會對神仙術的修煉學習是頗為嚮往的。唐皇室本就自稱是老子後人，更是對這些系統的神仙術著作推崇備至，使得唐中期的神仙術及道教在社會上發展得極為迅猛。在武后當政時期，為了打壓李唐皇室，亦對這些神仙方士頗為敬重，還抬出佛教來與之對抗，因此，唐朝前期和中期還出現了許多對佛教經典的譯著與注述，其中也有類似神仙術的故事和名人行狀。如西去天竺的玄奘：「大業末出家，博涉經論。嘗翻譯者多有訛謬，故就西域，廣求異本以參驗之……撰西域記十二卷」〔註 12〕，為求得真正的佛經，不惜行路千里，用以印證。而求得的六百五十七部梵文佛經，也在隨後的時間裏，為玄奘等人逐一翻譯。至其去世，翻譯整理了七十五部〔註 13〕。這其中許多經文都有類似於導引、存思的佛家術法。此外，禪宗神秀與慧能亦在唐朝中期十分活躍，「五家七宗」在中唐以後逐漸成為禪宗主流。而無論是北過還是南宗的禪修之法，皆有涉及導引、存想的內容。還有如道宣這樣的集錄前朝佛經的《廣明弘集》〔註 14〕，分門別類收錄了許多魏晉南北朝時期的佛經著作以及相關的僧人行狀、修煉方法，如其中的《僧行篇》中就有有關高僧大德的行狀三十六篇、《慈濟篇》《戒功篇》《啟福篇》《悔罪篇》中亦有一些佛家的修煉方法。

唐朝時期的神仙術專業化也有很多表現，一方面由於各類方術方技都有了長足發展，相互之前的差別越來越大，功能也越來越有針對性；另一方面唐代印刷術、冶金業、手工業等相關技術的發展也為專業化提供了相應的條件。神仙術從之前的魚目混珠的狀態，逐漸有了一定的脈絡。唐代醫術的發展，使得一些附著在醫方醫經中的神仙術被單獨拿出來討論，服食在唐以後逐漸專指以修仙成道為目的的攝生求真之法，與服藥區分開來，如孫思邈認為：「況欲求仙，大法有三，保精、引氣、服餌」〔註 15〕，神仙之術乃是求仙求道之術，其方法多在保精、引氣、服餌等方面，並非單純地治病求人之方；煉丹術的發展也產生了外丹、內丹之分，如外丹術中：「金若成，乃作金液，

〔註 12〕 （後晉）劉昫等撰：《舊唐書》卷 191，北京：中華書局，1975 年，第 5108 頁。
〔註 13〕 「於是詔將梵本六百五十七部於弘福寺翻譯……凡成七十五部，奏上之。」
參見（後晉）劉昫等撰：《舊唐書》卷 191，北京：中華書局，1975 年，第 5018
～5019 頁。
〔註 14〕 「廣弘明集三十卷，釋道宣撰。」參見（後晉）劉昫等撰：《舊唐書》卷 47，
北京：中華書局，1975 年，第 2079 頁。
〔註 15〕 （宋）張君房纂輯，蔣力生等校注：《雲笈七籤》卷 33，北京：華夏出版社，
1996 年，第 188 頁。

黃赤如水，服之衝天，如人飲酒注身，體散如風雨。此皆藥之精聚而為之，所以神液就而金石化」〔註16〕，認為金液還丹是外在的藥之精，而內丹術中：「前賢往聖多以肺液入下田而曰金液還丹……自中丹而還下田，故曰金液還丹也」〔註17〕，認為是體內由中丹田至下丹田的內在物質；導引也由之前單指引體之法，融合了行氣、導氣之法，如《雲笈七籤》云：「導引之法，深能益人延年，與調氣相須」〔註18〕，認為引體之法須與行氣調氣之法相互配合；而隨著道教、佛教等宗教體系的完善，也形成了各具特色的存想之法，如之前存想章節中提到的道教對五臟神的存思以及佛教的觀想之法。

　　隋唐神仙術的發展，比之秦漢魏晉時期，更加具有可操作性，直接影響了神仙術本身進一步的合理化。這種對人的性命問題的深入探討，在當時的歷史條件下，有利於人對客觀世界的進一步認知，是符合歷史發展潮流的。更何況隋唐神仙術除了對先天性命進行深入研究之外，還附帶了其他方面的進步。比如服食之術對古代中國人飲食、養生、健康的促進作用以及對應對饑荒〔註19〕頗有作用；外丹術對中國古代火藥〔註20〕、冶金、化學發展的促進作用；存想、內丹對人意識運行的思考等。如能夠進一步還原、解釋隋唐時期神仙術作用、發展運行的實際狀況，不僅能充實中華優秀傳統文化，還能在科技、藝術、思維方面對現代社會產生積極作用。

二、輕信神仙術的時代侷限

　　神仙術作為一種方技，比之其他的方術方技，本身就具備神秘主義色彩。

〔註16〕張繼禹主編：《中華道藏》第18冊，《張真人金石靈砂論・釋金液篇》，北京：華夏出版社，2014年，第348頁。
〔註17〕高麗楊點校：《鍾呂傳道集、西山群仙會真記》，北京：中華書局，2015年，第97頁。
〔註18〕參見（宋）張君房纂輯，蔣力生等校注：《雲笈七籤》卷32至34，北京：華夏出版社，1996年，第178～195頁。
〔註19〕「辟穀法也是為了避世防饑。《千金翼方・辟穀》記高子良服柏葉法：『令人長生益氣，可辟穀，以備厄還山隱無谷。昔龐伯寧、嚴君平、趙德鳳、唐公房等修道佐時也，世遭饑運，又避世隱峨眉山中，饑窮欲死，適與仙人高子良五馬都相遭，以此告之，皆如其言，盡共服之，卒賴其力皆度厄。』參見（唐）孫思邈撰，朱邦賢校注：《千金翼方校注》卷13《辟穀》，上海：上海古籍出版社，1999年，第382頁。
〔註20〕「現在較普遍認為在公元904年（唐哀宗天佑元年）鄭璠進攻豫章時曾『發機飛火』燒龍沙門，是為火藥用於軍事的最早記載。」參見《中國軍事史》卷1，解放軍出版社，1983年，第83頁。

雖然隋唐時期人們的認識世界的能力有了進一步的發展，但從其神仙術的研究過程中，可以明顯感受到彼時之人對神仙飲饌、長生不老的幻想，即便是孫思邈這樣的醫術大家，也對神仙術能修成仙道頗為羨慕〔註21〕。許多神仙術中的丹方、心法，由於沒有科學意識的引導，大多會造成不可預測的後果，這些後果往往會付出很大的代價。通考隋唐時期神仙術的行術方式，並非如文章所描述一般，分門別類、有前後聯繫。在其實際運用過程中，往往會和其他方術方技之間有聯繫。其運用的具體方法，並非像現在的學術體系一般，可以自由方便地交流、研究，而是一家有一家的方法和專業術語。這就會造成非一家體系內的人在行神仙術時，往往會忽略很多細節，或者乾脆不知道細節，甚至連口訣都不相通，如《庚道集》載：「此法（訣）口口相傳，不記文字。」〔註22〕這種交流不暢也使得隋唐時期的神仙術最終沒有超出神秘主義的範圍，形成中華文明自己的科學體系，一直是一盤散沙的狀態。雖然一直在研究性命、生命，卻在很多情況下，會有損性命、危及生命。無論是服食、外丹、導引、房中還是存想、內丹，最終在隋唐時期都歸於飄渺的仙道，這些都是在歷史當中可以找到的輕信神秘主義的教訓。

　　隋唐時期的服食術雖然與醫術有很大地聯繫，但出於對醫道與仙道有不同的樸素認知，會有意地在藥方、方法上和正常的醫術區別開來。如果現代人從樸素的認識出發，改動救人的藥方，反而會造成相反的效果，那麼此方會成為殺人之方。而古人對神仙的迷信，會使他們心存僥倖，認為在死亡這一後果之外，會有另一個升仙的後果。但現實是殘酷的，如吳筠文集中有《服氣》一篇中揭露了盲目服氣會使人「不逾十年五年，身已亡矣」〔註23〕的情況。同時他還抨擊其他不合常理的服食術，胡亂食用丹藥只會致人早死。服氣理論在唐代雖盛行一時，卻也常有失敗之事。如白居易在其《思舊》詩中提到：「退之服硫磺，一病訖不痊。微之煉秋石，未老身溘然。杜子得丹訣，

〔註21〕 「余嘗見真人有得水仙者，不睹其方。武德中，龍資此一卷《服水經》授余，乃披玩不含晝夜，其書多有囊壞，文字頗致殘缺，因暇隙尋其義理，集成一篇。好道君子勤而修之，神仙可致焉。」參見（唐）孫思邈撰，朱邦賢校注：《千金翼方校注》卷13《辟穀》，上海：上海古籍出版社，1999年，第389頁。

〔註22〕 張繼禹主編：《中華道藏》第18冊，《庚道集》卷2，北京：華夏出版社，2014年，第480頁。

〔註23〕 李申：《中國哲學史文獻學》，開封：河南大學出版社，2012年，第270頁。

終日斷腥羶。崔君誇藥力，經冬不衣綿。或疾或暴夭，悉不過中年。唯予不服食，老命反遲延。」〔註24〕韓愈時常服用硫磺，元稹也喜愛煉丹，杜元穎得了丹訣就開始少食，崔玄亮喜好道術。這四個白居易的舊友，皆因服食術、外丹術而生病、死亡，引得詩人感傷這些神仙術，不但成不了仙、得不到長生，反而使得他的好友一個一個故去。產生這些問題的原因，除了古代人認識上的侷限以外，也與學術交流不廣泛有關係，因為中唐時期的司馬承禎早就指出了服食之中的不合理之處：「夫人稟五行之氣而食五行之物，而實自胞胎有形也。呼吸精血，豈可去食而求長生。但世人不知休糧服氣，道家權宜，非永絕食粒之謂也。」〔註25〕入口的這些餌、氣並不是真的要讓人絕食，不正常進食不僅不會長生，反而有害性命。

有唐一代，皇室貴族一直對外丹術十分熱衷，對長生不死極為渴求，很多唐朝皇帝都長期服用外丹，甚至中丹毒而死，而外丹術所煉製出來的丹藥，主要是通過煉製鉛、汞等物質來求長生之還丹。而用今天的化學常識去看，鉛、汞都是對人體有劇毒的物質，直接服用，非死既傷。如唐太宗服食了天竺術士煉製的丹藥後，並無效果〔註26〕；唐高宗時期亦有道士劉道合，高宗委託其燒煉丹藥，但他自己卻升仙尸解而去，使得皇帝大為火光；〔註27〕唐憲宗迷上長生不老之術，將長壽的希望寄託在丹藥上，因服食丹藥而中毒，導致神智模糊，最後被宦官殺死〔註28〕；其後的唐穆宗也在 30 歲時中丹毒而死〔註29〕；

〔註24〕（清）彭定求等編：《全唐詩》卷452，白居易：《思舊》，北京：中華書局，1960年，第5114頁。

〔註25〕（唐）司馬承禎撰，吳受琚輯釋，俞震、曾敏校補：《司馬承禎集》，北京：社會科學文獻出版社，2013年，第331頁。

〔註26〕「天竺……是時就其國得方士那羅邇娑婆寐，自言壽二百歲，云有長生之術。太宗深加禮敬……令兵部尚書崔敦禮監主之，發使天下，採諸奇藥異石，不可稱數。延曆歲月，藥成，服竟不效，後放還本國。」參見（後晉）劉昫等撰：《舊唐書》卷198，北京：中華書局，1975年，第5308頁。

〔註27〕「（劉道合）咸亨中卒，及帝營奉天宮，遷道合之殯室，弟子開棺將改葬，其屍惟有空皮，而背上開坼，有似蟬蛻，盡失其齒骨，眾謂尸解。高宗聞之不悅，曰：『劉師為我合丹，自服仙去。其所進者，亦無異焉。』」參見（後晉）劉昫等撰：《舊唐書》卷192，北京：中華書局，1975年，第5127頁。

〔註28〕「上自服藥不佳，數不視朝，人情恟懼，及悟出道上語，京城稍安。庚子，以少府監韓璀為鄜州刺史、鄜坊丹延節度使。是夕，上崩於大明宮之中和殿，享年四十三。時以暴崩，皆言內官陳弘志弒逆，史氏諱而不書。」參見（後晉）劉昫等撰：《舊唐書》卷15，北京：中華書局，1975年，第472頁。

〔註29〕「上餌金石之藥，處士張皋上疏切諫，上悅，召之，求皋不獲……上崩於寢

唐武宗亦中丹毒，死前十幾天口不能言〔註30〕；唐宣宗因服食丹藥太多，燥
熱不安，據說冬天都不敢穿衣服，後來背上生瘡，服食過量丹藥中毒而死
〔註31〕。雖然史載唐代皇帝服丹，是為了抵抗「風疾」，但從後果來看，其毒
性大於藥性。除了皇帝之外，還有大臣如昭義節度使、檢校司空李抱真，「凡
服丹二萬丸，腹堅不食，將死，不知人者數日矣。道士牛洞玄以豬肪谷漆下
之，殆盡。病少間，季長復曰：『垂上仙，何自棄也！』益服三千丸，頃之
卒。」〔註32〕直接服用大量丹藥，當場死亡。

　　雖然隋唐統治價層服食外丹術導致中毒的不乏其例，但在當時仍然盛行
不衰。有部分餌、丹的確具有一定的藥用價值，然而其造成的後果卻弊大於
利。常人服餌、服丹致死，影響只在自己的家庭範圍。而好幾個皇帝、大臣都
死於丹毒，對唐王朝的延續和社會的穩定都造成了不可估量的影響。這些中
毒而死的皇帝中，除了穆宗是玩樂之君外，憲宗、宣宗、武宗皆是有為之君，
在青壯年期就駕崩了，且多是暴斃，對古代封建王朝的統治力的打擊非常大。
唐朝連續好幾個皇帝都出現這個問題，最高權力長期空白，縱使當時中國國
力強盛，亦不能避免唐朝最終在混亂的藩鎮割據下走向滅亡。雖然這也促使
內丹術站到了神仙術歷史舞臺的中央，但代價實在過於沉重，以至於在北宋
編撰的《新唐書》中，縮減了很多有關於神仙術的內容，一些神仙方術的人
物的事蹟和其撰寫的著作都被刪節了。

　　除了外丹術之外，房中之術中有些觀念，我們也要謹慎對待。比如御女
多多益善的觀念，是源自古代一夫多妾制。在早期房中經典《玉房秘訣》中
就認為「欲行陰陽取氣養生之道，不可以一女為之，得三若九若十一，多多

　　　　　殿，時年三十。」參見（後晉）劉昫等撰：《舊唐書》卷 16，北京：中華書
　　　　　局，1975 年，第 504 頁。
〔註30〕「帝重方士，頗服食修攝，親受法籙。至是藥躁，喜怒失常，疾既篤，旬日
　　　　　不能言。宰相李德裕等請見，不許。中外莫知安否，人情危懼。是月二十三
　　　　　日，宣遺詔，以皇太叔光王柩前即們。是日崩，時年三十三。」參見（後晉）
　　　　　劉昫等撰：《舊唐書》卷 18，北京：中華書局，1975 年，第 610 頁。
〔註31〕「宣宗親見武宗之誤，然即位後，遣中使至魏州諭韋澳曰『知卿奉道，得何
　　　　　藥術？可令來使口奏。』澳附奏曰『方士不可聽，金石有毒不宜服。』（澳傳）
　　　　　帝竟餌太醫李元伯所治長年藥，病渴且中燥，疽發背而崩。」參見《廿二史
　　　　　箚記》卷 19；「五月，上不豫，月餘不能視朝。八月七日，宣遺詔立鄆王為皇
　　　　　太子，勾當軍國事。是日，崩於大明宮，聖壽五十。」參見（後晉）劉昫等
　　　　　撰：《舊唐書》卷 18，北京：中華書局，1975 年，第 645 頁。
〔註32〕（後晉）劉昫等撰：《舊唐書》卷 132，北京：中華書局，1975 年，第 3649 頁。

益善。」〔註33〕男子只與一個女子交合，女子陰氣不足，會有害於女子。但我們站在現代醫學的角度去看時，過多地與不同的人交合，會產生許多疾病，顯然這種觀點在現代社會是要謹慎對待的。另外，隋唐時期還流行「交而不泄」的房中觀念，認為「法之要者，在於多御少女而莫瀉精，使人身輕，百病消除也」，要壓抑泄精。在現代醫學中，在精滿時壓抑泄精次數過多，會產生前列腺疾病。這種觀念顯然在現代社會不太合時宜，需要研究好相關的導引之術或者其他輔助之術。更不用說打著房中術的旗號，行採補之法的陰損之方，是需要徹底批判的。

　　雖然隋唐時期的神仙術的發展，在一定程度上推動了我國的養生、化學、軍事等方面的進步，但我們也必須認識到，這些進步是一種客觀被動式的進步，不是主觀上有意識的去進步。對比西方神學發展下哲學、手工技術的發展方向，隋唐時期神仙術的各家各派多是在單打獨鬥。雖然形成了許多宗教流派，但相互之間的隔閡與成見是很深的，沒有形成整體。神仙術的經方在不同派別之間的解釋都各有不同，之前章節提到的外丹術煉丹丹訣常常故意設置得深奧難懂，同樣一個詞有不同的解釋，也沒有統一的術語系統。雖然有梅彪《石藥爾雅》這要的著作，試圖搭建神仙術交流的橋樑，但相對於隋唐時期的服食、丹藥著作來說，是九牛一毛。以修仙成神為目的，固然值得批判，但神仙術沒有形成中國方技統一的話語體系，更是值得我們去批判思考的地方。西方文藝復興過程中，有許多科技、學科的產生，跟證明上帝存在、求神的第一個力等宗教神學問題有關。雖然他們也沒真的找到上帝，但在這個過程中卻形成了統一的探索方法，這些內容為後來近代科學系統的產生，奠定了很大的基礎。而中國在隋唐時期，雖然國家一統，文化昌盛，卻沒有在後來的 1000 年中，產生新的科學方法，是非常可惜的。神仙術沒有像中國古代發達的史學系統一樣，可以很好地完成近現代化，而是相互之間隔絕交流，最終沒能形成一種中國科學方法，這是作為神仙術最為遺憾的地方，也是將來的研究者們要避免之處，更應是現代中華文化復興過程中值得參考的經驗與教訓。

〔註33〕（日）丹波康賴撰，高文柱校注：《醫心方》卷 28《養陰第三》，北京：華夏出版社，2011 年，第 581 頁。

附錄一：《服食》選錄

《太清經斷穀法》[註1]

服食松根

取東行松根，剝取白皮，細剉曝燥搗簁，飽食之，可絕穀，渴則飲水。

服食茯苓

茯苓削去黑皮，搗末，以醇酒於瓦器中漬，令足淹。又瓦器覆上，密封塗，十五日發，當如餌食。如博碁日三，亦可屑服方寸匕，不饑渴，除病延年。

又法

茯苓、肉桂各一斤，末之，白蜜丸如雞子黃大，日三服，此張常度世法。

又法

茯苓末三斤，白蠟二斤，麻子油三斤，松脂一斤，白蜜一斗。先煎蜜三五沸，納松脂沸，納油油沸，納蠟蠟沸，納茯苓末熟攪勻，丸如李核大，每日服一丸，日可再服，得千歲不饑。

又法

茯苓末三升，白蠟五斤，白蜜三斤，合蒸如炊一石米熟，傾器中丸，丸如梧桐子大，每服十丸，饑者復服十丸，百日後不饑，乃日服一丸，禁雜食。又取茅根搗取汁，和此藥蒸，服之百日後，玉女至。

〔註1〕 未著撰人：隋唐前故籍。一卷。底本出處：《正統道藏》洞神部方法類。參見張繼禹主編：《中華道藏》第 18 冊，北京：華夏出版社，2014 年，第 37～41 頁。

又法

茯苓末五升，油松脂七斤，白蠟五斤，白蜜三斤，蜀蘇二升，合蒸如炊一石米熟，取出丸，丸如梧桐子大。服十丸，稍增，以不饑為度。十日後服一丸，勿餘食，可飲少酒。此是慈法大師依方施用，於成都將服，道俗蒙濟者多，行道聽講者眾，便可度世也。出《五符經》。

又法

先以水六斗，煮白米四斗令熟，去滓，得四斗五升，置不津器中，澄冷之，細剉小麥麴五斤，納中再宿炊。秫米五升，冷暖隨時投之，二三宿視香好，復炊秫米二升投之，一二宿。納好蜜一升，攪令勻，乃以精茯苓屑五斤，新絹囊寬結口，納酒中令沒，勿使至底，手挼溲令汁得帀，入囊中，封泥二十一日，取出。當服餌先日，作佳食，清潔齋戒，明旦服如彈丸，至暮令盡一斤，小兒可半斤，則終身不饑渴。飲冷水，不可溫飲。若食穀藥立下。自此以後，日中正服兩丸，至三丸耳。其酒不可自飲。凡酒亦然，至忌。此法以斷穀最勝，久久神靈降傳。凡服食茯苓，切禁食酸物及熱物。

服食朮

成治朮一石，淨洗搗之。水二石漬一宿，煮減半，加清酒五升重煮，取一石，絞去滓，更微火煎熬。納大豆末二升，天門冬末一升，攪和丸如彈丸。旦服三丸，日一。或山居遠行代食，耐風寒，延壽無病。此崔野子所服法，天門冬去心皮也。

又法

成治朮一石，水一石，煮之稍益，至三石水盡消爛，絞去滓，銅器中煎熬，大豆屑作餅，圓二寸。日食三枚，納口中良久令消，勿頓吞之，則斷穀而長生。

又法

成治朮二石，以水三石煮之稍益，至十石五斗許，乃絞去滓，出著銅器中，納白蜜五升，松脂五斤，棗膏五斤，攪和微火煎如糒。服一丸如雞子大，日三，不饑，除百病長生。松脂用成煉者。

又法

朮一石，㕮咀著釜中，煮三沸出汁。又以水二石，熟煮令爛。乃合向汁，納青粱米屑一升，白蜜五升，微火煎如糒，日食二餅，如常不饑，氣力不散，長生。

又法

朮一石吹咀之，以水二石煮耗，又以水一石，煮一日令爛，去滓，更煎，納稻米末三升，鹽一升，豉半升，煮米令熟，出納銅器中，糠火煴令可餅，餅重四兩。先食兩餅，如饑頓食五餅，卻五日食四餅，卻十日食三餅，卻一月食二餅，乃比歲不復食，不饑長生。

又法

朮五斤，搗絞取汁，以和茯苓屑三斤，丸如梧桐子，旦中夕各吞三丸，不饑不老。久服，六甲六丁神至，可役使。

又法

以酒服朮屑，蒸曝干，更溲曝，如此九過止。日服三方寸匕，不饑延年。以十一月、十二月、正月、二月採之為佳。凡服朮，禁食桃也。

服食黃精

黃精細切一石，以水二石五升，一云六石，微火煮，日一至夕，熟出使冷，手接碎，布囊榨取汁，煎之，滓曝燥搗末，合向釜中煎熬，可為丸，如雞子。服一丸，日三服，絕穀，除百病，身輕健不老。少服而令有常，不須多而中絕，渴則飲水。云此方最佳，出《五符》中。

又法

取黃精搗振，取汁三升。若不出，以水澆榨取之。生地黃汁三升，天門冬汁三升，合微火煎減半，納白蜜五斤，復煎令可丸。服如彈丸，日三服，不饑美色，亦可止榨取汁三升，湯上煎可丸，日食如雞子大一枚，日再服，三十日不饑，行如奔馬。天門冬去心皮。

又法

取黃精根一石，洗刮淨，以水二石煮之。又以五升醋煮令味盡，榨取汁密盛漬之。更煮滓亦令熟，取汁合二汁，澄取上好者，納銅器中湯上，煎如飴末，熬大豆，丸如糯。服一雞子大，日三，不饑，百日走及奔馬。亦可以熬胡麻代豆，亦可加米為精，香美止饑，出《五符》中。以冬日及春二、三月採佳，凡服黃精，禁食梅果等。

服食萎蕤

常以二月、九月採葉，切干治服方寸匕，日三，亦依黃精作餌法服之，導氣脈，強筋骨，治中風，趺筋結肉，去面皺，好顏色，久服延年神仙。

服食天門冬

干天門冬十斤，杏仁杏升搗末，蜜溲，服方寸匕，日三夜一。甘始所服，名曰仙人糧。

又法

天門冬三石，去心皮，搗榨取汁一石。微火煎得五升，出浮湯上，納白蜜一升，熬胡麻屑二升，合和煎攪勿息，令可丸，以大豆卷屑餅，圓三寸，厚半寸，日服一枚，百日不饑，肌肉潤澤，延年。亦可加地黃汁三升合煎。此方云最佳，出《五符》中。

又法

天門冬剝去皮，熟搗納釜中，微火上煎，納大豆末四分之一，合黃可餌食，如雞子三枚，止饑美色。以二月、八月採為佳。凡服天門冬，禁食鯉魚。

服食巨勝

胡麻肥黑者，取無多少，簸治蒸之，令熱氣周徧，如炊頃便出曝。明旦又蒸曝。凡九過止。烈日亦可一日三蒸曝，三日凡九過燥訖。以湯水微沾於臼中搗，使白復曝燥，簸去皮熬使香，急手搗下粗筵。隨意服，日二三升。亦可以蜜丸，丸如鵝子，日服五枚。亦可飴和之，亦以酒和服，稍稍自減，百日無復病，一年後身面滑澤，水洗不著肉。五年水火不害，行及奔馬。抱朴子云：江東本無此方，惠帝永安元年甲子歲洛亂，人得之。余以永興二年八月一日寅，以為要秘。

又法

取九蒸者一石，加茯苓三斤，合蜜丸，服如上，得力速。

又法

取成蒸者一斗二升，茯苓二十四兩，澤瀉八兩，搗三萬杵。每服如潭丸，日三。亦可密丸，可預作從軍。入山涉水，不令疲瘦，遇食便食。無所禁忌。

又法

取生胡麻一石，撻去上皮，蒸之一日，曝干搗之，溉釜中一石五升水，復蒸令水減五升，下甑以寫木盤中，悉以湯沃之。加麥蘗屑一升，餉作糖，卒時淋汁煎之，三分餘一。又銅器湯上煎令可丸，服如雞子大，三丸，百日肌肉充盛，壽命無窮。初服胡麻饑極者，五日中作一頓白米粥食之，漸至十日，又作。久久則都斷。凡服胡麻，禁食腥穢、生菜。若下痢不止。煮干蘇葉飲之。

服食雜米麥

稻米四升，真麝香四兩，合和攪之。如炊一石米，頓飽食，可支四年。

又法

杏子五千枚，搗碎，取白汁二斗許，煮取八九升，以漬稻米一升，或五升，勿令多，搗出蒸之氣出上。以胡粉末一分，投杏汁中攪和。又以溲飯，更蒸盡汁止，熟如棗脂狀。宿作米食，明日食之。可供兩人，亦可百日，一年不饑。後欲下藥，飲葵羹汁則去也。

又法

粳米、黍米、小麥、大麻子，熬大豆各五合，入白蜜一斤，煎一沸，冷水中丸，丸如李子，一頓吞之，則終身不饑。一方無黍米。出在《五符》中。

又法

青粱米一升，赤石脂三斤，合和以水漬之，令足淹，置溫處，三二日上生衣，搗丸之，大如李子，日食三丸，則不饑渴，即飲水，可以遠行，千里不倦。出《五符》中。

又法

粳米一石，以水漬之二十一日，可作粉曝干。取作粥，一升粉可三作粥。取支一日，氣力不減，顏色如故，身輕目明。

又法

成治大麥屑三升，上蜀蘇一斤，熱湯五升，合膏溲麥，曝令干，微熬黃香，復納湯曝盡汁止。乃細磨篩，納甘草、尤屑各一斤，茯苓屑二斤，鹽一升，合和，水服二方寸匕，日三四，渴者更服至五合。若遇飯菜蔬，便食之，無禁。在處若遇危厄荒饑，可服，終身不饑，延壽。

又法

大麥一石，蜀蘇膏三斤，水四升為湯，納膏湯中膏消，初飽食後，稍進，不饑，除寒熱，延年。

守中徑易法

取大豆種必生者三升，手按令光明，帀體暖。先美食竟，乃頓吞之，可解五十日，百日不饑，渴則飲水，勿餘食。欲去之，服熱粥二升，豆即下。一法：每向日再拜，一服一升，於口中展轉嚼，乃咽之。日三。明日乃分一升為三過，小兒則半之。又赤豆肉吞二升，至三升，亦支一歲。又取大豆黃末三升，一頓·服，亦可十日、五日不食。後欲去，當服葵莖灰方寸匕，即服豬膏

及酪蘇，亦下。

又法

先嚼蠟大如傳碁，極令柔，乃內猗氏肥棗，併合嚼之，即皆消而咽之入腹。止熱除病，斷穀。又旦食一方寸蠟，辟一日。

又法

桑椹黑者，曝干搗之，水服三合，日三，則不饑。

又法

牛蘇、羊蘇、松脂、蠟蜜各三斤，合和煎，食之，支三年不饑。

又法

天門冬末一升，松脂一升，蠟蜜各一升，合和煎，可丸如梧桐子大。旦中暮服三丸，如彈丸，即不饑美色。此亦云崔文手中秘方。天門冬去心皮。

欲還食穀解藥

凡服守中藥，斷穀後，不可食雜物。若渴，即得飲少冷水耳。後脫欲還食穀者，當先服葵子湯下藥，乃可食也。初食日作一合米粥，日三。二日後日二合米，又三日後日五合，又三日後七合，又三日後日一升，如此一月後，乃可復常。

葵子湯

葵子一升，豬膏一斤，以水五斗，煮取二升，去滓，稍稍服之，須樂下盡乃止。亦可合米作薄粥飲之，蜀蘇亦佳。

又法

葵子、消石分等末，以粥清服方寸匕，日再，十日藥去盡，乃可食穀。亦可各取一升，以米三升煮取一升，日三服。

又法

大麻子研碎，煮令熟，飲五陞取下。亦可合作薄飲，每令食肥滑物為善。

附錄二：《外丹》選錄

合和防辟法　丹符

《玉洞大神丹砂真要訣》[註1] 節選

第一品　辨丹砂訣

丹砂者，萬靈之主，造化之根。居之南方。或赤龍以建號，或朱烏以為名。上品者，生於辰、錦州石穴之中，而有數色也。中品者，生於交、桂，亦有數類也。下品者，出於衡、邵，亦有數種也。皆緣清濁體異，真邪不同。受正氣者，服之而通玄契妙。稟偏氣者，服之亦得長生。上品光明砂，出辰、錦

〔註1〕 （唐）張果撰，即神話故事中張果老的原型。書中所述丹訣，多與陳少微《大洞煉真寶經妙訣》相同。一卷。底本出處：《正統道藏》洞神部眾術類。參見張繼禹主編：《中華道藏》第18冊，北京：華夏出版社，2014年，第326～332頁。

山石之中,白交石床之上,十二枚為一座,生色如未開紅蓮花,光明耀日。亦有九枚為一座生者。十二枚、九枚最靈,七枚、五枚者為次。每一座當中有一大者,可重十餘兩,為主君。四面小者,亦重八九兩。亦有六七兩已下者,為臣,圍繞朝揖中心大者。於座四面,亦有雜砂一二斗抱,朱砂藏於其中,揀得芙蓉頭成顆者,夜安紅絹上,光明通徹者,亦入上品。又有如馬牙,或外白浮光明者,是上品馬牙砂。若有如雲母白光者,是中品馬牙砂也。其次又有圓長似笋生而紅紫者,亦是上品紫靈砂也。又有如石片棱角生而青光者,是下品紫靈砂也。如交、桂所出。但是座生,及打石得者,形似芙蓉頭,面光明者,亦入上品。如顆粒或三五枚,重一兩通明者,為中品。片段或明徹者,為下品也。如衡、邵所出,總是紫砂打砂石中得而紅光者,亦是下品之砂。如磧砂有顆粒,或通明者,伏煉服之,只去世疾耳。如土砂生於土穴之中,磧砂生於溪水砂土之中,土石相雜,故不中入上品藥。伏煉服餌所用,如得座生最上品。座中心主君砂一枚,伏煉餌之,可輕舉成上仙者矣。其諸商砂,及餘不屬南方而生者,其中縱有光明砂,但丹砂經元不載。

第二品　丹砂陰陽伏制及火候飛伏訣

本經云:陽精火也,陰精水也。丹砂是陽精,而須陰制者,水石、鹽、馬牙硝是也。如辰錦光明砂一斤,制之用石鹽六兩,馬牙硝六兩。次光明砂一斤,可用石鹽、馬牙硝各四兩也。白馬牙砂一斤,可用石鹽、馬牙硝各三兩。紫靈砂一斤,可用石鹽、馬牙硝各二兩。如溪土雜色砂力小,可用石鹽制之,而得其石鹽及馬牙硝,若用制伏,須火燒令通赤。可用之石鹽,先須三度鼓成汁了,然可入用。其光明砂大者,須打碎如豇豆大小,於土釜中,先下馬牙硝和水,武火晝夜煮一百日,不得絕火。日滿淘取砂於鼎中,用陰陽火候飛伏。其鼎可受一升者。一曰金鼎,二曰銀鼎,三曰銅鼎,四曰鐵鼎,五曰土鼎,土鼎者,瓷器是也。入砂於鼎中,用火候飛伏,五日為一候,三候為一氣,用八氣二十四候,一百二十日,而砂伏矣。每一候飛伏是五日,內四日用坎卦,一日用離卦。坎卦者水煮,四日離卦者,陽火飛之,一日初起陽火,飛時用炭七兩,常令鼎下有熟火七兩,不得增減。每一轉飛時,即增炭一兩。忽有汞及霜和黑氣出,即和砂於缽中,以玉錘輕手研,令汞入盡。依前安鼎中,用火候飛伏,至十二轉後,每一轉增炭二兩。即入石鹽一分,有汞霜可二三兩已上飛上,其霜靈光,鼎中藥色漸欲紫赤,至二十轉,加炭三兩,其鼎中有半兩已下汞霜飛出,在鼎蓋上。其霜堅硬如金片,黃白光明。至二十四轉,候

足其砂伏矣。而色紅赫，光明可觀。其伏砂更用鹽花裹之，重以黃土泥，緊泥封固，入陽爐，武火逼之三十日了，輕飛者可抽服之一兩，可三百六十粒，用棗肉丸之，然須出火毒也。沉重者即鼓成金汁，而為寶也。

第三品　伏火丹砂可鎔鼓見寶訣

每一兩伏了砂，可用鹽花半兩。先置於鍋底，次入砂於上，待鍋藥通赤，便鼓之千下，而金汁流下，名曰白金，面上黃明潤澤，色光不可論也。

第四品　化寶生砂訣

將丹砂中白銀，打作四兩鍋子，安通油瓷瓶中，其瓶可受一升者。寶鍋子可瓶子底大小也。先將此銀鍋子，用藥如後。

北庭砂一兩　石鹽一兩　麒麟蝎一分

右三物和研，以苦酒調塗其鍋子四面，令藥盡干。然以黃土為泥包裹，可厚二寸。即用糠火中，燒三七日。然後用炭武火，燒三日。去外泥，取其寶鍋子，安前瓶子中，入汞四兩。其汞須本砂中出者。入汞於鍋中了，著水五合，不得增減，常令添瓶中水，至五合，文火養二七日，似魚眼沸。日滿又添生汞四兩，依前法火養二七日，令干。固其口，武火逼之三日，而紅黃砂湧出寶鍋之上，收取其霜砂，依前添汞，令常有八兩汞在其瓶中，不得增減。依前火候養逼，令霜砂出，即收之。每四兩寶，計收砂一斤。即將其砂特，依前篇入藥，煮三十日。即入鼎中，陰陽火候飛伏，還用二十四候，一百二十日足，其砂即又伏矣。若要鎔鼓之，依前篇用鹽花為使，引金汁流下，可得黃花銀十三兩，色漸黃明也。如要服之，勿斷翠，但出毒一兩，可以棗肉丸，為三百六十丸也。

第五品　變金砂訣

將黃花銀四兩，打作鍋子，依前可瓶底大小，用藥如後。

蒲州石膽一分　石鹽一兩　硇砂一兩

右件和苦酒研調，塗其鍋子四面，令藥盡。即以黃土泥包裹，於糠火中燒二七日後，用其炭武火燒一七日。去泥，出鍋子，依前樣安通油瓶子中，入本色砂中汞四兩，清水五合文火養二七日。後又添生汞四兩，文火又養二七日。候干，緊固口，武火逼之令一日，其砂湧出，於寶金之上面，紅黃之色。而又收砂添汞，計收砂可得一斤，則數足也。更將前收得砂入其鼎，依前篇用火候飛伏，五日為一轉。內三日用坎卦，即水煮。三日用離卦，即陽

火飛之。二日初起陽火，用炭七兩。每一轉候，即增炭三兩。忽有汞霜飛出，其色黃紫，形似箭頭，可一二兩。已來收其霜，於缽中和砂，以玉錘研之，令入盡。依前入鼎中，用火候飛伏。經二十候，一百日足，其砂伏火。若要鎔鼓，亦依前篇，用鹽花引鼓，即寶汁流下，而成青金也。若服之，但去毒，勿斷翠也。

第六品　變青金訣

將青金四兩，還作鍋子，用藥如後。

赤鹽半兩　大鵬砂半兩

右和研以苦酒調，塗其鍋子四面，以火炙漸漸塗藥盡，即以黃土泥包裹，以糠火中燒二七日後，又以炭武火燒一七日。去泥，出鍋子，依前安瓶子中。入汞四兩，水五合，不得增少也。養二七日後，又添汞四兩，又養二七日。令干固口，武火逼一日，而湧出砂。收其砂，依前添汞，文武火養逼，出砂即收之，計至一斤，即數足也。又將收到砂入鼎中，依前法飛伏，五日為一轉。內二日用坎卦，水煮二日也。離卦三日，火飛三日也。火候一依前篇，加增炭數也。經十六候八十日，而金砂伏火也。若鼓之，即用鹽花為使，和鼓引令金汁流下，成黃金也。如要餌之，但勿斷翠，只出毒耳，可長存於世也。

第七品　變紫金砂訣

取黃金八兩，打作圓鼎，可受四合已來，又用金二兩作鼎蓋子，鼎內用藥如後。

硫黃一兩　赤鹽一兩　北庭砂一兩　大鵬砂半兩

右四味和研，以苦酒調，塗其鼎內及蓋下，令勻藥盡。候干，以黃土泥裹，可厚一寸許，文火四面養之三七日，似常通手為候。三七日後，然武火一七日，晝夜不可絕火。滿日寒之，去泥，重以甘土泥鼎下，可三分許厚。懸安爐中，其鼎下周回令通安火處。即入真汞四兩，於金鼎中，著水二，以蓋合之，養經七日，其下常令有熟火五兩，不可增臧。其鼎中續續添水，長令有二合已來，不得遣干。七日後更添汞四兩，又依前文火養七日。候干，緊固口，漸漸武火逼之一日，便生紅光砂，可收五兩紅光砂。又添生汞五兩，拍鼎中其間常須有八兩汞，依前文火養七日，即固口。武火逼之一日，而砂湧出，則收之。以添汞出砂，都計得三十兩。數足，即依前篇法，別入鼎中，火候飛伏，還五日為一候。內一日用坎卦水煮，一日用離卦，即陽火飛之。四日，初

起火用炭七兩，每一轉後，增炭二兩。至七轉後，增炭三兩，而便有五彩金輝
霜飛出三二兩。收其霜於缽中，和砂，以玉錘研之令相入，鼎中飛伏，經十四
候七十日足，其砂已伏，紅明不測。若鼓之，以鹽花引之，令金汁流下，成紅
金也。要餌之，但出毒，勿斷翠也。

第八品　變紅金訣

取紅金九兩，鑄一鼎子，可受五合許。又用二兩為蓋子，其鼎內依前篇，
以藥塗之。用藥如後。

硫黃　北亭砂　赤鹽　大鵬砂

右件藥等各增前一分，和熟研苦酒，塗鼎內周遍，藥盡候干，以蓋合之。
黃土泥包裹，可厚一寸。依前篇文武火，養三七日後，即火燒一七日，令泥毬
色與火同赤。候冷去泥，重以甘土泥鼎下，可厚三分，置於爐中，入真汞六
兩，安鼎中，著水三合，續續添不得令干。固口，武火逼之二日，即紅砂出。
收砂，添汞八兩，依前文火養七日，後又武火逼二日，亦化為紅砂。又收砂，
更添汞七兩。還文火養七日，即武火逼二日，又化紅砂。依前收砂，添汞五
兩，亦文火養七日，武火逼二日。又收砂，添汞三兩，一依前文武火候養逼。
計前後收得神砂，可三十二兩即止。將其砂和硫黃三兩，熟研令相入，便於
金鼎中，陽火飛之。還五日為一候，每一轉則增炭二兩，經七轉後，每轉又增
炭三兩。每轉轉看，忽有絳金霜飛出，收霜於缽中，和砂研，著苦酒一合，以
玉錘研令相入。依前安鼎中，用火候飛之，經十四轉，七十日足，其砂伏，其
色紫光，若鎔之成紫金也。但用鹽花引之。若餌之，勿斷翠，去火毒耳，可長
生也。

第九品　變紫金訣

取紫金一斤，鑄一鼎子，可受七合。又將五兩為蓋子，其鼎內依前篇，
用藥如後。

硫黃四兩　赤鹽二兩　北亭砂一兩　大鵬砂一兩

右以苦酒和研，塗鼎內，以藥盡為度。候干則蓋合之，以黃土泥包裹，
可厚一寸。依前篇文火養之三七日，後依前武火一七日了。寒之去泥，重以
甘土泥鼎外周回，可厚二分半。即得懸安爐中，以真汞十二兩於鼎中，著水
三合，不得增減，亦不令干，續續添之。則以蓋合之，文火七日，令其鼎上常
通手為候。日滿令干，固口，即漸漸武火，逼之三日。開鼎看其汞，即化為絳

霜。不得收，便更添汞九兩，亦依前文武火養逼。日滿開之，亦已化為絳霜。更添汞六兩，還文武火候養逼，日滿開之，乃化為絳霜。更入汞五兩，還七日文火養，一日武火逼，而成紅紫五色絳霜砂三十三兩。出於缽中，著硫黃四兩，以玉錘研一日，然卻入此砂於鼎中，固口。其上用純陽火候飛之，七日為一候。開之，又和苦酒半合，熟研，入鼎飛伏，七日為一轉。初起火用炭十三兩，每一轉增炭一兩，至五轉後，每轉增炭二兩。忽有五色鮮明砂出，即收砂。以苦酒一合，缽中研之，卻入鼎中飛伏。每轉轉須開看。即以苦酒和研。入鼎飛伏，經十二轉八十四日足，其砂伏火，而文采輝赫，霞光錯雜，不可名言也。要鼓之，還用鹽花引之為汁，流成紫磨河車金也。若餌之，但去毒留翠，一兩，用棗肉丸三百六十丸矣。餌之則輕舉也。以一丸河車丹砂，點汞及鉛錫銅鐵等一斤，為黃金耳。

附錄三：《導引》選錄

《胎息經注》[註1]

胎從伏氣中結。

臍下三寸為氣海，亦為下丹田，亦為玄牝。世人多以口鼻為玄牝，非也。口鼻即玄牝出入之門。蓋玄者水也；牝，土母也。世人以陰陽炁相感，結於水母，三月胎結，十月形體具而能生人。修道者，常伏其炁於臍下，守其神於身內，神炁相合而生玄胎，玄胎既結，乃自生身，即為內丹，不死之道也。

氣從有胎中息。

神為炁子，炁為神母，神炁相逐，如形與影。胎母既結，神子自息，即元炁不散。

氣入身來為之生，神去離形為之死。

《西升經》云：身者神之舍，神者身之主也。主人安靜，神即居之；主人躁動，神即去之。神去炁散，其可得生？是以人耳目手足，皆不能自運，必假神以御之。學道養生之人，常拘其神以為身主，主既不去，宅豈崩壞也。

[註1] （唐）幻真先生撰，底本出處：《正統道藏》洞真部玉訣類。參校版本：一、《道藏輯要》本，收入該書輯集第九冊。二、《道藏精華錄》本，收入該書第七集。（宋）張君房纂輯，蔣力生等校注：《雲笈七籤》卷60，北京：華夏出版社，1996年，第366頁，載至「勤而行之，是真道路。修真之道，備盡於斯。然聖人之言，其可忘歟！」。「其可忘歟」與「不可忘乎」記載有異。因而其後續部分可能為唐宋之後後人所撰。

知神氣可以長生，固守虛無以養神氣。

《道經》云：我命在我，不在天也。所患人不能知其道，復知而不行。知者但能虛心絕慮，保炁養精，不為外境愛欲所牽，恬淡以養神炁，即長生之道畢矣。

神行即炁行，神住即炁住。

所謂意是炁馬，行止相隨，欲使元炁不離玄牝，即先拘守其神，神不離身，炁亦不散，自然內實，不饑不渴也。

若欲長生，神氣相注。

相注者，即是神炁不相離。《玄綱》云：纖豪陽炁不滅不為鬼，纖毫陰炁不盡不為仙。元陽即陽炁也，食炁即陰炁也，常減食節欲，使元炁內運，元炁若壯，即陰炁自消；陽壯陰衰，則百病不作，神安體悅，可覬長生矣。

心不動念，無來無去，不出不入，自然常住。

神之與炁，在母腹中本是一體之物，及生下為外境愛欲所牽，未嘗一息暫歸於本。人知此道，常泯絕情念，勿使神之出入去來，能行不忘，久而習之，神自住之矣。

勤而行之，是真道路。

修真之道，備盡於斯。然聖人之言，其可忘歟！

附錄四：《房中》選錄

房中圖例：映庄生

《洞玄子》[註1]

（一）洞玄子曰：「夫天生萬物，唯人最貴。人之所以上，莫過房欲。法天象地，規陰矩陽。悟其理者，則養性延齡；慢其真者，則傷神夭壽。」

（二）「至於玄女之法，傳之萬古，都具陳其梗概，仍未盡其機微。余每覽其條，思補其闕，綜習舊儀，纂此新經，雖不窮其純粹，抑得其糟粕。其坐臥舒卷之形，偃伏開張之勢，側背前卻之法，出入深淺之規，並會二儀之理，俱合五行之數。其導者則得保壽命，其危者則陷於危亡。既有利於凡人，豈無傳於萬葉？」

（三）洞玄子云：「夫天左旋而地右回，春夏謝而秋冬襲，男唱而女和，上為而下從，此物事之常理也。若男搖而女不應，女動而男不從，非直損於男子，亦乃害於女人。此由陰陽行佷，上下了戾矣。以此合會，彼此不利。故必須男左轉而女右回，男下沖女上接。以此合會，乃謂天平地成矣。」

（四）「凡深淺、遲速、東西，理非一途，蓋有萬緒。若緩衝似鯽魚之弄鉤，若急戞如群鳥之遇風，進退牽引，上下隨迎，左右往還，出入疏密，此乃相持成務，臨事制宜，不可膠柱宮商，以取當時之用。」

（五）「凡初交會之時，男坐女左，女坐男右，乃男箕坐，抱女於懷中。於是勒纖腰，撫玉體，申燕婉，敘綢繆，同心同意，乍抱乍勒，兩形相薄，兩口相嗚，男含女下唇，女含男上唇，一時相吮，茹其津液，或緩嚙其舌，或微齚其唇，或邀遣抱頭，或逼命拈耳，撫上拍下，嗚東呕西。千嬌既申，百慮竟解。乃令女左手抱男玉莖，男以右手撫女玉門。於是男感陰氣，則玉莖振動，其狀也，峭然上聳，若孤峰之臨迴漢；女感陽氣，則丹穴津流，其狀也，涓然下逝，若幽泉之吐深谷。此乃陰陽感激使然，非人力之所致也。勢至於此，乃可交接。或男不感振，女無淫津，皆緣病發於內疾形於外矣。」

（六）洞玄子云：「凡初交接之時，先坐而後臥，女左男右。臥定後，令女正面仰臥，展足舒臂。男伏其上，跪於股內，洞以玉莖豎拖於玉門之口，森森然若偃松之當邃谷。洞前更拖磋勒，嗚口嘲舌，或上觀玉面，下視金溝，撫拍肚乳之間，摩挲璇臺之側。於是男情即惑，女意當迷，即以陽鋒縱橫攻擊，或下沖玉理，或上築金溝，擊刺於辟雍之旁，憩息於璇臺之右。【以上外游未

〔註1〕作者真實姓名和生平年代很難查考，一說洞玄子為唐代道家張鼎之號，其他來源均無從考證。參見（荷蘭）高羅佩著，楊權譯：《秘戲圖考》，廣州：廣東人民出版社2005年，第247～254頁。

內交也。】」

（七）「女當淫津湛於丹穴，即以陽鋒投入子宮，快泄其精，津液同流，上灌於神田，下溉於幽谷，使往來拚擊，進退揩磨，女必求死求生，乞性乞命。即以帛子乾拭之後乃以玉莖深投丹穴，至於陽臺，岩岩然若巨石之擁深溪，乃行九淺一深之法，於是縱柱橫挑，傍牽側拔，乍緩乍急，或深或淺經廿一息，候氣出入，女得快意。」

（八）「男即疾縱急刺，磴勒高抬。候女動搖，取其緩急，即以陽鋒攻其谷實，捉入於子宮，左右研磨，自不煩細細抽拔。女當津液流溢，男即須退，不可死還，必須生返，如死出大損於男，特宜慎之！」

（九）洞玄子云：「考核交接之勢，更不出於卅法。其間有屈伸、俯仰、出入、淺深，大大是同，小小有異，可謂括囊都盡，采擷無遺。餘遂象其勢而錄其名；假其形而建其號。知音君子，窮其志之妙矣。」

一、敘綢繆。

二、申繾綣【不離不散也】。

三、曝鰓魚。

四、騏驎角【已上四勢之外遊戲，皆是一等也】。

五、蠶纏綿【女仰臥，兩手向上抱男頸，以兩腳交於男背上，男以兩手抱女項，跪女股間，即內玉莖】。

六、龍宛轉【女仰臥曲兩腳，男跪股內，以左手推女兩腳向前，令過於乳，右手把玉莖內玉門中】。

七、魚比目【男女俱臥，女以一腳置男上，面相向，嗚口嗍舌，男展兩腳，以手擔女上腳，進玉莖】。

八、燕同心【令女仰臥，展其兩足，男騎女，伏肚上，以兩手抱女頸，女兩手抱男腰，以玉莖內於丹穴中】。

九、翡翠交【令女仰臥拳足，男胡跪，開著腳，坐女股中，以兩手抱女腰，進玉莖於琴弦中】。

十、鴛鴦合【令女側臥，拳兩腳，安男股上，男於女背後騎女下腳之上，豎一膝至女上股，內玉莖】。

十一、翻空蝶【男仰臥展兩足，女坐男上正面，兩腳據床，乃以手助為力，進陽鋒玉於門之中】。

十二、背飛鳧【男仰臥，展兩足，女背面坐於男上，女足據床，低頭抱男

玉莖內於丹穴中】。

十三、偃蓋松【令女交腳向上，男以兩手抱女腰，女以兩手抱男腰，內玉莖於玉門中】。

十四、臨壇竹【男女俱相向立，嗚口相抱於丹穴，以陽鋒深投於丹穴，沒至陽臺中】。

十五、鸞雙舞【男女一仰一覆，仰者拳腳，覆者騎上，兩陰相向，男箕坐著玉物，攻擊上下】。

十六、鳳將雛【婦人肥大，用一小男共交接，大俊也】。

十七、海鷗翔【男臨床邊，擊（擎）女腳以令舉，男以玉莖入於子宮之中】。

十八、野馬躍【令女仰臥，男擎女兩腳，登左右肩上，深內玉莖於玉門之中】。

十九、驥騁足【令女仰臥，男蹲，左手捧女項，右手擎女腳，即以玉莖入於子宮中】。

廿、馬搖蹄【令女仰臥，男擎女一腳，置於肩上，一腳自攀之，深內玉莖，入於丹穴中，大興哉】。

廿一、白虎騰【令女伏面跪膝，男跪女後，兩手抱女腰，內玉莖於子宮中】。

廿二、玄蟬附【令女伏臥而展足，男居股內，屈其足，兩手抱女項，從後內玉莖，入玉門中】。

廿三、山羊對樹【男箕坐，令女背面坐男上，女自低頭視內玉莖；男急抱女腰礛勒也】。

廿四、鵾雞臨場【男胡蹲床上坐，令一小女當抱玉莖，內女玉門，一女於後牽女衿裙，令其足快，大興哉】。

廿五、丹穴鳳遊【令女仰臥，以兩手自舉其足，男跪女後，以兩手據床，以內玉莖於丹穴，甚俊！】。

廿六、玄溟鵬翥【令女仰臥，男取女兩腳，置左右膊上，以手向下抱女腰以內玉莖】。

廿七、吟猿抱樹【男箕坐，女騎男胜上，以兩手抱男，男以一手扶女尻，內玉莖，一手據床】。

廿八、貓鼠同穴【男仰臥以展足，女伏男上，深內玉莖，又男伏女背上，

以將玉莖攻擊於玉門中】。

廿九、三春驢【女兩手兩腳俱據床，男立其後，以兩手抱女腰，即內玉莖於玉門中，甚大俊也】。

卅、秋狗【男女相背，以兩手兩腳俱據床，兩尻相拄，男即低頭，以一手推玉物內玉門之中】。

（十）洞玄子云：「凡玉莖，或左擊右擊，若猛將之破陣，其狀一也；若緣上驀下，或野馬之跳澗，其狀二也；或出或沒，若游波之群鷗，其狀三也；或深築淺挑，若喙（鴉）臼之鴉（喙）雀，其狀四也；或深沖淺刺，若大石之投海，其狀五也；或緩筩遲推，若凍蛇之入窟，其狀六也；或疾縱直刺，若驚鼠之透穴，其狀七也；或抬頭拘足，若鷂鷹之揄狡兔，其狀八也；或抬上頓下，若大帆之遇狂風，其狀九也。」

（十一）洞玄子云：「凡交接，或下捼玉莖，往來鋸其玉理，其勢若割蚌而取明珠，其勢一也；或下抬玉理，上沖金溝，其勢若剖石而尋美玉，其勢二也；或以陽鋒沖築璿臺，其勢若鐵杵之投藥臼，其勢三也；或以玉莖出入，攻擊左右辟雍，其勢若五錘之鍛鐵，其勢四也；或以陽鋒來往，研磨耕神田，幽谷之間，其勢若農夫之墾秋壤，其勢五也；或以玄圃天庭兩相磨搏，其勢若兩崩崖之相欽，其勢六也。」

（十二）洞玄子云：「凡欲泄精之時，必須候女快，與精一時同泄。男須淺拔，遊於琴弦、麥齒之間。陽鋒深淺，如孩兒含乳。即閉目內想，舌拄下腭，踚脊引頭，張鼻歙肩，閉口吸氣，精便自上。節限多少莫不由人。十分之中，只得泄二三矣。」

（十三）洞玄子云：「凡欲求子，候女之月經斷後則交接之。一日、三日為男；四日、五日為女；五日以後，徒損精力，終無益也。交接泄精之時，候女快來，須與一時同泄，泄必須盡。先令女正面仰臥，端心一意，閉目內想受精氣。故老子曰：『夜半得子為上壽，夜半前得子為中壽，夜半後得子下壽。』」

（十四）「凡女懷孕之後，須行善事，勿視惡色，勿聽惡語，省淫欲，勿咒詛，勿罵詈，勿驚恐，勿勞倦，勿妄語，勿憂愁，勿食生、冷、醋、滑、熱食，勿乘車馬，勿登高，勿臨深，勿下阪，勿急行，勿服餌，勿針灸。皆須端心正念，常聽經書。送令男女如是，聰明智惠，忠真貞良，所謂『教胎』也。」

（十五）洞玄子云：「男年倍女損女，女年倍男損男。」「交接所向，時日吉利，益損順時，效此大吉。」「春首向東，夏首向南，秋首向西，冬首向北。」「陽日益【只日是】，陰日損【雙日是】，陽時益【子時已後、午前是】，陰時損【午時已後、子前是】。」「春甲乙，夏丙丁，秋庚辛，冬壬癸。」

附錄五：《存想》選錄

《正統道藏》載《大洞真經》存思圖之一

《雲笈七籤》〔註1〕節選

卷四十二　存思部

存《大洞真經》三十九真法（出《三十九章經》）

太微小童

讀《高上虛皇君道經》，當思太微小童干景精，真氣赤色煥煥，從兆泥丸中入，下布兆身舌本之下，血液之府。畢，微祝曰：

真氣下流充幽關，鎮神固精塞死源，玉經慧朗通萬神，為我致真命長存，拔度七祖返胎仙。畢，引赤氣三咽止，便讀《玉經》。畢，又祝曰：

天有大隱生之靈寶，稱曰明梁上之氣，守我絕塞之下戶，更受生牢門之外，乃又召益元之羽童，列於綠室之軒，使解七祖百結，隨風離根，配天遷基，達變入玄。《玉清隱文》又祝曰：元氣非本生，五塗承靈出。雌雄寄神化，森羅邃幽鬱。玉音響太和，萬唱元中發。仙庭回九變，百混同得一。易有合虛中，俱入帝堂室。畢，此高上祝秘文，泄之七祖充責。

太一尊神

讀《上皇玉虛君道經》，當思太一尊神務猶收，真氣紫色焰焰，從兆泥丸中入，下布兆玉枕之下，泥丸之後戶。畢，微祝曰：

太一保命，固神定生。為我上招帝真之氣，下布紫戶之庭。玉經仰徹，九元朗明。七祖同歡，俱升上清。畢，引紫氣三咽止，便讀《玉經》。畢，又祝曰：

兆身常死關，結胎害百神。百神解胎結，披散胞內根。七世入帝室，一體合神仙。神仙會玉堂，七祖生南宮。並帶理明初，同席孩道康。萬真守身形，是日藏初明。帝一回雌雄，保鎮百神門，閉塞萬邪戶，受事九宮間。典禁召司命，三日朝泥丸。

帝君

讀《皇上玉帝君道經》，當思帝君延陵梵真氣紫光鬱鬱，從兆泥丸中入，下布兩眉中間，紫戶之外宮。畢，微祝曰：

帝君度符籍，正氣召萬神，上招玉真充，氣布兩眉間，混一生帝景，三

〔註1〕（宋）張君房撰，輯前代及本朝道書，但收錄唐代以前著作也比五代宋初新出的其他道書為多。參見（宋）張君房纂輯，蔣力生等校注：《雲笈七籤》卷42，北京：華夏出版社，1996年，第236～237頁。

素成我仙。飆粲乘龍蓋，逕升高上軒。畢，引紫氣三咽止，便讀《玉經》。畢，又祝曰：

扶晨始暉生，紫雲映玄阿，煥洞園光蔚，晃朗濯耀羅，眇眇靈景元，森灑空清華，九天館玉賓，金房唱霄歌。賢哉對帝賓，役召伯幽車。七祖解胞根，世世為仙家。」《玉清隱文》又祝曰：

丹皇運珠，守鎮死門，上一赤子玄帝凝天，一名伯無上，亦為三元先。扶我養我，使我登雲輪，常坐上清軒，七玄為仙君。

無英公子

讀《上皇先生紫晨君道經》，當思左無英公子玄元叔，真氣玉光奕奕，從兆泥丸中入，下布兆左腋之下，肝之後戶。畢，微祝曰：

無英神真生紫皇，三氣混合成宮商，招引真氣鎮膀胱，運流三丹會洞房，為我致仙變丹容，飛昇雲館入金塘。畢，引玉光三咽止，便讀《玉經》。畢，又祝曰：

神安氣洞，上與天通，越出地戶，過渡天門。隱息四維，七星散分，飛行陰房，日月植根。守金藏玉，制御萬神，仙王何人？我已成真。隱存雌雄，玄洞四鄉。結中青氣，號為延昌。字曰和嬰，理命年長。玄歸固內，慶玄牢張。我日成真，飛仙雲京。

白元洞陽君

讀《太微天帝君道經》，當思右白元洞陽君，真氣金光耀耀，從兆泥丸中入，下布兆右腋之下，肺之後戶。畢，微祝曰：

洞陽鬱靈標魂生，金光煥煥氣中精，招真固神令長生，拔出幽根返胎嬰，驂晨御氣升玉清。畢，引金光三咽止，便讀《玉經》。畢，又微祝曰：

洞陽鬱靈標，守體死門開，戶出三尸蟲，受入九真源，解胞散滯血，百節生正神，七祖滅屍禍，拔殖後葉患。黑氣斌來生，斫斷胞死根，世世受道德，後獲帝仙卿，帝仙是何人？明明七葉孫。乃祖入丹都，並坐精上門。

附錄六：《內丹》選錄

鍾離權、呂洞賓論道圖（山西芮城縣永樂宮）

《鍾呂傳道集》[註1]節選

朝元

呂曰:「煉形之理,既已知矣。所謂朝元者,可得聞乎?」

鍾曰:「大藥將就,玉液還丹而沐浴胎仙。真氣既生,以沖玉液,上升而更改塵骨,而曰玉液煉形。及夫肘後飛起金精,河車以入內院,自上而中,自中而下,金液還丹,以煉金砂,而五氣朝元,三陽聚頂,乃煉氣成神,非止於練形住世而已。所謂朝元,今古少知。苟或知之,聖賢不說。蓋以真仙大成之法,默藏天地不測之機,誠為三清隱秘之事,忘言忘象之玄旨,無問無應之妙理。恐子之志不篤而學不專,心不寧而問不切,輕言易語,及遺我漏泄聖機之愆,彼此各為無益。」

呂曰:「始也悟真仙而識大道,次以知時候而達天機。辨水火真原,知龍虎不生肝肺;察抽添大理,審鉛汞非是坎離。五行顛倒之術,已蒙指教;三田反復之機,又謝敷陳。熟曉還丹煉形之理,深知長生不死之術。然而超凡入聖之原,脫質升仙之道,本於煉氣而朝元。所謂朝元,敢告略為指訣?」

鍾曰:「道本無形,及乎大原示樸,上清下濁,含而為一。大樸既分,混沌初判而為天地,天地之內,東西南北而列五方。每方各有一帝,每帝各有二子:一為陽而一為陰,乃曰二氣。二氣相生相成而分五行,五行相生相成而定六氣,乃曰三陰三陽。以此推之,如人之受胎之初,精氣為一,及精氣既分,而先生二腎;一腎在左,左為玄,玄以升氣而上傳於肝。一腎在右,右為牝,牝以納液而下傳膀胱。玄牝本乎無中來,以無為有,乃父母之真氣,納於純陰之池,故曰谷神不死,是謂玄牝之門,玄牝之門,可比天地之根。玄牝,二腎也,自腎而生,五臟六腑全焉。其中肝為本,曰甲乙,可比於東方青帝。心為火,曰丙丁,可比於南方赤帝。肺為金,曰庚辛,可比於西方白帝。脾為土,曰戊己,可比於中央黃帝。腎為水,曰壬癸,可比於北方黑帝。人之初生,故無形象,止於一陰一陽。及其胎完,而有腸胃,乃分六氣,三男三女而已。一氣運五行,五行運六氣。先識者陰與陽,陽有陰中陽,陰有陽中陰。次識者金木水火土,而有水中火,火中水,水中金,金中木,木中火,火中土。五者互相交合,所以二氣分而為六氣,大道散而為五行。如冬至之後,一陽

〔註1〕 參見高麗楊點校:《鍾呂傳道集、西山群仙會真記》,北京:中華書局,2015年,第104~110頁。鍾為(漢)鍾離權,呂即(唐)呂洞賓。二人後世被尊為八仙中之二仙。

生五方之地，而陽皆生也。一帝當其行令，而四帝助之。若以春令既行，黑帝不收其令，則寒不能變溫。赤帝不備其令，則溫不能變熱。及夫夏至之後，一陰生五方之天，而陰皆降也。一帝當其行令，而四帝助之。若以秋令既行，赤帝不收其令，則熱不能變涼。黑帝不備其令，則涼不能變寒。冬至陽生於地，以朝氣於天也。夏至陰生於天，以朝氣於地也。奉道之士，當深究此理。而日月之間，一陽始生，而五臟之氣朝於中元，一陰始生，而五臟之液，朝於下元。陰中之陽，陽中之陽，陰陽之中之陽，三陽上朝內院，心神以返天宮，是皆朝元者也。」

呂曰：「陽生之時，而五氣朝於中元。陰生之時，而五液朝於下元。使陽中之陽，陰中之陽，陰陽之中之陽以朝上元。若此修持，尋常之士亦有知者，如何得超脫以出塵俗？」

鍾曰：「若以元陽之氣，以一陽始生之時，上朝中元，是人皆如此。若以積氣生液，以一陰始生之時，下朝下元，是人皆如此。若此行持，故不能超脫。然而欲超凡入聖，脫質升仙，當先龍虎交媾而成大藥。大藥既成而生真氣。真氣既生，於年中用月，月上定興衰。月中用日，日上數直事。日中用時，時上定息數。以陽養陽。陽中不得留陰。以陽煉陰，陰中不得散陽。凡以春則肝旺而脾弱，夏則心旺而肺弱，秋則肺旺而肝弱，冬則腎旺而心弱。人以腎為根本。每時一季脾旺而腎弱，獨腎於四時有損。人之多疾病者，此也。凡以甲乙在肝直事，防脾氣不行。丙丁在心直事，防肺氣不行。戊己在脾直事，防腎氣不行。庚辛在肺直事，防肝氣不行。壬癸在腎直事，防心氣不行。一氣盛而一氣弱，一藏旺而一藏衰。人之多疾病者，此也。凡以心氣萌於亥而生於寅，旺於巳而弱於申。肝氣萌於申而生於亥，旺於寅而弱於巳。肺氣萌於寅而生於巳，旺於申而弱於亥。腎氣萌於巳而生於申，旺於亥而弱於寅。脾氣春隨肝，而夏則隨心，秋隨肺而冬則隨腎。人之不知日用，莫曉生旺強弱之時，所以多疾病者，此也。若此日、月、時三陽既聚，當煉陽而使陰不生，若此月、日、時三陰既聚，當養陽而使陽不散。又況真氣既生以純陽之氣煉五臟之氣不息，而出本色，一舉而到天池。始以腎之無陰而九江無浪，次以肝之無陰而八關永閉，次以肺之無陰而金火同爐，次以脾之無陰而玉戶不開，次以真氣上升，四炁聚而為一。縱有金液下降，杯水不能勝與薪之火。水火相包而合之為一，以入神宮，定息內觀。一意不散，神識俱妙。靜中常聞樂聲，如夢非夢，若在虛無之境。風光景物不比塵俗，繁華美麗勝及人世。樓臺

宮闕，碧瓦凝煙。珠翠綺羅，馨香成陣。當此之時，乃曰超內院，而陽神方得聚會面還上丹，煉神成仙以合大道。一撞天門，金光影里以現法身，闇花深處而坐凡體。乘空如履平川，萬里若同展臂。若也復回再入本軀，神與形合，天地齊其長久。若也厭居塵世，寄下凡胎而返十洲。於紫府太微真君處，契勘鄉原，對會名姓，校量功行之高下，得居於三島，而遨遊永在於風塵之外，名曰超塵脫凡。」

呂曰：「煉形止於住世，煉氣方可升仙。世人不達玄機，無藥而先行胎息。強留在腹，或積冷氣而成病，或發虛陽而作疾。修行本望長生，似此執迷，尚不免於疾病。殊不知胎仙就而真氣生，真氣生而自然胎息。胎息以煉氣，練氣以成神。然而煉氣，必審年中之月，月中之日，日中之時，端居靜室，忘機絕跡，當此之時，心境未除者，悉以除之。或而妄想不已，智識有漏，志在升仙而心神不定，為之奈何？」

鍾曰：「交合各有時，行持各有法。依時行法，即法求道，指日成功，易如反掌。古今達士，閉目冥心，以入希夷之域，良以內觀而神識自住矣。」

隋唐醫術述要

　　進入 20 世紀以來，隨著西學東漸的逐步深化，特別是新文化運動思潮的蔚然勃興，中國學界對傳統文化嚴加批判。在當時二元對立的科學線性思維〔註1〕，以及「物競天擇」進化論思潮的合力衝擊下，傳統文化面臨著數千年未有之變局。西風壓倒東風，傳統文化被視為糟粕而加以摒棄，人們日常生活諸多方面也都烙下西學影子。中國傳統醫術文化作為「封建迷信」的典型，受到西醫的衝擊也頗為嚴重。〔註2〕

　　直至改革開放以來，傳統文化重新成為研究的熱點。尤其自 20 世紀 80 年代以來，有關醫術的研究碩果才相繼問世。其著述大致如下：李經緯等《中國醫學百科全書・醫學史》（上海科學技術出版社，1987 年）；范行准《中國病史新義》（中醫古籍出版社，1989 年）；甄志亞《中國醫學史》（人民衛生出版社，1991 年）；廖育群《歧黃醫道》（遼寧教育出版社，1991 年）；中國大百科全書編輯委員會《中國大百科全書・中國傳統醫學》（中國大百科全書出版社，1992 年）；石田秀實《中國醫學思想史》（東京大學出版會，1992 年）；馬伯英《中國醫學文化史》（上海人民出版社，1994 年）；趙璞珊《中國古代醫學》（中華書局，1997 年）；陳邦賢《中國醫學史》（商務印書館，1998 年）；錢超塵《黃帝內經太素研究》（人民衛生出版社，1998 年）；李建

〔註1〕　參見郝先中：《兼容與並行：清末民初中國醫界之二元格局》，《河南師範大學學報》，2009 年第 2 期。

〔註2〕　近代中西醫論爭之際，西醫先造輿論，極力貶損作為中醫理論基礎的陰陽五行學說、藏象學說、運氣學說等。參見李亞：《毛澤東對中醫問題上民族虛無主義的批判》，《世界社會主義研究》，2018 年第 2 期。

民《死生之域——周秦漢脈學之源流》(「中央」研究院歷史語言研究所，2000年)；謝觀《中國醫學源流論》(福建科技出版社，2003年)；范家偉《六朝隋唐醫學之傳承與整合》(香港中文大學出版社，2004年)；杜正勝《從眉壽到長生——醫療文化與中國古代生命觀》(三民書局，2005年)；李良松、郭洪濤《出入命門——中醫文化探津》(中國人民大學出版社，2007年)；范家偉《大醫精誠——唐代國家、信仰與醫學》(東大圖書公司，2007年)；范家偉《中古時期的醫者與病者》(復旦大學出版社，2010年)；於賡哲《唐代疾病、醫療史初探》(中國社會科學出版社，2011年)；林富士《中國中古時期的宗教與醫療》(中華書局，2012年)；余欣《中古異相——寫本時代的學術、信仰與社會》(上海古籍出版社，2015年)；潘文、袁仁智《敦煌醫學文獻研究集成》(中醫古籍出版社，2016年)；陳昊《身份敘事與知識表述之間的醫者之意》(上海古籍出版社，2019年)；陳昊《疾之成殤》(上海古籍出版社，2020年)等等。上述著作分門別類全方位地對醫術進行了探討論述，然其中涉及隋唐醫術方面，或浮光掠影，或語焉不詳，未作深層周詳地分析研究。

　　鑒於上述狀況，對隋唐醫術文化進行全景式系統研究，目前尚無人問津。故而，拓展和深化這一領域具有一定的學術研究意義。

第一章　隋唐醫人群體

　　方技作為隋唐社會生活最重要的組成部分，是毋庸置疑的。縱觀兩唐書《方伎傳》，可見方技涉及到隋唐社會生活的許多方面，《新唐書》將方技分為推步、卜筮、相術、醫術和巧幻五大類〔註1〕，這五類既涉及到人們日常的驅災祈福，治病療傷等，也涉及到人們的出行禁忌，正如《舊唐書》所稱：「夫術數占相之法……莫不望氣視祲，懸知災異之來；運策揲蓍，預定吉凶之會」。〔註2〕儘管方技與人們日常生活聯繫緊密，但也不是人人可學，所以方技之士「能以技自顯於一世，亦悟之天，非積習致然」。〔註3〕方技的學習不僅與後天的努力有關，更需要天分，所以方技的掌握者有很大一部分都是來自家族的世代傳承。方技對於人們來說雖然非常重要，但不得不承認「其弊者肄業非精，順非行偽，而庸人不修德義，妄冀遭逢」〔註4〕，這也因此造成許多學藝不精之人炫賣技藝，欺騙無知民眾。對此，《新唐書》也稱：「然士君子能之，則不迂，不泥，不矜，不神；小人能之，則迂而入諸拘礙，泥而弗通大方，矜以誇眾，神以誣人，故前聖不以為教，蓋吝之也。」〔註5〕可見，

〔註1〕 （宋）歐陽修、宋祁撰：《新唐書》卷204《方伎傳》，北京：中華書局，1975年，第5797頁。

〔註2〕 （後晉）劉昫等撰：《舊唐書》卷191《方伎傳》，北京：中華書局，1975年，第5087頁。

〔註3〕 （宋）歐陽修、宋祁撰：《新唐書》卷204《方伎傳》，北京：中華書局，1975年，第5797頁。

〔註4〕 （後晉）劉昫等撰：《舊唐書》卷191《方伎傳》，北京：中華書局，1975年，第5087頁。

〔註5〕 （宋）歐陽修、宋祁撰：《新唐書》卷204《方伎傳》，北京：中華書局，1975年，第5797頁。

方技的學習不在技術的高低，而在於人品的優良與否。特別對於醫術來說，更是要求掌握者要把病人生命放在至高無上的地位，而不是個人的利益得失。故《新唐書》對於那些品格高尚的方技之士，予以了特別的讚揚——「若李淳風諫太宗不濫誅，許胤宗不著方劑書，嚴譔諫不合乾陵，乃卓然有益於時者，茲可珍也」。〔註6〕而對於那些只知炫世賣名，譁眾取寵者，則予以貶斥——「遠知、果、撫等詭行幻怪，又技之下者焉」。〔註7〕而五類方技之中，醫術居重要位置〔註8〕，所以對隋唐時期醫術的研究便成為題中之義。

我們要研究隋唐時期的醫術，首先要對醫術的掌握者「醫人」這一群體有充分的瞭解，這樣才能清楚認識到，作為方技之一的醫術，如何與當時的社會產生互動。目前學界對醫人群體的研究，已經取得了一些成果，如謝萌將醫人群體大體分為國家官僚體制下的醫人、民眾生活中的醫人、有著宗教身份的醫人以及外來的胡醫等四類。〔註9〕於賡哲把唐代醫人大體分為官方醫人、民間醫人和巫醫幾大類。〔註10〕胡鳳梅則將唐代醫人大致分為官方和民間兩大類。〔註11〕本文在諸家基礎上重新對隋唐醫人群體做一劃分，隋唐時期的醫人群體根據其身份的不同，大致可以劃分為由國家組織管理的官方醫人群體，不在官方醫療系統的士人儒醫群體，不具有官方身份的民間醫人群體等。

一、隋唐官方醫人群體

（一）隋唐官方醫療機構

據目前研究的結果來看，隋唐官方醫人群體主要包括供職於官方醫療機

〔註6〕（宋）歐陽修、宋祁撰：《新唐書》卷204《方伎傳》，北京：中華書局，1975年，第5797頁。

〔註7〕（宋）歐陽修、宋祁撰：《新唐書》卷204《方伎傳》，北京：中華書局，1975年，第5797頁。

〔註8〕相關研究參見趙洪聯著：《中國方技史》，上海：上海書店出版社，2017年；林富士著：《中國中古時期的宗教與醫療》，北京：中華書局，2012年；范家偉著：《中古時期的醫者與病者》，上海：復旦大學出版社，2010年；於賡哲著：《唐代疾病、醫療史初探》，北京：中國社會科學出版社，2011年。

〔註9〕參見謝萌：《隋唐時期醫人群體研究》，西北大學碩士論文，2015年，第14頁。

〔註10〕參見於賡哲著：《唐代疾病、醫療史初探》，北京：中國社會科學出版社，2011年。

〔註11〕參見胡鳳梅：《漢唐時期民間醫人若干問題研究》，陝西師範大學碩士論文，2014年。

構的正式人員，以及通過官方醫學教育機構〔註 12〕選拔出來的醫學博士等人群。隋唐時期的官方醫療機構可以歸類為中央和地方兩大醫療系統。其中中央醫療系統主要以尚藥局、太醫署和藥藏局為中心運行，地方醫療系統則主要以醫博士等地方官員和百姓治病為中心運行。

　　隋文帝時期，門下省設有尚藥局，太常寺設有太醫署，太子門下坊設有藥藏局，共同負責皇室和中央官員的醫療問題。到了隋煬帝時期，朝廷將門下省的太卜二司分離出去，設立殿內省，下設尚藥局、太醫署和藥藏局。其中，尚藥局有奉御、直長、侍御醫、司醫等官職，太醫署設有醫監和醫正等職，藥藏局則設有監、丞、侍醫等職。〔註 13〕據《隋書》記載：隋代尚藥局有典御 2 人，侍御醫 4 人，直長 4 人，醫師 40 人；尚食局有食醫 4 人；藥藏局有丞 2 人；太醫署有醫師 200 人，令 2 人，丞 1 人，主藥 2 人，藥園師 2 人，醫博士 2 人，助教 2 人，按摩博士 2 人，祝禁博士 2 人。〔註 14〕由此可見，隋代中央醫療系統已經初具規模，分工明確。與隋代相比，唐代醫療機構的職能劃分更加細化，分工也更加清晰。唐代尚食局食醫由隋代四人增加到八人，據《舊唐書》記載尚食局「奉御二人，正五品下。隋初為典御，又改為奉御。直長五人，正七品上。食醫八人。正九品下。奉御掌謹其儲供，辨名數。直長為之貳。若進御，必辨其時禁。春肝，夏心，秋肺，冬腎，四季之月脾王，皆不可食。當進，必先嘗。正、至大朝會饗宴，與光祿大夫視其品秩之差。其賜王公賓客，亦如之。諸陵月享，則視膳而獻之。食醫掌率主食王膳，以供其職」〔註 15〕。唐代尚食局不僅承擔著春夏秋冬四時進御食物的禁忌問題，還要在進御之前品嘗食物的口感。如遇宴會、賞賜時，還要視官員品秩高低，置備不同等級的食物。唐高宗在龍朔二年將尚食局改為奉膳局，據《新唐書‧百官志》載：「龍朔二年，改尚食局曰奉膳局，諸局奉御皆曰大夫。有書令史二人，書吏五人，主食十六人，主膳八百四十人，掌固八人。」〔註 16〕

〔註 12〕主要指太醫署。
〔註 13〕（唐）魏徵等撰：《隋書》卷 28《百官下》，北京：中華書局，1973 年，第 760 ～795 頁。
〔註 14〕（唐）魏徵等撰：《隋書》卷 28《百官上》，北京：中華書局，1973 年，第 776 頁。
〔註 15〕（後晉）劉昫等撰：《舊唐書》卷 44《職官志三》，北京：中華書局，1975 年，第 1864 頁。
〔註 16〕（宋）歐陽修、宋祁撰：《新唐書》卷 47《百官志二》，北京：中華書局，1975 年，第 1218 頁。

食醫則掌管主食和主膳。

　　唐代尚藥局有「奉御二人，正五品下。直長四人，正七品上。書吏四人。侍御醫四人，從六品上。主藥十二人，藥童三十人。司醫四人，正八品下。醫佐八人，正八品下。按摩師四人，咒禁師四人，合口脂匠四人，掌固四人」〔註17〕。與隋代將醫官們籠統地稱為醫師相比，唐代醫官則細分為主藥、藥童和司醫等。唐代尚藥奉御的主要職責是為皇室成員診脈看病和配置藥物，直長為其副手。唐代把藥分為上中下三品，上藥稱為君，中藥為臣，下藥為佐。奉御在配置藥物時需按照「一君三臣九佐」的比列進行配比〔註18〕，配比時還要根據人的五臟五行屬性不同，做到五味調和。配置成的藥物則分為湯藥、藥丸、藥膏和散劑等。此外，奉御在給皇帝診脈時，必須按照寸、關尺三部分依次進行；給皇帝配置藥物時，殿中監還要監督其配置過程。〔註19〕藥物配成進宮皇帝之前，尚藥局醫佐以上官員要先試藥，並核查與謄錄藥方，同時需要在藥方上記錄各自試藥日期，並精確到年月日。另外，皇帝在服藥時，中書省、門下省長官以及諸位上將軍各一人，與殿中監、尚藥奉御一併在旁等候，且這些大臣必須要在謄錄藥方上署名。皇帝服藥之日，再次按照奉御、殿中監、皇太子的順序依次試藥，經過諸多程序之後，皇帝方可服藥。〔註20〕此外，侍御醫還負責皇帝日常的診斷和調養，而主藥和藥童則負責對藥物進行刮、削、搗、筵等初步處理。〔註21〕對於藥物的管理和使用，唐代也有相關的規定，如太常寺需要每個季節對尚藥局進送的常備藥進行檢查，對不合格和過期變質的藥要予以退還。對於皇室禁軍，如左右羽林軍，還要按時配備藥品；而飛騎和萬騎生病者，則要派專人診治。〔註22〕據《新唐書》所記，在唐高宗龍朔二年時，改尚藥局為奉醫局，

〔註17〕　（後晉）劉昫等撰：《舊唐書》卷 44《職官志三》，北京：中華書局，1975 年，
　　　　　第 1864 頁。

〔註18〕　（後晉）劉昫等撰：《舊唐書》卷 44《職官志三》，北京：中華書局，1975 年，
　　　　　第 1864 頁。

〔註19〕　（後晉）劉昫等撰：《舊唐書》卷 44《職官志三》，北京：中華書局，1975 年，
　　　　　第 1864 頁。

〔註20〕　（宋）歐陽修、宋祁撰：《新唐書》卷 47《百官志二》，北京：中華書局，1975
　　　　　年，第 1218～1219 頁。

〔註21〕　（後晉）劉昫等撰：《舊唐書》卷 44《職官志三》，北京：中華書局，1975 年，
　　　　　第 1864 頁。

〔註22〕　（宋）歐陽修、宋祁撰：《新唐書》卷 47《百官志二》，北京：中華書局，1975
　　　　　年，第 1219 頁。

而且職官人數也有所增加，如司醫由貞觀時的四人增加到五人，醫佐由八人增加到十人等。由此可以看出，隨著皇室成員的增加，尚藥局也不得不對其成員進行擴充。〔註23〕

太醫署是隋唐時期最重要的醫療機構，不僅負責對皇室和中央官員的診治，還設有醫學博士等官職，負責選拔和教育醫學人才。太醫署的主管官員為太醫令，設二人，品級為從七品下；副手有丞二人，醫監四人，俱為從八品下；還有醫正八人，為從九品下。太醫令負責管理醫師、針師、按摩師和咒禁師四科醫學博士，並按照國子監的規章制度對他們進行考核。〔註24〕下文分別對四科博士的設置和職能予以考察。

唐太醫署四科博士分類表

醫　　科	針　　科	按摩科	咒禁科
博士1人，正八品上	博士1人，從八品下	博士1人，從九品下	博士1人，從九品下
助教1人，從九品下	助教1人，從九品下		
醫師20人	針師10人	按摩師4人	咒禁師2人
醫工100人	針工20人	按摩工16人	咒禁工8人
醫生40人	針生20人	按摩生15人	咒禁生10人

（此表根據《舊唐書》卷四十四《職官》三製作）〔註25〕

第一類是醫博士。醫博士負責管理醫師、醫工等人，並教授醫博士生《本草》、《甲乙》和《脈經》三大類醫書，教授科目劃分為體療、瘡腫、少小、耳目口齒和角法五門。〔註26〕

第二類是針博士。針博士負責管理針師、針工等人，並教授針博士生「以經脈孔穴，使識浮沉澀滑之候，又以九針為補瀉之法。其針名有九，應病用

〔註23〕（宋）歐陽修、宋祁撰：《新唐書》卷47《百官志二》，北京：中華書局，1975年，第1219頁。

〔註24〕（宋）歐陽修、宋祁撰：《新唐書》卷47《百官志二》，北京：中華書局，1975年，第1244頁。

〔註25〕（後晉）劉昫等撰：《舊唐書》卷44《職官志三》，北京：中華書局，1975年，第1876頁。

〔註26〕（後晉）劉昫等撰：《舊唐書》卷44《職官志三》，北京：中華書局，1975年，第1876頁。

之」。〔註 27〕

　　第三類是按摩博士。按摩博士負責管理按摩師、按摩工等人，教授按摩博士生呼吸導引之術用以祛除疾病，對損傷、折跌者，還要對其進行肢體恢復與矯正。〔註 28〕

　　第四類是咒禁博士。咒禁博士負責管理咒禁師、咒禁工等人，教授咒禁生以咒禁之術，用來祛除邪魅和厲鬼，咒禁生在學習咒禁之前還需要齋戒，以示崇敬。〔註 29〕

　　除以上四類博士以外，太醫署還設有藥園師二人，選拔十六歲以上庶人為藥園生，限額八人，學業有成者可以晉升為藥園師。藥園師需要在京師挑選良田之地開闢藥園，掌握藥物的產地，辨識藥物的年份，按時播種和收取藥材，並選擇其優良者進貢皇室。〔註 30〕

　　唐代對於諸科醫學博士生的招收也有嚴格的規定，據宋代《天聖令・醫疾令》和日本《養老令・醫疾令》復原的《唐令・醫疾令》第一條記載：「諸醫生、針生、按摩生、咒禁生，先取家傳其業，次取庶人攻習其術者」。〔註 31〕可見唐代醫學博士生的招收有兩條標準，一是優先招收有家學傳承的學生，其次才收取年齡在十四以上，十九歲以下有過醫術學習經驗的庶人。具有家學傳承優勢的考生，不僅優先錄取為博士生，而且還會獲得皇帝召見，從而取得仕途上的升遷。如《新唐書》記載：「凡名醫子弟，試療病，長官涖覆，三年有驗者，以名聞」。〔註 32〕名醫弟子在三年內為病人治病有效者，經長官覆驗核實，可以將其名字上奏朝廷。醫學世家對醫療技術的封閉掌握，使其在醫療技術普及艱難的古代，獲得了入學參政的優勢，但也造成了醫學家

〔註 27〕　（後晉）劉昫等撰：《舊唐書》卷 44《職官志三》，北京：中華書局，1975 年，第 1876 頁。

〔註 28〕　（宋）歐陽修、宋祁撰：《新唐書》卷 48《百官志三》，北京：中華書局，1975 年，第 1245 頁。

〔註 29〕　（後晉）劉昫等撰：《舊唐書》卷 44《職官志三》，北京：中華書局，1975 年，第 1876 頁。

〔註 30〕　（宋）歐陽修、宋祁撰：《新唐書》卷 48《百官志三》，北京：中華書局，1975 年，第 1245 頁。

〔註 31〕　天一閣博物館、中國社會科學院歷史研究所天聖令整理課題組校證：《天一閣藏明鈔本天聖令校證（附唐令復原研究）》，北京：中華書局，2006 年，第 565 頁。

〔註 32〕　（宋）歐陽修、宋祁撰：《新唐書》卷 46《百官志一》，北京：中華書局，1975 年，第 1195 頁。

族把持官方醫療機構的特殊景象。當然，唐代除了以上兩條醫學博士生錄取的常例以外，還允許一些特殊的考生報考。如據復原的《唐令・醫疾令》第六條記載：「諸有私自學習解醫療者，投名太常，試驗堪者，聽準醫、針生例考試」。〔註33〕對於民間私自學習醫術者，唐代官方也不是採取禁絕的態度，而是准許他們向太常寺報名，經過審核通過後，可以按照常例參加醫學博士入學考試。不可否認的是，這種私自學醫的學生，很難對醫學世家造成威脅，一是他們醫學知識獲取的不系統性，二是他們即使成為醫學博士生後，也很難在醫學世家把持的醫療機構中獲得晉升。

　　諸醫學博士生在錄取之後，還要經過系統的學習，以確保自己醫學知識獲取的系統性與準確性。具體而言，四科博士生都有各自需要學習的醫學典籍與醫療技能，以經典為中心，循序漸進，分科受業。據復原的《唐令・醫疾令》第三條記載：「諸醫針生，各分經受業。醫生習《甲乙》、《脈經》、《本草》，兼習《張仲景》、《小品》、《集驗》等方。針生習《素問》、《黃帝針經》、《明堂》、《脈訣》，兼習《流注》、《偃側》等圖、《赤烏神針》等經」。〔註34〕醫學博士生初入學時要先讀《本草》，以便認識藥物的形狀，熟悉藥物的冷熱性質。再讀《甲乙》、《脈經》，確保精通熟練。最後讀《張仲景》等兼習之方，做到通利。〔註35〕針學博士生初入學時要先讀《明堂》和《脈訣》，讀《明堂》目的是要針生「驗圖識其孔穴」，讀《脈訣》是讓針生「遞相診候，使知四時浮、沉、澀、滑之狀」，再讀《素問》和《黃帝針經》，「皆使精熟」，最後讀《流注》等，「各令通利」。〔註36〕咒禁博士生所學「有道禁，出於山居方術之士；有禁咒，出於釋氏。以五法神之：一曰存思，二曰禹步，三曰營目，四

〔註33〕天一閣博物館、中國社會科學院歷史研究所天聖令整理課題組校證：《天一閣藏明鈔本天聖令校證（附唐令復原研究）》，北京：中華書局，2006年，第572頁。

〔註34〕天一閣博物館、中國社會科學院歷史研究所天聖令整理課題組校證：《天一閣藏明鈔本天聖令校證（附唐令復原研究）》，北京：中華書局，2006年，第568頁。

〔註35〕天一閣博物館、中國社會科學院歷史研究所天聖令整理課題組校證：《天一閣藏明鈔本天聖令校證（附唐令復原研究）》，北京：中華書局，2006年，第571頁。

〔註36〕天一閣博物館、中國社會科學院歷史研究所天聖令整理課題組校證：《天一閣藏明鈔本天聖令校證（附唐令復原研究）》，北京：中華書局，2006年，第571頁。

曰掌訣，五曰手印。皆先禁食瑩血，齋戒於壇場以受焉」。〔註37〕咒禁博士生的知識構成有道教禁術，有佛教禁咒，還有具體的修煉過程。朱瑛石在《「咒禁博士」源流考──兼論宗教對隋唐行政法的影響》中指出咒禁博士被唐代官方承認是由《黃帝內經》中醫理論提供學理支撐；巫、釋、道提供技術資源；北朝提供制度模式等諸多因素影響之下的結果。〔註38〕

　　唐代對四科博士生的考核和選拔也有一套嚴格的管理辦法，據復原的《唐令·醫疾令》第七條記載：「諸醫、針生，以業成申送尚書省者，所司覆試，策各十三條。醫生試《甲乙》四條，《本草》、《脈經》各三條。針生試《素問》四條，《黃帝針經》、《明堂》、《脈訣》各二條。其兼習之業，醫、針各三條。問答法式及考等高下，並準試國子監學生例。得第者，醫生從九品上敘，針生降一等。不第者，退還本學。經雖不第，而明於諸方，量堪療疾者，仍聽於醫師針師內比校，優者為師，次者為工。即不第人少，補闕不足，量於見任及以理解醫針生內，簡堪療疾者兼補」。〔註39〕由此可知，唐代對醫科博士生的考核與國子監對儒生的考核基本相同。說明唐代的醫學教育是同儒學教育有著統一的管理方式，也凸顯了在知識傳播過程中，對醫學群體的接受與認可。對此《唐六典》也記載：「醫師、針師、按摩師、咒禁師，皆有博士以教之。其考試登用，如國子監之法……博士月一試，太醫令丞季一試，太常丞年終總試，若業術過於現任官者，即聽補替，其在學九年無成者，退從本色」。〔註40〕可見博士生的考核不僅有月試、季試，年試，而且九年之內學無所成者，還要面臨退學的處罰。

　　唐代還設有藥藏局，有「藥藏郎二人，正六品上。丞二人，正八品上。侍醫典藥九人，藥童十八人，掌固六人」，藥藏郎負責管理和配送藥物。〔註41〕此外，太醫署還要對四科博士生以外的醫師、醫正、醫工等正式職員進行考

〔註37〕（唐）李林甫等撰，陳仲夫點校：《唐六典》卷14「太常寺」，北京：中華書局，1992年，第409頁。

〔註38〕榮新江主編：《唐研究》第5卷，北京：北京大學出版社，1999年，第156頁。

〔註39〕天一閣博物館、中國社會科學院歷史研究所天聖令整理課題組校證：《天一閣藏明鈔本天聖令校證（附唐令復原研究）》，北京：中華書局，2006年，第410頁。

〔註40〕（唐）李林甫等撰，陳仲夫點校：《唐六典》卷14「太常寺」，北京：中華書局，1992年，第409頁。

〔註41〕（後晉）劉昫等撰：《舊唐書》卷44《職官志三》，北京：中華書局，1975年，第1908頁。

課，考核以治癒人數多少為標準。此外，醫工等人還要每年給百姓散發藥品，以預防瘟疫等流行性疾病。皇室還設有宮人患坊，用來安置生病的宮人，坊中設有藥庫，醫師、醫監、醫正輪流出掌藥庫。〔註42〕唐代中央官方醫療機構在隋代基礎上又有所發展，尚食局、尚藥局、太醫署和藥藏局四大醫療機構的職能不斷細化，分工更加合理。針對《唐六典》「太醫署」條記載：「隋太醫有師二百人，皇朝置二十人，醫工一百人……隋太醫有生一百二十人，皇朝置四十人。」〔註43〕謝萌提出「隋代官方記載的醫師和醫生的總人數遠遠超過唐代。究其原因，是隋代醫師、醫工不分，醫師、針師不分，醫生、針生不分，醫學人員的分類較為粗放。唐除醫師、醫工外，還有針師、針工和針生。針從醫中分出，醫官又分師與工兩級，師與工流外品級不同。工多師少，這表現了唐代醫科的設置更加細緻，而且醫官的等級更為複雜，人員的職責相對明確，雖數量並未增加，但更加精細」。〔註44〕尚食局和尚藥局以皇室為服務對象，主要提供食物理療和疾病診斷等服務。太醫署是中央設置的集醫教、治療和醫政為一體的綜合性醫療機構，藥藏局則負責皇室藥物的管理和使用。

　　唐代地方官府的醫療機構設置較為簡單，醫療服務群體比較複雜。關於諸州博士的設置，據《舊唐書》記載：京兆、河南、太原三府設醫藥博士一人，助教一人，學生二十人；大都督府設醫學博士一人，從八品下。助教一人，學生十五人；中都督府設醫藥博士一人，助教一人，學生十五人；下都督府設醫學博士一人，助教一人，學生十二人；上州設醫學博士一人，正九品下，助教一人，學生十五人；中州設醫藥博士一人，從九品下，助教一人，學生十二人；下州設醫學博士一人，從九品下，學生十人。〔註45〕諸州醫博士設置可能並沒有得到嚴格的執行，所以在唐玄宗時期又一次頒布詔令督促各州執行。據《唐大詔令集》記載開元十一年敕：「神農嘗草以療人疾，歧伯品藥以輔人命，朕銓覽古方，永念黎庶，或營衛內擁，或寒暑外攻，因而不救，

〔註42〕（宋）歐陽修、宋祁撰：《新唐書》卷48《百官志三》，北京：中華書局，1975年，第1244～1245頁。
〔註43〕（唐）李林甫等撰，陳仲夫點校：《唐六典》卷14「太常寺」，北京：中華書局，1992年，第409頁。
〔註44〕謝萌：《隋唐時期醫人群體研究》，西北大學碩士論文，2015年，第8頁。
〔註45〕（後晉）劉昫等撰：《舊唐書》卷44《職官志三》，北京：中華書局，1975年，第1915～1919頁。

良可歎息。今遠路僻州，醫術全少，下人疾苦，將何以恃賴？宜令天下諸州，各置職事醫學博士一員，階品同於錄事，每州寫《本草》及《百一集驗方》，與經史同貯。」〔註46〕諸州不僅要設置醫博士，還要置備《本草》，應該是便於諸州辨識本州所產藥物，瞭解藥物的性質與適應症，以及如何種植與採集藥物；置備《百一集驗方》，應該是為了各地掌握各種藥方的配比，以應對日常疾病。

據《唐會要》記載：「自今已後，諸州應缺醫博士，宜令長史各自訪求選試，取藝業優長、堪效用者，具以名聞。」〔註47〕地方官府的醫療人員以醫博士為主，其選拔由各州長史負責，能力突出，品格優異者，還要上報朝廷。此外據《新唐書》記載：「凡課藥之州，置採藥師一人。」〔註48〕對於產藥之州，還設立採藥師，負責當地藥物的種植、收集與上貢之事。地方官府醫療機構的服務對象除了地方官員與百姓之外，還要對駐地服役勞作之人進行診斷治療。據《唐律疏議》記載：「丁匠在作役之所，防人在鎮守之處，若官戶、奴婢在本司上者，而有疾病，所管主司不為請，雖請而主醫藥官司不給，闕於救療者，笞四十。以故致死者，謂不請給醫藥救療，以故致死者，各徒一年。」〔註49〕丁匠、防人、官戶和奴婢生病時，所在官府的主醫人員不予治療要笞杖四十，如因未及時治療而死，還要服一年徒刑。

（二）隋唐官方的醫人

唐代官方醫人資料散見於《新唐書・方伎傳》、《舊唐書・方伎傳》和《太平廣記》等文獻之中。《新唐書・方伎傳》序稱：「凡推步、卜、相、醫、巧，皆技也。能以技自顯於一世，亦悟之天，非積習致然。然士君子能之，則不迂，不泥，不矜，不神；小人能之，則迂而入諸拘礙，泥而弗通大方，矜以誇眾，神以誣人，故前聖不以為教，蓋吝之也。若李淳風諫太宗不濫誅，許胤宗不著方劑書，嚴譔諫不合乾陵，乃卓然有益於時者，茲可珍

〔註46〕（宋）宋敏求編，洪丕謨等點校：《唐大詔令集》卷114「醫方」，上海：學林出版社，1992年，第544～545頁。

〔註47〕（宋）王溥撰：《唐會要》卷82「醫術」，北京：中華書局，1955年，第1525頁。

〔註48〕（宋）歐陽修、宋祁撰：《新唐書》卷48《百官志三》，北京：中華書局，1975年，第1245頁。

〔註49〕（唐）長孫無忌等撰，劉俊文點校：《唐律疏議》卷26《雜律》，北京：中華書局，1983年，第484頁。

也。至遠知、果、撫等詭行幻怪，又技之下者焉。」〔註50〕《新唐書》將方技之士分為君子與小人兩大類，對於張果等人的詭行幻怪之術，又稱為技之下者。

　　許胤宗在新舊唐書《方伎傳》中皆有傳，是隋唐之際官方醫人群體的代表。許胤宗是常州義興人，入隋後為尚藥奉御，入唐為散騎侍郎。值得注意的是許胤宗不僅醫學水平高超，而且有著深刻的醫學理論修養。他認為「醫者，意也，在人思慮。又脈候幽微，苦其難別，意之所解，口莫能宣。且古之名手，唯是別脈，脈既精別，然後識病。夫病之於藥，有正相當者，唯須單用一味，直攻彼病，藥力既純，病即立愈。今人不能別脈，莫識病源，以情臆度，多安藥味，譬之於獵，未知兔所，多發人馬，空地遮圍，或冀一人偶然逢也。如此療疾，不亦疏乎！假令一藥偶然當病，復共他味相和，君臣相制，氣勢不行，所以難差，諒由於此。脈之深趣，既不可言，虛設經方，豈加於舊。吾思之久矣，故不能著述耳。」〔註51〕許氏認為病人情況千差萬別，而脈象又不可形諸言語，治療時要根據病人的具體情況，對症下藥。他不願著書留世，使後世醫者照搬醫書而貽誤病情。

　　張文仲，武則天時為侍御醫。《舊唐書‧方伎傳》記載：

　　　　文仲尤善療風疾。其後則天令文仲集當時名醫共撰療風氣諸方，仍令麟臺監王方慶監其修撰。文仲奏曰：風有一百二十四種，氣有八十種。大抵醫藥雖同，人性各異，庸醫不達藥之行使，冬夏失節，因此殺人。唯腳氣頭風上氣，常須服藥不絕，自餘則隨其發動，臨時消息之。但有風氣之人，春末夏初及秋暮，要得通洩，即不困劇。於是撰四時常服及輕重大小諸方十八首表上之。文仲久視年終於尚藥奉御。撰《隨身備急方》三卷，行於代。〔註52〕

　　張文仲擅長對中風的治療，並受武則天指派主持編撰風氣諸方，認為風有一百二十四種，氣有八十種。又《太平廣記》記載張文仲為人治病軼事一則「洛州有士人患應病。語即喉中應之。以問善醫張文仲。張經夜思之。乃得

〔註50〕（宋）歐陽修、宋祁撰：《新唐書》卷204《方伎傳》，北京：中華書局，1975年，第5797頁。
〔註51〕（後晉）劉昫等撰：《舊唐書》卷191《方伎傳》，北京：中華書局，1975年，第5091頁。
〔註52〕（後晉）劉昫等撰：《舊唐書》卷191《方伎傳》，北京：中華書局，1975年，第5099～5100頁。

一法。即取《本草》。令讀之。皆應。至其所畏者。即不言。仲乃錄取藥。合和為丸。服之。應時而止。」〔註53〕張文仲確為洛州人，但病人所患之病很奇特，而張文仲採取的治病之法竟是口讀《本草》。估計這則記載顯得過於怪誕，所以不被新舊唐書所取吧。由於張文仲醫術出眾，所以時人將其與李虔縱和韋慈藏並列，據《舊唐書》載：「虔縱，官至侍御醫。慈藏，景龍中光祿卿。自則天、中宗已後，諸醫咸推文仲等三人為首」。〔註54〕由此可見，張文仲的醫術在時人心目中的地位之高。記載唐代官方醫人的材料還有很多，諸如清漳宋俠，官至藥藏監等〔註55〕，限於篇幅本文不再列舉。

（三）隋唐官方的醫學家族

唐代醫學家族的形成可以追溯到南北朝之時，他們通過對醫學技術的世代傳承，不僅在民間取得了很高的醫學聲譽，還藉此進入官府之中，成為隋唐中央醫療機構的管理者與決策者。因此這一群體可以放到官方醫療群體之中來論述。據王燾《外臺秘要》記載：「昔在幼年，經患此疾，每服用食餅及羹粥等物，須臾吐出。貞觀中，許奉御兄弟及柴、蔣等家時稱名醫，奉敕令療，罄竭口馬，所患終不能療，漸羸憊，候絕朝夕。」〔註56〕可知唐初的醫學名家有許家、柴家和蔣家等。又孫思邈《千金要方》記載：「武德中，有德行尼名淨明，患此已久，或一月一發，或一月再發，發即至死，時在朝大醫蔣、許、甘、巢之徒，亦不能識，余以霍亂治之，處此方得愈，故疏而記之。」〔註57〕由兩條材料所載，可知蔣、許等家應為傳承有序的醫學世家。以下就文獻所見，對唐代醫學家族做出初步梳理。

義興巢氏。文獻記載的有巢孝儉，唐《新修本草》的編撰者有一位給事郎守尚藥局侍醫雲騎尉臣巢孝儉。此外，宋鄧名世《古今姓氏書辯證》記載：「望出義興者，宋中書舍人巢尚之。玄孫公逸為唐尚藥奉御，世傳醫術，今

〔註53〕（宋）李昉等編：《太平廣記》卷218「醫一」，北京：中華書局，1961年，第1673頁。

〔註54〕（後晉）劉昫等撰：《舊唐書》卷191《方伎傳》，北京：中華書局，1975年，第5100頁。

〔註55〕（後晉）劉昫等撰：《舊唐書》卷191《方伎傳》，北京：中華書局，1975年，第5090～5100頁。

〔註56〕（唐）王燾撰，高文鑄校注：《外臺秘要方》卷8，北京：華夏出版社，1993年，第147頁。

〔註57〕（唐）孫思邈著，李景榮等校釋：《備急千金要方校釋》卷20，北京：人民衛生出版社，2014年，第719頁。

稱為巢氏《病源》者。」〔註58〕巢氏家族在隋唐時期世代在官方醫療機構任職，世傳醫術，巢公逸在唐代為尚藥奉御，而巢氏《病源》則為巢尚之主持編撰的《諸病源候論》。

高陽許氏。除上文提到的尚藥奉御許胤宗以外，見於文獻記載的還有許澄。據《隋書》記載：「宗人許澄，亦以醫術顯。父奭，仕梁太常丞、中軍長史。隨柳仲禮入長安，與姚僧垣齊名，拜上儀同三司。澄有學識，傳父業，尤盡其妙。歷尚藥典御、諫議大夫，封賀川縣伯。父子俱以藝術名重於周、隋二代。史失事，故附見云。」〔註59〕許澄的父親許奭雖然不以醫術為官，但許澄卻傳其家學醫術，仕隋為尚藥典御。與許澄情況相似的還有許弘感，據《唐故太醫令許君（弘感）墓誌銘並序》記載：

> 曾祖智藏，玄史雙總，智勇兼備。蚊懷驚夢，分美玉於文河；猿臂呈姿，開伏石於飛箭。隋右衛將軍。祖藏，餘慶克傳，良弓必嗣。擁將門之材氣，隆作室之基堂。載居推轂之榮，頻效蒙輪之勇。唐左衛大將軍。父德，地望增峻，天姿英拔。皮里陽秋，氣沖牛斗。仙禽卓卓，方驚唳於九臯；逸驥昂昂，旋見羈於六局。唐六局奉御，信哉。珠潭圓折，玉水方流。將嗣美於珍裘，自標奇於碧樹。孰當其秀者，惟我太醫乎。〔註60〕

許弘感的曾祖許智藏，祖父許藏都是以武職入仕，而其父親許德則是以醫術入仕，為唐代的尚藥奉御。而許弘感自己也以醫術入仕，最終成為太醫署的太醫令。許氏家族應該自南北朝以後，世代為醫，只是因為南北朝動盪的社會環境，許氏家族成員不得不以武將身份參與政治，待到隋唐一統，社會安定，武職身份不再為家族成員提供仕途上的有利條件，他們便轉而凸顯自己的醫學傳承，以醫入仕，從而獲得家族的持續發展。

義興蔣氏。蔣氏家族在唐代是著名的醫學家族，其成員有很多人都在中央醫療機構中任職，聲望所及，遠播海外。見於文獻記載的有蔣少卿，據《唐故殿中侍御醫上護軍蔣府君墓誌》記載：「公諱少卿，義興陽羨人，陳滅入隋，因家於長安。曾祖天寶，齊桂州刺史；祖碩尚，梁散騎常侍、右軍將

〔註58〕（宋）鄧名世著，王力平點校：《古今姓氏書辯證》卷11，南昌：江西人民出版社，2006年，第157頁。
〔註59〕（唐）魏徵撰：《隋書》卷78，北京：中華書局，1973年，第1783頁。
〔註60〕吳鋼主編：《全唐文補遺》第8輯，西安：三秦出版社，2005年，第310～311頁。

軍、將樂縣開國伯；父子翼，陳鄱陽王國常侍、隋永和令。公早明因果，遊心釋教，攝生之道，拯救之方，頗迂雅思，略皆貫涉。」〔註61〕由墓誌可見，蔣少卿和許胤宗一樣，都是義興人，可見常州義興在南北朝隋唐時期是醫學望族的聚居地，這也有助於醫學家族之間相互交流醫術，共同促進醫學發展。蔣少卿家族情況也同許氏家族頗為相似，蔣氏曾祖、祖父與父親都以武入仕，而蔣少卿則修習醫術，以醫入仕，最終官至殿中侍御醫。此外，據池田溫《中國古代寫本識語集錄》所錄唐高宗顯慶四年修撰的《新修本草》識語所載，參與《本草》編撰的醫官有尚藥奉御蔣孝璋、太子藥藏監蔣孝瑜、太醫令蔣孝琬、太醫丞蔣元昌、太子藥藏局丞蔣義方。〔註62〕可以看出蔣氏家族成員已經在唐代中央三大醫療機構出任要職，成為唐代最著名的醫學世家，就連遠在朝鮮半島的百濟王也對蔣氏家族的醫療水平有所知悉。據《文館詞林》所記《貞觀年中撫慰百濟王詔》載百濟王扶餘慈請求唐太宗派太醫丞蔣元昌到百濟為其治病。〔註63〕

　　對於蔣義方和蔣孝璋之間關係，《大唐故朝散大夫上護軍行魏州武聖縣令蔣府君墓誌銘並序》提供了相關證據。據墓誌記載：「府君諱義忠，字子政，吳郡義興人也。自金陵霸改，石城隍復，帝宅中原，衣冠北徙，今為京兆人焉……曾祖子英，梁金紫光祿大夫、上明郡太守、平固縣侯，食邑三千戶。祖歟，皇朝使持節通州諸軍事、通州刺史。父孝璋，朝議大夫、上柱國、行尚藥局奉御。」〔註64〕由墓誌可見，蔣孝璋之子是蔣義忠，而蔣義忠和蔣義方應為家族同輩，他們應該都屬於義興蔣氏家族，儘管墓誌沒有直接提到蔣義方，但他和蔣孝璋很可能是叔侄之類關係。記載唐代官方醫學家族的材料還有很多，諸如濮陽吳氏等〔註65〕，限於篇幅本文不再列舉。

〔註61〕榮新江主編：《唐研究》第 17 卷，北京：北京大學出版社，2011 年，第 251 頁。

〔註62〕（日）池田溫編：《中國古代寫本識語集錄》，東京：東京大學東洋文化研究所，1990 年，202～203 頁。

〔註63〕（唐）許敬宗編，羅國威整理：《日藏弘仁本文館詞林校證》，北京：中華書局，2001 年，第 251 頁。

〔註64〕王仁波主編：《隋唐五代墓誌彙編·陝西卷》第 3 冊，天津：天津古籍出版社，1991 年，第 137 頁。

〔註65〕參見周紹良、趙超主編：《唐代墓誌彙編續集》神龍 018，上海：上海古籍出版社，2001 年，第 419 頁；劉景龍、李玉昆主編：《龍門石窟碑刻題記匯錄》，北京：中國大百科全書出版社，1998 年，第 216 頁。

二、隋唐的儒醫群體

　　由於唐代不禁民間私學醫術，所以在官方醫療機構之外也會有其他學醫人群，特別是一類以學習儒術取得科舉之名的士大夫群體，他們在為官之餘，也會學習一些醫術，我們將這類群體區別於任職於官方醫療機構中的醫學人士，而將他們定義為儒醫群體。這類群體獲取醫術的方法，一部分源自於他們的家學傳承，但因唐代更重視進士群體，所以他們在繼承家學之餘，會把主要精力放在科舉考試上，儘管他們日後登科入仕以儒臣身份出現在廟堂之上，但是由於自身的醫學傳承，還是會取得同僚以及皇帝信任，來為他們診斷疾病。還有一部分是他們會自己閱讀醫書，然後找精通醫術的名醫請教，由於他們擁有官方儒士的身份，這些名醫也願意去與他們探討醫術。

　　以儒學身份入仕唐代中央官僚機構，最終以醫術留名史書的儒醫代表人物是甄立言。據《舊唐書》記載，甄立言在唐高祖武德年間任太常寺的副職太常丞，唐太宗時期御史大夫杜淹患風毒，身體發腫，「（太宗）令立言視之，既而奏曰：『從今更十一日午時必死』。果如其言」。〔註66〕由此可見，甄立言不僅擅長醫術，而且對疾病診斷也非常準確。此外，甄立言還善於診治疑難雜症，「時有尼明律，年六十餘，患心腹鼓脹，身體羸瘦，已經二年。立言診脈曰：『其腹內有蟲，當是誤食髮為之耳』。因令服雄黃，須臾吐一蛇，如人手小指，唯無眼，燒之，猶有髮氣，其疾乃愈。立言尋卒」。〔註67〕儘管這則材料記載的有些離奇，但從現代科學的觀念來看，尼明律所患之病應屬杯弓蛇影之類的心理疾病，明律估計是將所食之「髮」誤以為蛇，導致飲食不調，而甄立言以雄黃治之，去其心疾，所以明律之病乃愈。值得一提的是甄立言的醫術乃是與其兄私下研習所致，死後更是留下醫學著作《本草音義》七卷，《古今錄驗方》五十卷。〔註68〕

　　唐代著名史學家劉知幾之子劉貺，也是以儒為醫的代表。據《舊唐書》記載：「（劉）貺，博通經史，明天文、律曆、音樂、醫算之術，終於起居郎、

〔註66〕（後晉）劉昫等撰：《舊唐書》卷191《方伎傳》，北京：中華書局，1975年，第5090頁。

〔註67〕（後晉）劉昫等撰：《舊唐書》卷191《方伎傳》，北京：中華書局，1975年，第5090頁。

〔註68〕（後晉）劉昫等撰：《舊唐書》卷191《方伎傳》，北京：中華書局，1975年，第5090頁。

修國史。撰《六經外傳》三十七卷、《續說苑》十卷、《太樂令壁記》三卷、《真人肘後方》三卷、《天官舊事》一卷。」〔註69〕劉貺不僅家傳經史之學，而且擅長天文、醫、算等方技之術，可謂學識淵博。據新舊唐書等史料對劉知幾相關事蹟的記載，不見其有學醫經歷，所以劉貺的醫學知識很可能並非來自家學傳承，而是靠自己平時興趣積累所得。劉貺雖然撰寫有醫書《真人肘後方》三卷，但卻不以醫學冠名，而是從事國史編修之職，可謂是典型的儒醫。

此外，孟詵在儒醫當中也較具代表性，他官至六部侍郎，為官歷經武則天、唐睿宗、唐玄宗三朝，卒年九十三歲。據《舊唐書》記載：

> 孟詵，汝州梁人也。舉進士。垂拱初，累遷鳳閣舍人。詵少好方術，嘗於鳳閣侍郎劉禕之家，見其敕賜金，謂禕之曰：「此藥金也。若燒火其上，當有五色氣。」試之果然。則天聞而不悅，因事出為台州司馬。後累遷春官侍郎。睿宗在藩，召充侍讀。長安中，為同州刺史，加銀青光祿大夫。神龍初致仕，歸伊陽之山第，以藥餌為事。詵年雖晚暮，志力如壯，嘗謂所親曰：「若能保身養性者，常須善言莫離口，良藥莫離手。」睿宗即位，召赴京師，將加任用，固辭衰老。景雲二年，優詔賜物一百段，又令每歲春秋二時特給羊酒縻粥。開元初，河南尹畢構以詵有古人之風，改其所居為子平里。尋卒，年九十三。詵所居官，好勾剝為政，雖繁而理。撰家、祭《禮》各一卷，《喪服要》二卷，《補養方》、《必效方》各三卷。〔註70〕

孟詵是進士出身，自然以修習五經儒術為業，但他又自小喜好方術，能觀風望氣。致仕以後，歸隱伊陽山第，以煉藥服食為事。觀孟詵所著《補養方》和《必效方》等醫書，其應擅長醫藥保健之術。

唐代的儒醫群體醫學知識的獲得大多依靠興趣愛好自學而成。與醫學家族世代為醫，以醫術為官不同，儒醫群體的學習以儒術為主。他們經史傳家，以儒為業，所以在以儒術取士的古代社會，較易獲取功名。因此儒醫群體不僅有時間去獲取醫學知識，而且憑藉著他們有利的社會地位和政治身份，還

〔註69〕（後晉）劉昫等撰：《舊唐書》卷102《劉子玄傳》，北京：中華書局，1975年，第3174頁。

〔註70〕（後晉）劉昫等撰：《舊唐書》卷191《方伎傳》，北京：中華書局，1975年，第5101～5102頁。

可以和名醫相互討論醫術。儘管儒醫並不以醫術為主業，但他們因為兼具朝廷儒臣和習醫之士的雙重身份，也會受到諸如皇帝在內的重要人物信任，來為他們診斷疾病。這也因此建構起了他們儒學身份之外的另一重歷史記憶，儒醫應以儒術顯明後世，但卻因醫術的突出而列名《方伎傳》，這不僅彰顯了隋唐時期儒醫身份地位的嬗變，也說明了醫術在當時人們心目中地位的不斷上升。

三、隋唐民間醫人群體

　　對隋唐時期民間醫人群體的研究，是醫人群體研究的重心，相關研究成果有於賡哲《唐代疾病、醫療史初探》〔註71〕，謝萌《隋唐醫人群體研究》〔註72〕、胡鳳梅《漢唐時期民間醫人若干問題研究》〔註73〕、范家偉《中古時期的醫者與病者》〔註74〕等。這些研究成果大多從個案分析切入，來討論民間醫人的醫學教育和生平事蹟等。大體來說民間醫人的水平參差不齊，既有像孫思邈這樣被後世所稱頌的「藥王」，也有像「福醫」和「時醫」這種醫術平平，靠運氣取勝的庸醫，嚴格來說這種庸醫佔據了民間醫人群體的很大一部分，以下本文就從個案入手對民間這兩類醫人群體做一論述。

（一）孫思邈

　　隋唐民間醫人代表應屬「藥王」孫思邈，其高超的醫術和高尚的醫德，不僅在當時廣為傳揚，至今仍被視為中國古代醫人的傑出代表。孫思邈生於隋文帝開皇辛丑（581年），卒於唐高宗永淳元年（682年），年百餘歲。〔註75〕關

〔註71〕參見於賡哲著：《唐代疾病、醫療史初探》，北京：中國社會科學出版社，2011年。
〔註72〕參見謝萌：《隋唐時期醫人群體研究》，西北大學碩士論文，2015年。
〔註73〕參見胡鳳梅：《漢唐時期民間醫人若干問題研究》，陝西師範大學碩士論文，2014年。
〔註74〕參見范家偉著：《中古時期的醫者與病者》，上海：復旦大學出版社，2010年。
〔註75〕《舊唐書》在引用《盧照鄰集》時將「皇辛丑歲生，今年九十二」改為「開皇辛酉歲生，至今年九十三」，而四庫館臣採用《舊唐書》對《盧照鄰集》改動之後的文字，所以認為《盧照鄰集》傳寫訛誤，而事實上《盧照鄰集》的原文所記和四庫館臣的判斷一樣，孫思邈生於隋文帝開皇辛丑（581年），卒於唐高宗永淳元年（682年），年百餘歲。針對《四庫全書總目》對孫思邈生卒年的考證，余嘉錫也給予了肯定，他在《四庫提要辯證》中講到「孫思邈卒於永淳元年，年百餘歲。自是年上推至開皇辛丑正一百二年，數亦相合，則生於後周隱居不仕之說，為史誤，審矣。」

於孫思邈的生平，據《舊唐書》記載：

> 孫思邈，京兆華原人也。七歲就學，日誦千餘言。弱冠，善談莊、老及百家之說，兼好釋典。洛州總管獨孤信見而歎曰：「此聖童也。但恨其器大，適小難為用也。」周宣帝時，思邈以王室多故，乃隱居太白山。隋文帝輔政，徵為國子博士，稱疾不起。嘗謂所親曰：「過五十年，當有聖人出，吾方助之以濟人。」及太宗即位，召詣京師，嗟其容色甚少，謂曰：「故知有道者誠可尊重，羨門、廣成，豈虛言哉！將授以爵位，固辭不受。」顯慶四年，高宗召見，拜諫議大夫，又固辭不受。上元元年，辭疾請歸，特賜良馬，及鄱陽公主邑司以居焉。當時知名之士宋令文、孟詵、盧照鄰等，執師資之禮以事焉。〔註76〕

據此可知，孫思邈知識淵博，少年時就喜愛莊子、老子、佛經和百家之學，不喜出仕，隱居太白山，學習各種知識。孫思邈對佛道典籍的研習，也為他撰寫《千金方》等醫學著作提供了學理上的資源。事實上，隋唐時期很多醫學名家，他們不僅有著深厚的醫學知識，還兼習儒釋道等各家經典。這樣不僅有利於他們在隋唐時期「三教論衡」的背景下，在仕途上得到有利的升遷，還可以為他們撰寫醫學著作提供理論支持。正因為孫思邈不僅有著豐富的醫學知識，還研習儒釋道等三教經典，所以他受到隋唐兩代統治者的高度重視。如隋文帝授予國子博士，唐太宗賜以爵位，都被孫思邈拒絕，唐高宗授其諫議大夫，又辭不受，最後高宗賜孫思邈鄱陽公主宅，令其居住。甚至當時名士宋令文、孟詵和盧照鄰等都積極與孫思邈交往，並且都以弟子之禮事之，因為他們不僅可以向孫思邈請教醫學知識，還可以和孫思邈探討儒釋道等方面的知識。

盧照鄰之所以會和孫思邈產生交集，有兩方面的原因，一是盧照鄰在壯年時期就身染惡疾，時常臥床不起，需要名醫經常為他診治；二是盧照鄰身染惡疾之時，正和孫思邈一同居住在京城鄱陽公主之廢府，所以盧照鄰得以經常向孫思邈請教醫學方面的知識。據《太平廣記》記載：「（盧照鄰）因染惡疾……照鄰寓居於京城鄱陽公主之廢府。顯慶三年。詔徵太白山隱士孫思邈。亦居此府。思邈華原人。年九十餘，而視聽不衰。照鄰目傷年才強仕。沉

〔註76〕（後晉）劉昫等撰：《舊唐書》卷191《方伎傳》，北京：中華書局，1975年，第5094～5095頁。

疾困慰。乃作《蒺藜樹賦》。以傷其稟受之不同。詞甚美麗。思邈既有推步導養之術。照鄰與當時知名之士宋令文、孟詵，皆執師資之禮。」〔註77〕據此可知，盧照鄰應該經常向孫思邈請教推步導養等恢復身體健康的醫學技術。不僅如此，他還和孫思邈一起探討醫學上更深層次的學理問題。〔註78〕我們通過盧照鄰對孫思邈的相關描述，可以看出在隋唐時期一個名醫的形象，是如何在一位著名文士的筆下建構起來的。據盧照鄰《病梨樹賦》序記載：

> 癸酉之歲，余臥病於長安光德坊之官舍。父老云是鄱陽公主之邑司，昔公主未嫁而卒，故其邑廢。時有處士孫君思邈居之。君道洽今古，學有數術，高談正一，則古之蒙莊子；深入不二，則今之維摩詰。及其推步甲子，度量乾坤，飛煉石之奇，洗胃腸之妙，則其甘公、洛下閎、安期先生、扁鵲之儔也。自云開皇辛丑歲生，今年九十二矣。詢之鄉里，咸云數百歲人矣，共語周、齊間事，歷歷眼見，以此參之，不管百歲人也。然猶視聽不衰，神形甚茂，可謂聰明博達不死者矣。〔註79〕

序文著重敘述了孫思邈的知識背景，不僅認為他對佛道二教知識架構理論嫻熟，而且對推步、煉丹和醫術等方技之術也非常精通。可以說是孫思邈的方術水平，既有深厚的理論素養，也有紮實的技術功底，這也造就了他醫學知識既重實踐技術，又不忽視理論的特色體系。序文最後以孫思邈年將百歲還身體強健，耳聰目明的形象結束，進一步突出了孫思邈的醫術高超。〔註80〕

綜合以上數則史料，可以看出盧照鄰與孫思邈同居於鄱陽公主之廢第，而盧氏卻在壯年身染惡疾經年臥床不起，他必定經常與孫思邈往復討論療疾之法。難能可貴的是，盧照鄰與孫思邈之間的對話，還有一部分保留在《舊

〔註77〕（宋）李昉等編：《太平廣記》卷218「醫一」，北京：中華書局，1961年，第1669頁。

〔註78〕《太平廣記》記載有幾處與《舊唐書》記載不符，首先《舊唐書》記載高宗召見孫思邈是在顯慶四年，而《廣記》作三年。其次，《舊唐書》記載高宗賜予孫思邈鄱陽公主宅邸是在上元元年，而《廣記》也籠統記載為顯慶三年。最後，《舊唐書》記載盧照鄰作《病梨樹賦》，而《廣記》則作《蒺藜樹賦》，查《盧照鄰集》正作《病梨樹賦》。

〔註79〕（唐）盧照鄰著，祝尚書箋注：《盧照鄰集箋注》，上海：上海古籍出版社，2011年，第25～26頁。

〔註80〕序文中所說癸酉之歲，乃是唐高宗咸亨四年(673年)，而唐高宗咸亨五年(674年)八月改元上元，是為上元元年，這與《舊唐書》所記上元元年唐高宗賜孫思邈鄱陽公主第讓其居住是相一致的。

唐書・方伎傳》、《新唐書・隱逸傳》和《太平廣記》「孫思邈」條等文獻之中。通過對這些對話的解讀，我們可以更加深入的探討孫思邈的醫學思想，也借此可以一窺唐代社會的醫學理論水平。先來看《舊唐書》的記載：

> 照鄰有惡疾，醫所不能愈，乃問思邈：「名醫愈疾，其道何如？」思邈曰：「吾聞善言天者，必質之於人；善言人者，亦本之於天。天有四時五行，寒暑迭代，其轉運也，和而為雨，怒而為風，凝而為霜雪，張而為虹蜺，此天地之常數也。人有四肢五藏，一覺一寐，呼吸吐納，精氣往來，流而為榮衛，彰而為氣色，發而為音聲，此人之常數也。陽用其形，陰用其精，天人之所同也。及其失也，蒸則生熱，否則生寒，結而為瘤贅，陷而為癰疽，奔而為喘乏，竭而為焦枯，診發乎面，變動乎形。推此以及天地亦如之。故五緯盈縮，星辰錯行，日月薄蝕，孛彗飛流，此天地之危診也。寒暑不時，天地之蒸否也；石立土踊，天地之瘤贅也；山崩土陷，天地之癰疽也；奔風暴雨，天地之喘乏也；川瀆竭涸，天地之焦枯也。良醫導之以藥石，救之以針劑，聖人和之以至德，輔之以人事，故形體有可愈之疾，天地有可消之災。〔註81〕

此段記盧照鄰患有惡疾乃問孫思邈名醫治病之道，孫思邈則從天人之間關係來說明治病的道理。孫思邈認為天有四時春夏秋冬，對應著人的四肢；天有五行金木水火土，對應著人的五臟心肝脾胃腎。天有四時更迭，寒暑交替；人有晝作夜息，呼吸吐納。天地之氣，為雨，為風，為霜，為虹；人之精氣，在臉為氣色，在口為音聲。天人所同，其陽在於形，其陰在於精。一旦陰陽失序，就會造成人體寒熱不均，氣結為贅瘤，氣陷為癰疽，氣奔為喘乏，氣竭為焦枯，所以察人顏色，則知其病因。是故良醫治病必須以藥石疏導，以針劑補救，這就如同聖人治理天下，必須以至德使人信服，然後再輔以人事，這樣才能達致形體之疾可愈，天地之災可消。值得注意的是，孫思邈將天人類比的思想，很有可能出自先秦醫書《黃帝內經靈樞》，如該書卷八「邪客」條記載：「黃帝問於伯高曰：願聞人之肢節，以應天地奈何？伯高答曰：天圓地方，人頭圓足方以應之。天有日月，人有兩目。地有九州島，人有九竅。天有風雨，人有喜怒。天有雷電，人有音聲。天有四時，人有四肢。天有五音，

〔註81〕（後晉）劉昫等撰：《舊唐書》卷191《方伎傳》，北京：中華書局，1975年，第5095～5096頁。

人有五藏。天有六律，人有六府。天有冬夏，人有寒熱。天有十日，人有手十指。辰有十二，人有足十指、莖，垂以應之；女子不足二節，以抱人形。天有陰陽，人有夫妻。」〔註82〕但是，孫思邈的天人相應思想，不僅是簡單的拿天和人相對比，而是上升到天人相知的高度，由天的陰陽變化，而知曉人的疾病變化。

據《太平廣記》記載天道之後，盧照鄰又接著問「人事如何」，「思邈曰：膽欲大而心欲小，智欲圓而行欲方。照鄰曰：『何謂也。』思邈曰：『心為五臟之君，君以恭順為主，故心欲小。膽為五臟之將，將以果決為務，故膽欲大。智者動象天，故欲圓。仁者靜象地，故欲方。』《詩》曰：『如臨深淵，如履薄冰』，為小心也；『赳赳武夫，公侯干城』，為大膽也。《傳》曰：『不為利回，不為義疚』，仁之方也。《易》曰：『見幾而作，不俟終日』，智之圓也。」〔註83〕在這段對話中，孫思邈把五臟中的心比作一國之君，國君在治理國家時要小心翼翼，不能放縱自己的欲望，又引《詩經》「如臨深淵，如履薄冰」〔註84〕，來說明人心也應如此。孫氏又把五臟中的膽比作一國之帥，元帥帶兵打仗要有殺伐果斷之膽，所謂將在外君命有所不受，又引《詩經》「赳赳武夫，公侯干城」〔註85〕，來說明人之膽要大。孫思邈又引《論語》「子曰：知者樂水，仁者樂山；知者動，仁者靜；知者樂，仁者壽」〔註86〕，在古人的知識世界中，天圓地方，天象變化萬千，沒有常數，就像智者喜愛流動的水一樣，正如《周易》所講「見幾而作，不俟終日」〔註87〕，就是智者之圓；大地方正，地勢變化緩慢，就像仁者喜愛威嚴的高山一樣，正如《左傳》所講「不為利回，不為義疚」〔註88〕，就是智者之方。

接下來，盧照鄰又問「養性之道，其要何也」，孫思邈曰：

天道有盈缺，人事多屯厄。苟不自慎而能濟於厄者，未之有

〔註82〕（清）張志聰集注，矯正強、王玉興、王洪武校注：《皇帝內經靈樞集注》，北京：中醫古籍出版社，2015年，第798～799頁。
〔註83〕（宋）李昉等編：《太平廣記》卷218「醫一」，北京：中華書局，1961年，第1669～1670頁。
〔註84〕周振甫譯注：《詩經譯注》卷5，北京：中華書局，2010年，第288頁。
〔註85〕周振甫譯注：《詩經譯注》卷1，北京：中華書局，2010年，第10頁。
〔註86〕程樹德撰：《論語集釋》卷12《雍也下》，北京：中華書局，2013年，第408頁。
〔註87〕（魏）王弼撰，樓宇烈校釋：《周易注校釋》附《繫辭下》，北京：中華書局，2012年，第250頁。
〔註88〕楊伯峻編著：《春秋左傳注》，北京：中華書局，2018年，第1321頁。

也。故養性之士，先知自慎。自慎者，恒以憂畏為本。《經》曰：人不畏威，天威至矣。憂畏者，死生之門，存亡之由，禍福之本，吉凶之源。故士無憂畏則仁義不立，農無憂畏則稼穡不滋，工無憂畏則規矩不設，商無憂畏則貨殖不盈，子無憂畏則孝敬不篤，父無憂畏則慈愛不著，臣無憂畏則勳庸不建，君無憂畏則社稷不安。故養性者，失其憂畏則心亂而不理，形躁而不寧，神散而氣越，志蕩而意昏。應生者死，應存者亡，應成者敗，應吉者凶。夫憂畏者，其猶水火不可暫忘也。人無憂畏，子弟為勍敵，妻妾為寇讎。是故太上畏道，其次畏天，其次畏物，其次畏人，其次畏身。優於身者，不拘於人。畏於己者，不制於彼。慎於小者，不懼於大。戒於近者，不懼於遠。能知此者，水行蛟龍不能害，陸行虎兕不能傷，五兵不能及，疫癘不能染，讒賊不能謗，毒螫不加害，知此則人事畢矣。〔註89〕

　　關於如何養性，孫思邈以天道對人事，人事的屯厄對應著天道的盈缺，進而提出「人不自慎而能渡厄者，古未之有也」，這一命題。基於這一論斷，孫思邈以「自慎」為中心，提出人要有憂畏之心，這是有關人生死、存亡、禍福和吉凶的大本大源。所以士大夫沒有憂畏之心，就會失去仁義；農民沒有憂畏之心，就會使稼穡不理；工人沒有憂畏之心，就會使規矩不立；商人沒有憂畏之心，就不會在商品貿易中獲利；兒子沒有憂畏之心，在孝敬父母時就會顯得不真誠；父親沒有憂畏之心，在養育子女時就會沒有慈愛之意；大臣沒有憂畏之心，就不會建功立業；君王沒有憂畏之心，就會使社稷不安定。職是之故，養性之人沒有憂畏之心的話，就會使內心煩亂，身形躁動而不安靜，形神散漫而不充盈，意志消沉而不堅定，應該生存下來，卻遭遇死亡，應該成功，卻變成失敗，應該吉利，卻變成凶相。儘管憂畏之心是人所必須的，但是孫思邈認為憂畏的對象不是盲目的，而是有一定順序的，正所謂「先畏道，再畏天，再畏物，再畏人，再畏身。」可以看出，孫思邈的這種等級安排，是讓人從自身出發，由小及大，從而達致天人和合的境界。一個人有了憂畏之心，就不會被他人所拘束和制約，對一件小事謹慎，就不會在大事上犯錯誤，對眼前處境謹慎，就不會對未來處境感到害怕。最後，孫思邈

〔註89〕（宋）李昉等編：《太平廣記》卷218「醫一」，北京：中華書局，1961年，第1670頁。

指出人如果知道以上道理，坐船則蛟龍不能傷害，走路則虎兕不能傷害，五兵不能近其身，身體不受疾病感染，不會受到讒賊之人的毀謗，毒蟲不能侵害其身體。

關於《舊唐書》所記孫思邈「舉屍就木」的死後情形〔註90〕，唐代筆記小說之中也有相關記載可以印證。如《宣室志》記載：「又嘗有神仙降，謂思邈曰：爾所著《千金方》，濟人之功，亦以廣矣。而已物命為藥，害物亦多，必為尸解之仙，不得白日輕舉矣。」〔註91〕因為孫思邈以植物、動物等之命來濟人之命，可以說是以物命換人命，縱使孫思邈救人很多，但是仙人認為他任然不能正常飛昇成仙，而是只能做一個尸解之仙。對此，《大唐新語》也記載孫思邈死後「月餘顏色不變，舉屍入棺，如空焉。時人疑其尸解矣」。〔註92〕由於孫思邈醫術高超，多活人命，所以文獻對孫思邈死後情形的記載，可以反映出隋唐時期醫學技術只能被很小一部分人受益，普通民眾只能通過對名醫的神仙化，來給予自己可能被救治的一絲希望。針對《太平廣記》等文獻所載孫思邈「尋授承務郎，直尚藥局」〔註93〕，筆者認為這條記載的可靠性還有待商榷。首先，新舊唐書等文獻均記載皇帝授予孫思邈官職後，被孫思邈所推辭。其次，據新出土孫思邈之子孫行墓誌《大周故太子中允孫公志文並序》記載：「父思邈，曩在唐運，肅簪梁苑，身居魏闕之下，志逸滄海之隅。」〔註94〕可見孫思邈並無為官之志，《太平廣記》等所記很可能是皇帝授予其官職，孫思邈並未接受。

（二）甄權

文獻所見民間比較著名的醫人有甄權。據《舊唐書》所記：「甄權，許州扶溝人也。嘗以母病，與弟立言專醫方，得其旨趣。隋開皇初，為秘書省正字，後稱疾免。隋魯州刺史庫狄嶔苦風患，手不得引弓，諸醫莫能療，權謂

〔註90〕（後晉）劉昫等撰：《舊唐書》卷191《方伎傳》，北京：中華書局，1975年，第5096頁。
〔註91〕（唐）張讀撰，張永欽、侯志明點校：《宣室志》，北京：中華書局，1983年，第156頁。
〔註92〕（唐）劉肅撰，許德楠、李鼎霞校：《大唐新語》卷10，北京：中華書局，1984年，第156頁。
〔註93〕（宋）李昉等編：《太平廣記》卷218「醫一」，北京：中華書局，1961年，第1670頁。
〔註94〕呂建中、胡戟主編：《大唐西市博物館藏墓誌研究》，西安：陝西師範大學出版總社有限公司，2013年，第103頁。

曰：『但將弓箭向垛，一針可以射矣。』針其肩隅一穴，應時即射。權之療疾，多此類也。貞觀十七年，權年一百三歲，太宗幸其家，視其飲食，訪以藥性，因授朝散大夫，賜几杖衣服。其年卒。撰《脈經》、《針方》、《明堂人形圖》各一卷。」〔註95〕甄權在貞觀十七年（643年）時，已經一百零三歲，那麼他應該出生在公元541年，即西魏文帝元寶炬大統七年。《舊唐書》的記載：還為我們提供了一位民間醫者是如何與官方產生互動的寶貴文獻。甄權因為母親生病，便和弟弟甄立言一起鑽研醫方，為母親治病，由此可見甄權並非醫學世家出身。因為醫術的傳承大多掌握在醫學世家手中，所以普通人想要修習醫術很多只能依靠自學，只有很小一部分人才可能考入官方醫學教育機構，這也是隋唐時期民間醫者較為常見的情況。可能甄氏兄弟在修習醫術方面的確很有天賦，竟靠自學便可以得醫理之旨趣。甄權也曾短暫出仕過。隋文帝開皇初（581年左右），他做過一段時間的秘書省正字，負責校理秘書省的書籍，很明顯這與醫學無關，由此可知甄權在學醫之外，還兼修儒術。但是，很可能甄權對做官毫無興趣，只想一心鑽研醫術，所以很快他便以患病為由，辭去了這個正字之職，此後再也沒有出仕。也正因此，我們不能把甄權歸入由儒學入仕，一邊當官一邊兼修醫術的儒醫群體。因為甄權對醫書刻苦鑽研，所以醫術水平高超，便不可避免的會與朝廷官員產生互動。隋魯州刺史庫狄嶔患有風寒之症，手不能拉弓，請了很多醫者都不能治癒，甄權運用針灸之法，先讓庫狄嶔拉弓向垛，然後對其肩膀上的穴道進行針灸，立即便能開弓射箭。從這個案例可以看出甄權的醫術應以針灸治療為主，而從他撰寫的《脈經》、《針方》、《明堂人形圖》等針灸學著作來看，也可以得到印證。甄權針法高超，甚至「藥王」孫思邈也向他請教用針之法，據文獻記載：「貞觀中，太宗幸甄權宅。權，潁川人，醫術為天下最。孫思邈師之，以授針法。時年一百三歲。」〔註96〕貞觀中，《舊唐書》作貞觀十七年（643年），當時甄權已經一百多歲，不僅孫思邈拜他為師，向他學習針法，而且他的醫術也引起了唐太宗的注意，親自到他家中向他詢問醫學知識，並授予他朝散大夫一職，可惜甄權當年就去世了。

　　孫思邈在《千金翼方》中還記載了甄權的一些醫學理論知識，藉此可以

〔註95〕（後晉）劉昫等撰：《舊唐書》卷191《方伎傳》，北京：中華書局，1975年，
　　　　第5089～5090頁。
〔註96〕吳玉貴撰：《唐書輯校》卷4，北京：中華書局，2008年，第1092頁。

對他的醫學思想做一管窺：

> 甄權曰：「人有七尺之軀，臟腑包其內，皮膚絡其外，非有聖智，孰能辨之者乎？吾十有八而志學於醫，今年過百歲，研綜經方，推究孔穴，所疑更多矣。竊聞尋古人，伊尹《湯液》依用《炎農本草》，扁鵲針灸一準黃帝、雷公，問難殷勤，對揚周密。去聖久遠，愚人無知，道聽途說，多有穿鑿，起自胸意。至如王遺烏銜之法，單行淺近，雖得其效偶然，即謂神妙，且事不師古，遠涉必泥。夫欲行針者，必準軒轅正經；用藥者，須依《神農本草》。自余《名醫別錄》益多誤耳。」〔註97〕

甄權認為人的體內有心、肝、脾、肺、腎五臟和胃、膽、大腸、小腸、膀胱、三焦六腑，人的體表由皮膚包裹，人們沒有聖智是不能正確分析和認識其中的病理。甄權所說的「聖智」，應該是既有深厚的醫學理論素養，又有高超的醫療技術水平。因為，下文緊接著甄權便說自己十八歲就有志修習醫術，直到自己年過百歲還在不斷的鑽研醫經和經方，醫經是醫學理論知識的彙集，而經方則是醫學實踐經驗的匯總。但是，甄權作為一個著名的醫者，他對醫學的認知肯定有著和普通醫者不同的地方，隨著對「脈經明堂」的持之以恆的研究，本應是對研究對象的認知更加明晰，但他卻感到困惑的地方更多。用現在的醫學視野來看，甄權的看法無疑是正確的，因為科學研究是沒有止境的，研究的越深入，產生的問題意識便會更多。甄權在對醫經的學習上主張要先由古醫經入手，他先以伊尹撰作《湯液經法》為例加以說明，伊尹以《神農本草》為準，參以陰陽之道，引申觸類，撰成《湯液經法》，而《神農本草》則相傳為「神農」所作，是我國最早的醫書之一。再以扁鵲修習針灸之術以《黃帝內經》和《雷公藥對》為據，因為二書以以一問一答的形式對針灸等醫學知識做出了周密的記載。正因為伊尹和扁鵲皆由古醫經入手，才會成為著名的醫者。接著，甄權對隋唐時期的醫者提出了批評，認為他們愚昧無知，既離黃帝、神農等醫聖年代久遠，又不願認真鑽研《黃帝內經》等上古醫經，而僅僅依據《名醫別錄》等現成醫方，然而這些愚醫並不知道此類醫方大都是個案的彙集，其中且不乏錯謬之處，盲目的遵從只能貽誤病情。甄權又從自己擅長的針灸之法對隋唐時期的針灸學教育進行了批判，他認為

〔註97〕（唐）孫思邈著，李景榮、蘇禮、任娟莉等校釋：《千金翼方校釋》卷26，北京：人民衛生出版社，2014年，第644～645頁。

當時的針灸學習只以《龍銜素針經並孔穴蝦蟆圖》、《赤烏神針經》和《玉匱針經》這些近人的針灸學著作為主，〔註98〕因為這些著作淺顯易懂，只要稍微加以學習，便可以給人治療疾病並有所奏效，以竟至於被人們稱為神效。但是甄權認為不從大本大源的《黃帝內經》等古醫經入手研習針法，對針灸的學習只會流於表面，拘泥於《赤烏神針經》等醫經，而無法深入。職是之故，甄權提出修習針灸之術者一定要從《黃帝內經》等古醫經開始，修習藥術者要從《神農本草》開始的醫術修習理論。而陶弘景編著的《名醫別錄》等書，雖然一開始很容易掌握，但是存在較多的謬誤，初學者盲目的遵從，只會貽誤病情。

〔註98〕「王遺烏銜」據葉明柱研究應該為《龍銜素針經並孔穴蝦蟆圖》、《赤烏神針經》和《玉匱針經》三部針灸學著作，筆者認為可以成立。見葉明柱：《「王遺烏銜」考釋》，《上海針灸雜誌》，2011 年第 9 期。

第二章　醫術與隋唐醫經

一、隋唐醫經概況

　　隋唐是我國古代醫學技術快速發展的階段，上承魏晉南北朝張仲景、陶弘景等醫學名家建立起的醫學理論體系，下啟宋代龐安時等人對醫學理論的集大成式的總結。隋唐時期醫經著作的特點：一是著作數量迅速增加，二是散軼嚴重，大部分醫學著作未能流傳後世。據《新唐書・藝文志》所載：「明堂經脈類一十六家，三十五部，二百三十一卷。失姓名十六家，甄權以下不著錄二家，七卷」[註1]，「醫術類六十四家，一百二十部，四千四十六卷。失姓名三十八家，王方慶以下不著錄五十五家，四百八卷」。[註2] 另據朱媛媛《隋唐「三志」著錄醫籍初步研究與思考》一文統計，「三志」重複著錄醫籍50餘種（包括同書不同卷者），除去重複，「兩唐志」較「隋志」新增醫籍100部左右。[註3] 關於隋唐醫籍的散佚情況，於賡哲在其《唐代疾病、醫療史初探》一書中有過初步的考察，他認為不僅隋唐官修的大型醫書如《四海類聚方》、《唐本草》等在宋代已經散佚嚴重，而且私家所著的醫書能夠流傳下去的也寥寥無幾，一些被後世奉為經典的中古醫書在當時的影響力也遠不

〔註 1〕（宋）歐陽修、宋祁撰：《新唐書》卷 59《藝文志》，北京：中華書局，1975 年，第 1566 頁。

〔註 2〕（宋）歐陽修、宋祁撰：《新唐書》卷 59《藝文志》，北京：中華書局，1975 年，第 1573 頁。

〔註 3〕朱媛媛：《隋唐「三志」著錄醫籍初步研究與思考》，陝西中醫藥大學碩士論文，2014 年，第 6 頁。

如今日之大，其幸存多仰仗偶然因素。〔註4〕因此，針對隋唐醫經的這種特點，我們既選取傳世醫經作為重點考察，也會對散佚醫經做出相關論述。

目前學界從整體上對隋唐醫經的研究不是很多，大致有付鵬《正史目錄醫籍著錄研究》〔註5〕、朱媛媛《隋唐「三志」著錄醫籍初步研究與思考》〔註6〕、於賡哲《唐代疾病、醫療史初探》〔註7〕等論著。大部分研究都從個案分析出發，對巢元方、楊上善、孫思邈等人給予一定的關注。之所以出現這種局面，是因為隋唐時期的絕大部分醫術都已經散佚，只有孫思邈等人的醫學著作一直流傳到現在，因此學界只能從這些論著出發來研究隋唐時期的醫經情況。此外，隨著目前出土文獻的大量發現以及對文獻輯佚情緒的高漲，隋唐亡佚醫經的研究也有了一些初步的進展。

《隋書・經籍志》對醫經的著錄只設「醫方」類，《新唐書・藝文志》和《舊唐書・經籍志》則都將醫經分為「明堂經脈」和「醫術」兩大類。因為《隋書・經籍志》是對梁陳齊周隋五代典籍的著錄，而隋代的醫經著錄情況基本和兩唐書一致，故本文主要以兩唐書所見醫經來討論隋唐時期的醫經。對於「明堂經脈」類著錄，《舊唐書》記載「明堂經脈二十六家，凡一百七十三卷」〔註8〕，《新唐書》記載「明堂經脈類一十六家，三十五部，二百三十一卷。失姓名十六家，甄權以下不著錄二家，七卷」。〔註9〕關於「醫術」類著錄，《舊唐書》記載「醫術本草二十五家，養生十六家，病源單方二家，食經十家，雜經方五十八家，類聚方一家，共一百一十家，凡三千七百八十九卷」〔註10〕，《新唐書》記載「醫術類六十四家，一百二十部，四千四十六

〔註4〕 於賡哲著：《唐代疾病、醫療史初探》，北京：中國社會科學出版社，2011年，第57頁。

〔註5〕 參見付鵬：《正史目錄醫籍著錄研究》，北京中醫藥大學博士學位論文，2021年。

〔註6〕 參見朱媛媛：《隋唐「三志」著錄醫籍初步研究與思考》，陝西中醫藥大學碩士學位論文，2016年。

〔註7〕 參見於賡哲著：《唐代疾病、醫療史初探》，北京：中國社會科學出版社，2011年。

〔註8〕 （後晉）劉昫等撰：《舊唐書》卷47《經籍志》，北京：中華書局，1975年，第2047頁。

〔註9〕 （宋）歐陽修、宋祁撰：《新唐書》卷59《藝文志》，北京：中華書局，1975年，第1566頁。

〔註10〕 （後晉）劉昫等撰：《舊唐書》卷47《經籍志》，北京：中華書局，1975年，第2051頁。

卷。失姓名三十八家，王方慶以下不著錄五十五家，四百八卷」。〔註11〕根據上述記載可以看出，「醫術」類的醫經著錄數量幾乎是「明堂經脈」類的五倍，而在「醫術」類中，經方又佔據了總數的近百分之九十，所以我們據兩唐書著錄醫經的數量多寡，將經方單獨分章論述。

二、隋唐傳世醫經

（一）巢元方與《諸病源候論》

　　關於《諸病源候論》的編修者巢元方的生平經歷，史料記載無多。根據宋仁宗時期參知政事宋綬的《巢氏諸病源候總論序》所記：「《諸病源候論》者，隋大業中，太醫巢元方等奉詔所作也。薈粹群說，沉研精理，形脈治症，罔不該集。明居處愛欲風濕之所感，示針鑱撟引湯熨之所宜，誠術藝之楷模，而診察之津涉。監署課試，固常用此。乃命與《難經》、《素問》圖鏤方版，傳佈海內。」〔註12〕據宋綬的序文可知巢元方在隋代時為太醫，大業中他奉詔編修《諸病源候論》一書。該書薈萃群言，既醫理精深，又示人以診斷的方法，從而在宋代時被官方選作醫學考試用書，甚至與《難經》、《素問》等書一起雕版刷印，全國發行。此外，宋高宗時期醫學世家出身的竇材在《進醫書表》中稱：「隋巢元方摘《靈》、《素》緒餘注《內經》，又撰《病原》三十卷。唐王冰抉《靈》、《素》之旨注《內經》，撰《天元玉曆》。已上諸子，皆有著作，悉師《靈》、《素》，去古法不遠。」〔註13〕據此則材料，巢元方不僅編撰了《諸病源候論》一書，而且還對《黃帝內經》做了注解，竇材認為其注解遵循《靈樞》和《素問》，接近古法。

　　根據以上兩則宋人記載的文獻來看，巢元方應該就是《諸病源候論》的主持編修者，然而《四庫全書總目》卻對《諸病源候論》的作者提出了不同看法。據《四庫全書總目》記載：

> 隋大業中太醫博士巢元方等奉詔撰。考《隋書·經籍志》有《諸病源候論》五卷、《目》一卷，吳景賢撰。《舊唐書·經籍志》有《諸

〔註11〕（宋）歐陽修、宋祁撰：《新唐書》卷59《藝文志》，北京：中華書局，1975年，第1573頁。

〔註12〕曾棗莊、劉琳等：《全宋文》卷399，第19冊，上海：上海辭書出版社，2006年，第261頁。

〔註13〕曾棗莊、劉琳等：《全宋文》卷3200，第148冊，上海：上海辭書出版社，2006年，第312頁。

病源候論》五十卷，吳景撰，皆不言巢氏書。《宋史・藝文志》有巢元方《巢氏諸病源候論》五十卷，又無吳氏書。惟《新唐書・藝文志》二書並載，書名卷數並同，不應如是之相復。疑當時本屬官書，元方與景一為監修，一為編撰，故或題景名，或題元方名，實止一書，《新唐書》偶然重出。觀晁公武《讀書志》稱隋巢元方等撰，足證舊本所列不止一名。然則《隋志》吳景作吳景賢、賢或監字之誤。其作五卷，亦當脫一十字。如止五卷，不應目錄有一卷矣。此本為明汪濟川方鑛所校，前有宋綬奉敕撰序。考《玉海》載天聖四年十月十二日乙酉命集賢校理晁宗慤、王舉正校定《黃帝內經素問》、《難經》、《巢氏病源候論》。五年四月乙未，令國子監摹印頒行，詔學士宋綬撰《病源序》，是其事也。書凡六十七門，一千七百二十論。陳振孫《書錄解題》稱王燾《外臺祕要》諸論多本此書，今勘之信然。又第六卷解散病諸侯，為服寒食散者而作，惟六朝人有此症。第二十六卷貓鬼病候，見於《北史》及《太平廣記》者亦惟周齊時有之。皆非唐以後語，其為舊本無疑。其書但論病源，不載方藥，蓋猶《素問》、《難經》之例。惟諸證之末多附導引法，亦不言法出誰氏。考《隋志》有《導引圖》三卷，注曰立一、坐一、臥一，或即以其說編入與《讀書志》稱宋朝舊制，用此書課試醫士。而太平興國中《集聖惠方》，每門之首亦必冠以此書。蓋其時去古未遠，漢以來經方脈論，存者尚多。又裒集眾長，共相討論。故其言深密精邃，非後人之所能及。《內經》以下，自張機、王叔和、葛洪數家書外，此為最古。究其旨要，亦可云症治之津梁矣。王褘《青岩叢錄》嘗議其惟知風寒二濕，而不著濕熱之說，以為疏漏。然病機萬變，前人所未及言，經後人闡明者甚多，未可以一節病是書也。〔註14〕

四庫館臣認為《諸病源候論》的編撰者，《隋志》作吳景賢，《舊唐志》作吳景，《新唐志》作吳景《諸病源候論》五十卷、巢元方《諸病源候論》五十卷。館臣通過晁公武《郡齋讀書志》著錄為隋巢元方等撰，認為應是吳景和巢元方等人一起編撰，這也符合官方編修醫書的慣例。《諸病源候論》在宋仁宗天聖四年（1026年）經集賢校理王舉正等人校訂，於天聖五年（1027年）

〔註14〕 （清）永瑢等撰：《四庫全書總目》卷103「子部醫家類」，北京：中華書局，1965年，第858～859頁。

命學士宋綬撰序之後，令國子監刊行。館臣通過與王燾《外臺秘要》等書比勘，認為《諸病源候論》所記之病，確為魏晉南北朝隋唐時期所常見的疾病。館臣依據宋綬的《巢氏諸病源候總論序》認為該書依據《素問》等古醫書之例，只是論述疾病的原理，而不記載對應的藥方。館臣認為論述病症之後所附的導引法應該源自於《隋志》所著錄的《導引圖》，以立、坐、臥三部分編入。最後，館臣認為《諸病源候論》醫理深厚，有存古之功，即使王禕《青岩叢錄》有所非議，也不能否認該書在隋唐時期醫學史上的地位。針對《四庫全書總目》對《諸病源候論》作者的考證，余嘉錫在《四庫提要辯證》中予以了駁斥：

> 嘉錫案：楊守敬《日本訪書志》卷九云：「影南宋本《巢氏諸病源候論》五十卷，首題《諸病源候論》卷一，不冠以巢氏二字，次題大業六年太醫博士巢元方等奉勑撰，次題風諸病，為小島學古從宋本影摹者。按《提要》云《隋志》五卷，五下脫十字，至確。又稱吳與巢同撰此書，今以宋本照之，題為元方等撰，與《讀書志》合，足見此書非一人之力，惟吳景賢之名，已見《隋書·麥鐵杖傳》，提要疑賢為監之誤，未免失之。」考《隋書》卷六十四《麥鐵杖傳》云：「鐵杖自以荷恩深重，每懷竭命，遼東之役，請為前鋒，顧謂醫者吳景賢曰丈夫性命，自有所在，豈能艾炷灸額，瓜蒂噀鼻，治黃不差，而臥死兒女手中乎？」是景賢正大業中醫者，必即作此書之人無疑。〔註15〕

余嘉錫先引楊守敬《日本訪書志》對南宋本《諸病源候論》的考證，認為《隋志》所記吳景賢不誤，而新舊兩唐志所記吳景脫一「賢」字，而不是《四庫全書總目》所說「賢」為「監」之訛。接著楊守敬又根據南宋本所記題名，確定《諸病源候論》乃是隋太醫博士巢元方在隋煬帝大業六年（610年）奉敕編撰的。最後，余嘉錫又根據《麥鐵杖傳》的記載，認為吳景賢確為隋大業時期有名的醫者。綜上所述，《諸病源候論》一書應該是隋煬帝大業六年（610年）下令太醫巢元方、吳景賢等人一起編撰完成。

針對《四庫全書總目》認為《諸病源候論》第六卷「解散病諸侯」是為服寒食散者而作，只有魏晉南北朝人才會出現這種症狀的看法，余嘉錫也提出

〔註15〕余嘉錫著：《四庫提要辯證》卷12「子部」，北京：中華書局，2007年，第660頁。

了不同的意見：

> 孫思邈《千金方》卷二十四有解五石毒一篇，極論寒食五石更
> 生散方之害，略云：「自皇甫士安已降有進餌者，無不發背解體而取
> 顛覆，余自有識性已來，親見朝野士人，遭者不一，所以寧食野葛，
> 不服五石，有識者遇此方即須焚之，勿久留也。」思邈雖痛惡寒食
> 散，而其《千金翼方》卷二十二載有五石更生散、五石護命散二方，
> 即六朝人所服也。唐王燾《外臺秘要》著於天寶十一載，其卷十七
> 尚有更生散方，卷三十七有餌寒食五石解散論，是唐之中葉，寒食
> 散仍復盛行，不惟六朝人有此證矣。〔註16〕

首先，余嘉錫根據孫思邈在《千金方》中記載所見，官方和民間的不少
人因為服食五石散導致藥毒發背而亡的慘象的親身經歷，認為隋唐之際的人
士還在服用五石散。其次，余嘉錫又引用王燾《外臺秘要》的記載，認為在唐
玄宗天寶末年，人們還在服用五石散。因此，直到唐代中期，人們一直都有
服用五石散的記錄，所以《四庫全書總目》認為只有魏晉六朝人服用五石散
的看法是不對的。

此外，針對《四庫全書總目》認為見於《北史》及《太平廣記》等文獻
記載的《諸病源候論》卷二十六所記「貓鬼病候」的病症，並非隋唐時期的
情形，而是北周和北齊時期。余嘉錫也指出了《四庫全書總目》在考證中的
失誤：

> 案《隋書·外戚傳》敘獨孤陁畜貓鬼事甚詳，《北史》陁附見獨
> 孤信傳後。《廣記》卷三百六十一據《北史》載入。其事在隋文帝即
> 位以後，不在周齊之時，《提要》蓋未檢原書，遂爾誤記。又《千金
> 方》卷二十四蠱毒篇曰：「出門常須帶雄麝香神丹諸大辟惡藥，則百
> 蠱貓鬼狐狸老物精魅，永不敢著。人初中蠱，於心下捼，便大炷灸
> 一百壯，並主貓鬼亦灸得愈。」卷二十五蛇毒篇又有治貓鬼二方，
> 《外臺秘要》卷二十八有貓鬼方三首，《唐律疏議》卷十八賊盜律
> 曰：「諸造畜蠱毒及教令者絞。」《疏議》曰：「造謂自造，畜謂傳畜，
> 可以毒害於人。故注云謂造合成蠱，堪以害人者。若自造，若傳畜
> 貓鬼之類，及教令人，併合絞罪。」是則畜養貓鬼之俗，至唐猶盛，

〔註16〕余嘉錫著：《四庫提要辯證》卷12「子部」，北京：中華書局，2007年，第661
　　　　頁。

　　故治之以醫方，懲之以法律，不可謂唐以後無此病也。〔註17〕

　　余嘉錫首先指出《太平廣記》所載獨孤陁畜貓鬼之事是據《北史・獨孤信傳》所附《獨孤陁傳》轉引而來，因此因以《北史》所記為準。其次，余嘉錫指出《四庫全書總目》只是根據《北史》對獨孤陁畜貓鬼之事的記載，而沒有考察《隋書・外戚傳》對獨孤陁畜貓鬼之事的記載，便草率得出畜貓鬼之事只有北周、北齊時才有的結論。事實上，根據《隋書・外戚傳》的記載，獨孤陁畜貓鬼之事在隋文帝即位之後。此外，余嘉錫又援引《千金方》和《外臺秘要》等書對治貓鬼之方的記載，指出直到唐代中期，人們畜貓鬼之事還很普遍。余嘉錫還特別提到，依據唐代律書《唐律疏議》所載如果有自造、傳畜和教令他人蓄養貓鬼者，依據唐律要處以絞刑。職是之故，蓄貓鬼之俗，在唐代還非常流行。不僅醫書中還大量記載治療此病的藥方，甚至於國家不得不頒布嚴格的法律來限制此類事情的發生。最後，余嘉錫提出不僅在唐代，在宋代也有法律規定人們不得蓄養貓鬼。余氏引《宋會要》所載：「《宋會要》第一百六十八冊刑法第四云：太宗太平興國五年二月四日，溫州言捕獲養貓鬼呪詛殺人賊鄧翁，並其親族，械繫送闕下，腰斬鄧翁，親族悉配隸遠惡處。然則北宋初年猶有此俗矣，《提要》未能博考爾。《宋會要》，《四庫》未收，今本為徐松所輯。」〔註18〕在宋太宗太平興國五年（980年）時，溫州有一個叫鄧翁的人，因為養貓鬼而被腰斬，其親族也被發配到遠方惡地。因為《宋會要》沒有收入到《四庫全書》之中，所以未被《四庫全書總目》所引及。綜上所述，余嘉錫認為《諸病源候論》確為隋太醫巢元方等人所作，該書在隋唐醫學史上也具有極大的價值。

　　《諸病源候論》是隋代國家組織編寫的有關病機、病因、病候等發病原理的醫學著作，全書五十卷，分六十七病候，一千七百三十九病論。有關《諸病源候論》的主要內容，據元代醫學名家王禕在《青岩叢錄》中所記：「巢元方著《病源候論》，王冰撰《天元玉冊》，要皆有所祖述，然元方言風寒二氣，而不著溫熱之說；冰推五運六氣之變，而患在滯而不通，此其失也。」〔註19〕

〔註17〕余嘉錫著：《四庫提要辯證》卷12「子部」，北京：中華書局，1980年，第660
　　　　～661頁。
〔註18〕余嘉錫著：《四庫提要辯證》卷12「子部」，北京：中華書局，1980年，第661
　　　　頁。
〔註19〕李修生主編：《全元文》卷1694，第55冊，南京：鳳凰出版社，2004年，第
　　　　729～730頁。

王禕認為《諸病源候論》一書以「風寒」之病為主，從該書目錄來看，大體上是正確的。但是王禕認為《諸病源候論》的不足之處在於沒有記錄溫熱之病，這是以元代時期的流行疾病來倒看隋唐時期的流行疾病，因為王禕不知隋唐時代流行的是風寒病說，所以造成了他以今人觀點來苛求古人了。

　　下面以《諸病源候論》的「風病諸候」為例來對該書的內容做一管窺，首先該書對何謂「風」做出了解釋，其《中風候》篇說：「風是四時之氣，分布八方，主長養萬物。從其鄉來者，人中少死病；不從其鄉來者，人中多死病。」〔註20〕可以看出，《諸病源候論》將「風」歸結為宇宙中的氣，它無所不在，分布在天地的四面八方，養育著天地萬物。因此，人們順「風」者，則會減少疾病的發生；不順「風」者，則會使患疾病的機率增加。接下來，又對「風病」的成因做出了判定，《惡風候》篇記載：「凡風病，有四百四種。總而言之，不出五種，即是五風所攝：一曰黃風，二曰青風，三曰赤風，四曰白風，五曰黑風。凡人身中有八萬屍蟲，共成人身。若無八萬屍蟲，人身不成不立。復有諸惡橫病，諸風生害於人身，所謂五種風生五種蟲，能害於人。黑風生黑蟲，黃風生黃蟲，青風生青蟲，赤風生赤蟲，白風生白蟲。此五種風，皆是惡風，能壞人身，名曰疾風。入五臟，即與髒食。」〔註21〕《諸病源候論》認為所謂「風病」大致有黃、青、赤、白、黑五種，五風生五蟲，五蟲可以侵害人的身體，使人產生各種疾病。這五種風可以統稱為「疾風」，它們都是惡風，入人身體，侵蝕人們的五臟。那麼，惡風入五臟後，五臟各有什麼病症出現呢？對此，《中風候》篇記：

> 心中風，但得偃臥，不得傾側，汗出，若唇赤汗流者可治，急灸心俞百壯。若唇或青或黑，或白或黃，此是心壞為水。面目亭亭，時悚動者，皆不可復治，五六日而死。肝中風，但踞坐，不得低頭，若繞兩目連額上，色微有青，唇青面黃者可治，急灸肝俞百壯。若大青黑，面一黃一白者，是肝已傷，不可復治，數日而死。脾中風，踞而腹滿，身通黃，吐鹹汁出者可治，急灸脾俞百壯。若手足青者，不可復治。腎中風，踞而腰痛，視脅左右，未有黃色如

〔註20〕（隋）巢元方著，丁光迪校注：《諸病源候論校注》卷1，北京：人民衛生出版社，2013年，第2頁。

〔註21〕（隋）巢元方著，丁光迪校注：《諸病源候論校注》卷2，北京：人民衛生出版社，2013年，第50頁。

餅柒大者可治，急灸腎俞百壯。若齒黃赤，翼發直，面土色者，不
可復治。肺中風，偃臥而胸滿短氣，冒悶汗出，視目下鼻上下兩邊
下行至口，色白者可治，急灸肺俞百壯。若色黃者，為肺已傷，化
為血，不可復治。其人當妄，輒空指地，或自拈衣尋縫，如此數日
而死。」〔註22〕

　　可見，「心中風」的症狀是只能平臥，不能側臥，如果出汗時嘴唇為紅
色，則可以立即針灸「心俞百壯」來急救。如果嘴唇是青、黑、白、黃四
色，則說明心已經完全被惡風所侵蝕，此時人的面部會頻繁抖動，已經無法
救治，不出五六日就會死亡。「肝中風」的症狀是坐時兩腳底和臀部著地，兩
膝上聳，不能低頭，額頭顏色微青，這是如果嘴唇是青色，面部是黃色，則
可以針灸「肝俞百壯」來救治。如果額頭大部分由青入黑，面色黃白間雜
者，則肝已受傷，不能救治，幾日後便會死亡。「脾中風」的症狀是坐時兩腳
底和臀部著地，兩膝上聳，腹部有腫脹感，全身都是黃色，可以嘔吐出食物
者，則可以針灸「脾俞百壯」來救治。如果手和足都由黃變青，則無法救治。
「腎中風」的症狀是坐時兩腳底和臀部著地，兩膝上聳，腰部有疼痛感，觀
察左右兩肋，如果沒有出現大塊黃斑者，則可以針灸「腎俞百壯」來治療。
如果牙齒為黃色和紅色，四肢僵直，面部為土灰色者，則無法治療。「肺中
風」的症狀是人身體僵臥，胸悶氣短，出現胸悶流汗時，觀察眼睛下方和鼻
子兩端向下到嘴部，如果是白色就可以針灸「肺俞百壯」來救治，如果變為
黃色，則肺已經受傷，肺部出現淤血，無法救治。《諸病源候論》將五風與五
色相對應，五色與五蟲相對應，五蟲與五臟相對應，從而建構起了一套診斷
「風病」的醫療理論體系。此外，《諸病源候論》中論述人的身體有八萬屍蟲
居住的部分還借鑒了佛教經典《大般涅槃經》中的相關知識：「當觀此身有諸
不淨，肝膽腸胃心肺脾腎，屎尿膿血充滿其中，八萬屍蟲居在其內，髮毛爪
齒，薄皮覆肉，九孔常流，無一可樂。」〔註23〕因此可以說《諸病源候論》
的醫學理論部分也汲取了佛教的知識譜系，這大概和隋唐時期人們對佛教的
崇尚有關。

〔註22〕（隋）巢元方著，丁光迪校注：《諸病源候論校注》卷1，北京：人民衛生出
　　　　版社，2013年，第2頁。
〔註23〕高振農釋譯，星雲大師總監修：《大般涅槃經》，北京：東方出版社，2018年，
　　　　第156頁。

《諸病源候論》儘管提出了依據人身體「五色」的變化來診斷「風病」的理論，但並不意味著醫生在診治「風病」時一定要遵循這個理論。事實上，《諸病源候論》也承認「風病」的外在症狀是多種多樣的，不能一概而論。如《諸癩候》提出：

> 夫病之生，多從風起，當時微發，不將為害。初入皮膚裏，不能自覺。或流通四肢，潛於經脈，或在五臟，乍寒乍熱，縱橫脾腎，蔽諸毛膝理，癘塞難通，因茲氣血精髓乖離，久而不治，令人頑痺。或汗不流泄，手足酸疼，針灸不痛；或在面目，習習奕奕；或在胸頸，狀如蟲行；或身體遍癢，搔之生瘡；或身面腫，痛徹骨髓；或頑如錢大，狀如耗毒；或如梳，或如手，錐刺不痛；或青赤黃黑，猶如腐木之形；或痛無常處！流移非一；或如酸棗，或如懸鈴；或似繩縛，拘急難以俯仰，手足不能搖動，眼目流腫，內外生瘡，小便赤黃，尿有餘瀝，面無顏色，恍惚多忘。其間變狀多端。〔註24〕

首先，《諸病源候論》認為人之生病大多由惡風入體。起初症狀輕微，對人身體產生的危害較小，人們大多不以為意。但是隨著惡風不斷侵人身體的不同部位，便會出現不同的症狀，風入五臟則會使全身忽冷忽熱，氣血壅塞不通；風入四肢，則會手足酸痛；風入胸頸，則靜脈曲張。事實上，「癩候」之症很像現在醫學上所說的熱毒，如其面目腫脹，或像銅錢，或像酸棗，或像懸鈴；顏色或為青色，或為紅色，或為黃色，或為黑色。又如眼睛發腫，現在醫學上稱為沙眼；有如身體出現惡瘡；又如小便發紅、發黃等。這些都是體內熱毒淤積過多出現的症狀，但是正如王燾所說隋唐時期並沒有「溫熱之說」的概念，所以只能將其歸於「風病」。此外，《諸病源候論》中還有服食和導引等與神仙方技相關的思想，分別於本書《外丹與隋唐服食》和《房中與隋唐導引》兩章再作討論。

（二）楊上善與《黃帝內經太素》

楊上善在《新唐書》等正史中無傳，目前學界一般認為他是唐初人。〔註25〕據日本發現的仁和寺本《黃帝內經太素》題名記：「通直郎守太子文學

〔註24〕（隋）巢元方著，丁光迪校注：《諸病源候論校注》卷2，北京：人民衛生出版社，2013年，第53頁。

〔註25〕參見陳昊：《唐初醫經〈黃帝內經太素〉的歷史語境》，《四川大學學報（哲學社會科學版）》，2018年第1期；張固也、張世磊《楊上善生平考據新證》，

臣楊上善奉敕撰注」〔註 26〕，可以知道楊上善在撰寫完成並上呈皇帝御覽時的官銜為「通直郎守太子文學」。值得一提的仁和寺本《黃帝內經太素》成書時間據陳鋼《仁和寺本〈黃帝內經太素〉的文獻價值》一文研究作為日本國寶的仁和寺本《黃帝內經太素》，1981 年影印出版前，其原書在我國從未得見，而其保存了丹波賴基 1166 年～1168 年的手抄真蹟，能反映《太素》舊貌，具有重要歷史文獻價值。〔註 27〕因此該本的抄成年代大概是在南宋孝宗乾道時期（1165 年～1173 年），可以說是目前所能見到的《黃帝內經太素》最早的版本，因此該本對楊上善的官職記載應該是較為準確的。楊守敬對仁和寺本《黃帝內經太素》也做出了考證：

> 按李濂《醫史》、徐春甫《醫統》並云楊上善隋大業中為太醫侍御，述《內經》為《太素》。顧《隋志》無其書，新、舊《唐志》始著「楊上善《黃帝內經太素》三十卷、《黃帝內經明堂類成》十卷」。《崇文總目》、《郡齋讀書志》、《書錄解題》皆不著錄。知此書宋代已佚，故高保衡、林億等不及見。《宋志》「楊上善注《黃帝內經》三卷」未足據也。日本藤原佐世《見在書目》有此書，蓋唐代所傳本。文政間，醫官小島尚質聞尾張藩士淺井正冀就仁和寺書庫鈔得二十餘卷，亟使書手杉本望雲就錄之以歸，自後乃有傳鈔本。此本每卷有「小島尚質」印，楣上又據諸書校訂，亦學古親筆蓋初影本也。是書合《靈樞》、《素問》纂為一書，故其篇目次第與二書皆不合，而上足以證皇甫謐，下足以訂王冰，詢醫家鴻寶也。但楊上善爵里、時代，古書無徵，據其每卷首題「通直郎守太子文學臣楊上善奉敕撰注」，按《唐六典》：「魏置太子文學，自晉之後不置；至後周建德三年，置太子文學十人，後廢；皇朝顯慶中始置。」是隋代並無太子文學之官，則上善為唐顯慶以後人。又按：此書殘卷中「丙主左手之陽明」，注云：「景丁屬陽明者，景為五月」云云，唐人避太祖諱「丙」為「景」，則上善為唐人審矣。《醫史》、《醫統》之說

《中醫文獻雜誌》，2008 年第 5 期等。

〔註 26〕此據《黃帝內經太素》所附仁和寺本圖錄。（唐）楊上善撰注，蕭延平、北承甫校正，王洪圖、李雲增補點校：《黃帝內經太素》卷 2《攝生》，北京：科學技術文獻出版社，2000 年。

〔註 27〕參見陳鋼：《仁和寺本〈黃帝內經太素〉的文獻價值》，《成都中醫藥大學學報》，1996 年第 1 期。

　　未足據也。〔註28〕

　　楊守敬的考證對於我們認識《黃帝內經太素》的作者和流傳等情況提供了重要的信息。首先，楊守敬從《隋書‧經籍志》等歷代書目入手，對《黃帝內經太素》在我國的流傳情況進行了考察，發現從《舊唐書‧經籍志》才開始著錄楊上善撰有《黃帝內經太素》三十卷，但到了宋仁宗時期官修目錄書《崇文總目》卻沒有著錄。另外，宋代私家目錄書《郡齋讀書志》和《直齋書錄解題》等也都沒有著錄，所以《黃帝內經太素》應該在北宋初期便已經在我國亡佚了，故宋仁宗時期的醫學家林億和宋神宗時期的醫學家高保衡等並未見此書。接下來，楊守敬又考察了《黃帝內經太素》在日本的流傳，他認為藤原佐世《日本國見在書目錄》著錄的為唐代傳本，日本文正時期（相當於道光時期）醫官小島尚質使人抄寫仁和寺書庫藏本二十多卷，才使《黃帝內經太素》在日本流傳開來。其次，楊守敬根據小島尚質抄本對《黃帝內經太素》內容做了進一步的考察，他認為《黃帝內經太素》將《黃帝內經靈樞》和《黃帝內經素問》打亂順序，重新編為一書，所以該書篇目次第與通行本《黃帝內經》（即《靈樞》和《素問》合稱）皆不相合。而小島尚質抄本又據其他醫書對《黃帝內經太素》進行了校訂，所以小島本具有較高的文獻校勘價值。再次，楊守敬對《黃帝內經太素》在隋唐時期醫學史上的價值做出了高度的肯定，他認為該書既可以對魏晉時期皇甫謐所作的《黃帝針灸甲乙經》進行參證，又可以對中唐時期王冰所注釋的《素問》進行校正，是一部在《黃帝內經》研究史上非常重要的醫學著作。最後，楊守敬對楊上善的生活年代做出了考證，他先從楊上善的官職入手進行考證，發現太子文學一職在隋以前只有魏晉時期設立過，後來北周建德三年（574年）也短暫設立過，此後直到唐高宗顯慶時期（659年左右）才再次設立，因此李濂《醫史》、徐春甫《醫統》等書將楊上善視為隋人是錯誤的，他應為唐高宗顯慶以後人士。其次，楊守敬從避諱入手，發現《黃帝內經太素》的「丙主左手之陽明」一句的注文為「景丁屬陽明者，景為五月」，將「丙」改為「景」，是避唐高祖李淵父親李昞的名諱，因此楊上善為唐人無疑。

　　楊上善的著作除了《黃帝內經太素》以外，據《舊唐書‧經籍志》著錄的還有《老子注》二卷，《老子道德指略論》二卷，《略論》三卷，《莊子注》

〔註28〕　（清）楊守敬著，張雷校：《日本訪書志》卷9，瀋陽：遼寧教育出版社，2003年，第145頁。

十卷，《六趣論》六卷，《三教詮衡》十卷，《黃帝內經明堂類成》十三卷等。
〔註29〕可惜的是，除了《黃帝內經太素》在日本保留的有二十多卷以外，就
只有《黃帝內經明堂類成》在日本保存有殘存一卷，楊上善其他著作均已亡
佚。上文已對《黃帝內經太素》的基本情況做了考證，現在對《黃帝內經明堂
類成》的情況作一述要。據楊守敬《日本訪書志》記載：

> 首題「通直郎守太子文學臣楊上善奉敕撰注」，前有自序，云：
> 「是以十二經脈各為一卷，奇經八脈復為一卷，合為十三卷。」今
> 僅存第一卷耳。按：《舊唐志》有楊上善《黃帝內經明堂類成》十三
> 卷，此無「類成」二字，然必一書也。森立之《訪古志》云：此書
> 實素堂藏，余所得即小島學古本，用油素雙鉤，字體精整，想見原
> 本猶是唐人手筆。卷末有永仁中丹波長高題識五條，亦與《訪古志》
> 合。森氏稱：「其體手太陰一經，自肺藏形象以至經行腧穴，纖悉具
> 載。更有注文解腧穴名義及主治病症，極為精審，實係《千金》、《外
> 臺》所不有。」森氏精醫術，博極群書，所言當不誣。原本篇幅過
> 高，不便為摺本，乃仿宋刻字體版以飼世。其中訛字悉仍其舊，精
> 斯術者，自能辨別。〔註30〕

首先，根據楊守敬的記載，我們可以對《黃帝內經明堂類成》的分卷情
況進行考證。據楊氏所記《黃帝內經明堂類成》書序可知該書是以手三陽，
手三陰，足三陽，足三陰等十二經各為一卷，奇經八脈為一卷，總共十三卷，
可惜此書在日本也僅存第一卷《手太陰經》。其次，楊守敬通過對《黃帝內經
明堂類成》殘卷所附日本永仁中（約 1295 年左右）丹波長高所記五條題識的
研究，認為森立之《經籍訪古志》記載其所藏小島學古本《黃帝內經明堂類
成》殘卷應該抄自於唐寫本。再次，森立之出身於日本的醫學世家，他本人
也是日本著名的醫生，所以借助他對《黃帝內經明堂類成》的認識，可以有
助於我們掌握該書在隋唐時期醫學史上的價值。森立之認為該書《手太陰經》
一卷，不僅對人體肺部的描寫非常形象，而且對經脈經過的經穴、經外奇
穴、阿是穴、耳穴等也進行了詳細的記載。此外，該書正文之下還附有注

〔註29〕（後晉）劉昫等撰：《舊唐書》卷 47《經籍志》，北京：中華書局，1975 年，
第 2040～2047 頁。

〔註30〕（清）楊守敬著，張雷校：《日本訪書志》卷 9，瀋陽：遼寧教育出版社，2003
年，第 146～147 頁。

文，對經穴等的名稱和含義做了詳細的解釋，論述每個穴道所對應治療的疾病也非常精闢。職是之故，《黃帝內經明堂類成》所記載的醫學知識詳孫思邈《千金方》和王燾《外臺秘要》之所略，所以在隋唐時期的醫學史上有著不可替代的作用。

從楊上善所寫的著作來看，除了醫書之外，他研習最多的要數道家經典了，此外兼習佛教和儒家典籍。也正因為如此，所以在楊上善保存下來的醫學著作裏體現出了豐富的醫學思想，下文以《黃帝內經太素》來加以說明。楊上善首先提出了對疾病進行預療救治的醫學觀，如他在《黃帝內經太素·攝生》中提到：「是故聖人不治已病治未病，不治已亂治未亂……夫病已成形而後藥之，亂成而後治之，譬猶渴而穿井，鬥而鑄兵，亦不晚乎」。〔註31〕楊上善認為聖人在沒有生病之前就會對身體疾病進行自我排查，在國家沒有動亂之前就積極展開治理，所以醫者治病也是這個道理，一名醫者應該要讓人們先懂得如何養生，這樣才能提高身體抵抗疾病的能力。假如人們生病之後再用藥物治療，國家動亂之後再進行治理，就如同人們口渴了才想起來挖井取水，戰鬥時才想起來鑄造兵器一樣，不是有些晚了嗎？可以看出楊上善的醫學思想中融入了《中庸》部分思想：「凡事，豫則立，不豫則廢。言前定，則不跲。事前定，則不困。行前定，則不疚。道前定，則不窮。」〔註32〕從而提出了病前養生，防患疾病於未然的醫學救治理念。

此外，楊上善的醫學思想中還明顯的融入了佛教和儒家的思想，如《黃帝內經太素·臟腑》提到：「兩精相摶謂之神，楊注：即前兩精相摶共成一形，一形之中，靈者謂之神者也，即乃身之微也。問曰：謂之神者，未知於此精中始生？未知先有今來？答曰：案此《內經》但有神傷、神去與此神生之言，是知來者，非日始生也。及案釋教精合之時，有神氣來託，則知先有，理不虛也。故孔丘不答有知無知，量有所由。唯佛明言是可根據。」〔註33〕楊上善在注釋「兩精相摶謂之神」時引入佛教在精合時有神氣來助的思想來說明「謂之神者，未知於此精中始生」的含義，又引《論語》「子曰：『吾有知乎

〔註31〕（唐）楊上善撰注，蕭延平、北承甫校正，王洪圖、李雲增補點校：《黃帝內經太素》卷2《攝生》，北京：科學技術文獻出版社，2000年，第15頁。
〔註32〕（東周）子思：《中庸》，北京：中華書局，2007年，第100頁。
〔註33〕（唐）楊上善撰注，蕭延平、北承甫校正，王洪圖、李雲增補點校：《黃帝內經太素》卷6《臟腑》，北京：科學技術文獻出版社，2000年，第121頁。

哉？無知也。有鄙夫問於我，空空如也，我叩其兩端而竭焉』」〔註34〕，來對
「未知先有今來」進行說明，正如孔子就農夫所問的問題，從首尾兩頭開始
反過來叩問他，一步步問到窮竭處，問題就不解自明一樣，因此可以得出「是
知來者，非曰始生也」的結論。

　　另外，楊上善還從天地人的三才觀出發，來解釋人之生病與天地之間的
關係，如《黃帝內經太素‧臟腑》提出：「天之在我者德也，地之在我者氣也，
德流氣薄而生者也。楊注：未形之分，授與我身，謂之德者，天之道也。故
《莊子》曰：未形之分，物得之以生，謂之德也。陰陽和氣，質成我身者，地
之道也。德中之分流動，陰陽之氣和亭，遂使天道無形之分，動氣和亭，物得
生也。」〔註35〕楊上善認為人是天之氣與地之形相結合而形成，這個觀點在
《黃帝內經太素‧設方》中也得到了印證：「楊注：天與之氣，地與之形，二
氣合之為人也。故形從地生，命從天與。是以人應四時，天地以為父母也。」
〔註36〕人的形體從大地而生，人的命運由天所賜予，所以人應該順應春夏秋
冬四時，以天地為父母。楊上善將人的出現與天地相結合，體現了隋唐時期
醫學理論史上樸素的唯物主義思想。

　　對於地與之形，楊上善在《黃帝內經太素‧人合》中做出了解釋：

　　　　天下凡有八十一州，此中國，州之一也，名為赤縣神州。每一
　　　州之外，有一重海水環之，海之外，有一重大山繞之，如此三重海
　　　三重山環而圍繞，人居其內，名曰一州。一州之內，凡有十二大水，
　　　自外小山小水不可勝數。人身亦爾，大脈總有十二，以外大絡小絡
　　　亦不可數。天下八十一州之中，唯取中國一州之地，用法人身十二
　　　經脈內屬臟腑，以人之生在此州中，稟此州地形氣者也。〔註37〕

　　楊上善認為人類居住在赤縣神州，一州之內有十二條大河，象徵著人身體
的十二條主要經脈。十二條大河之外還有小山小水，象徵著人身體的大絡小絡。
為何天下八十一州，人們居住在赤縣神州，是因為此州地形與人身相合。

〔註34〕楊伯峻：《論語譯注》，北京：中華書局，1982年，第89頁。
〔註35〕（唐）楊上善撰注，蕭延平、北承甫校正，王洪圖、李雲增補點校：《黃帝內
　　　　經太素》卷6《臟腑》，北京：科學技術文獻出版社，2000年，第120頁。
〔註36〕（唐）楊上善撰注，蕭延平、北承甫校正，王洪圖、李雲增補點校：《黃帝內
　　　　經太素》卷19《設方》，北京：科學技術文獻出版社，2000年，第557頁。
〔註37〕（唐）楊上善撰注，蕭延平、北承甫校正，王洪圖、李雲增補點校：《黃帝內
　　　　經太素》卷5《人合》，北京：科學技術文獻出版社，2000年，第111頁。

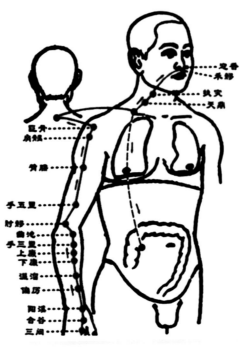

圖1　手陽明大腸經

接下來，我們以手少陰經為例來看楊上善對於十二經脈的理解：

十二經脈之中，餘十一經脈及手太陽經，皆起於別處，來入臟腑。此少陰經起自心中，何以然者？以其心神是五神之主，能自生脈，不因餘處生脈來入，故自出經也。肺下懸心之繫，名曰心繫。餘經起於餘處，來屬臟腑。此經起自心中，還屬心繫，由是心神最為長也。問曰：《九卷》心有二經：謂手少陰，心主。手少陰經不得有輸。手少陰外經受病，亦有療處。其內心臟不得受邪，受邪即死。又《九卷·本輸》之中，手少陰經及輸並皆不言。今此《十二經脈》及《明堂流注》，少陰經脈及輸皆有，若為通精？答曰：經言心者，五臟六腑之大主，精神之舍，其髒堅固，邪不能客。客之則心傷，心傷則神去，神去即死。故諸邪之在於心者，皆在心之包絡，包絡心主脈也。故有脈不得有輸也。手少陰外經有病者，可療之於手掌兌骨之端。又恐經脈受邪傷髒，故《本輸》之中，輸並手少陰經亦復去之。今此《十二經脈》手少陰經是動所生皆有諸病，俱言盛衰並行補瀉及《明堂流注》具有五輸者，以其心臟不得多受外邪，其於飲食湯藥，內資心臟，有損有益，不可無也。故好食好藥資心，

心即調適；若惡食惡藥資心，心即為病。是以心不受邪者，不可受
邪也。言手少陰是動所生致病及《明堂》有五輸療者，據受內資受
外邪也。言手少陰是受邪，故有病也。〔註38〕

　　楊上善認為手少陰經起自肺下懸心的心繫，因此心神為最長，而心神是
五神之主，可以自行產生經脈。此外，針對《九卷》沒有提到手少陰經和腧穴
的相關記述，而《十二經脈》及《明堂流注》中卻作出了論述，楊上善提出心
是五臟六腑之主，心臟堅固，邪疾不能侵入。如果有邪疾侵入心臟，心臟就
會受傷，人們就會失去心神而死亡。值得一提的是，楊上善的這一醫學理論
正是源自於《黃帝內經靈樞》，「黃帝曰：手少陰之脈獨無腧，何也？歧伯曰：
少陰，心脈也。心者，五臟六腑之大主也，精神之所舍也。其髒堅固，邪弗能
容也。容之則心傷，心傷則神去，神去則死矣。故諸邪之在於心者，皆在於心
之包絡。包絡者，心主之脈也，故獨無腧焉。」〔註39〕正因為諸邪疾都被心
主之脈所包裹，所以出於心繫的手少陰經沒有腧穴。對於《十二經脈》中所
記手少陰經會產生許多疾病和《明堂流注》中有五腧的原因，楊上善認為心
臟不能受到邪疾過多的侵害，因為飲食和湯藥都要憑藉心臟對人體產生損益，
所以手少陰經需要記載腧穴。

三、隋唐脈經明堂述論

　　由上文所述《諸病源候論》和《黃帝內經太素》兩部醫經來看，隋唐時
期的醫學理論已經較魏晉南北朝時期有了進一步的發展，但是對醫學理論的
探索僅僅是停留在學理的層面，隋唐時期更多的醫學著作是對具體醫學技術
的闡釋，這也是適應社會發展的需要。隋唐時期的醫者已經對此類醫經有了
初步的認識與劃分，如楊上善在《黃帝內經太素》中記載：「至於《扁鵲灸經》
取穴及名字，即大有不同。近代《秦承祖明堂》、《曹氏灸經》等，所承別本處
所及名，亦皆有異。」〔註40〕由此可知，隋唐時期醫者對「明堂」和「針經」
的技術取向已經有所區分，而根據《新唐書‧藝文志》「明堂經脈類」對醫經

〔註38〕（唐）楊上善撰注，蕭延平、北承甫校正，王洪圖、李雲增補點校：《黃帝內
　　　　經太素》卷8《經脈》，北京：科學技術文獻出版社，2000年，第172頁。

〔註39〕（清）張志聰集注，矯正強、王玉興、王洪武校注：《皇帝內經靈樞集注》，
　　　　北京：中醫古籍出版社，2012年，第467頁。

〔註40〕（唐）楊上善撰注，蕭延平、北承甫校正，王洪圖、李雲增補點校：《黃帝內
　　　　經太素》卷11《腧穴》，北京：科學技術文獻出版社，2000年，第295頁。

的著錄情況來看，我們大致可以將此類醫經劃分為「明堂」、「針經」和「五臟」等幾大類。〔註41〕

「針經」類有皇甫謐《黃帝三部針經》，張子存《赤烏神針經》，《黃帝針灸經》，《黃帝雜注針經》，《黃帝針經》，《玉匱針經》，《龍銜素針經並孔穴蝦蟆圖》，徐叔向《針灸要鈔》，歧伯《灸經》，雷氏《灸經》等。據復原的《唐令·醫疾令》記載唐代的針博士生需要學習《赤烏神針經》等針學著作。〔註42〕「明堂」類有《黃帝明堂經》，《黃帝明堂》，楊玄注《黃帝明堂經》，《黃帝內經明堂》，秦承祖《明堂圖》，《明堂孔穴》，曹氏《黃帝十二經明堂偃側人圖》，楊上善注《黃帝內經明堂類成》，甄權《明堂人形圖》一卷，米遂《明堂論》等。據復原的《唐令·醫疾令》記載唐代的針博士生需要學習《黃帝內經明堂》等「明堂」類醫學著作。〔註43〕「五臟」類有《黃帝十二經脈明堂五藏圖》，《三部四時五藏辨候診色脈經》，《五藏訣》，《五藏論》等。

「針經」類醫經因為其簡便易學，在給病人治療時不受藥材等外物的限制，因而更容易普及開來，被普通民眾所接受。如敦煌出土文書 P.2675 號背面《新集備急灸經》甲卷記載：「灸經云：四大成身，一脈不調，百病皆起。或居偏遠，州縣路遙，或隔山河，村坊草野，小小災疾，藥餌難求，性命之憂，如何所治？今略諸家灸法，用濟不愈。」〔註44〕《新集備急灸經》認為人身體的許多疾病都是因為經脈不調而起，偏遠地區之人，因為得不到藥物治療，往往因身患小疾便導致死亡，而如果施以針灸之法就會減少病死的機率。

從「明堂」類著錄的《明堂圖》和「五臟」類著錄的《五臟圖》來看，「明堂」和「五臟」應該與圖形有著密切的聯繫。如楊上善在《黃帝內經太素》中指出：「《太素》陳其宗旨，《明堂》表其形見。」〔註45〕可見，《黃帝內經太

〔註41〕（宋）歐陽修、宋祁撰：《新唐書》卷五59《藝文志》，北京：中華書局，1975年，第1566頁。

〔註42〕天一閣博物館、中國社會科學院歷史研究所天聖令整理課題組校證：《天一閣藏明鈔本天聖令校證（附唐令復原研究）》，北京：中華書局，2006年，第568頁。

〔註43〕天一閣博物館、中國社會科學院歷史研究所天聖令整理課題組校證：《天一閣藏明鈔本天聖令校證（附唐令復原研究）》，北京：中華書局，2006年，第568頁。

〔註44〕敦煌寫本《新集備急灸經》殘卷，今藏法國巴黎國立圖書館，編號 P.2675，計360餘字，抄寫於《陰陽書》卷子的背面。

〔註45〕黃龍祥輯校：《黃帝明堂經輯校》，北京：中國醫藥科技出版社，1987年，第9頁。

素》是對醫學宗旨的闡發，而《明堂》則是對
人體圖形的描畫。此外，王燾在《外臺秘要》
中提到：「夫《明堂》者，黃帝之正經，聖人之
遺教，所注孔穴，靡不指的……故立經以言疾
之所由，圖形以表孔穴之名處。比來有經而無
圖，則不能明脈腧之會合；有圖而無經，則不
能論百疾之要也。」〔註46〕王燾對《明堂》論
述更加深入，他認為《明堂》乃是黃帝傳下來
的正經，對人體的腧穴有著詳細的記載，所以
用經文說明疾病產生的緣由，繪製圖形來指明
人體腧穴的名稱和位置。王燾認為如果只有經
文而沒有圖形，則不能明白經脈與腧穴的交會
與分合；只有圖形而沒有經文，則不能對疾病
產生的原理做出正確認識。可以說，王燾在這
裡已經對《明堂圖》的重要性做出了充分的闡
釋，不僅如此，王燾還對其所作《明堂圖》與
孫思邈所作《明堂圖》進行了對比，從而為我
們研究《明堂圖》的形制提供了寶貴的文獻。

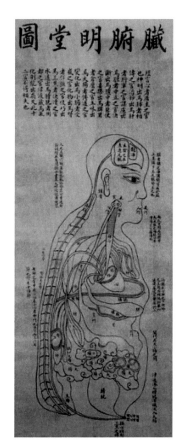

圖2　臟腑明堂圖

據王燾《外臺秘要》記載：「今依準《甲乙》正
經，人長七尺五寸之身（《千金方》云七尺六寸四分）。今半之以為圖，人長三
尺七寸五分（《千金方》云三尺八寸二分）。其孔穴相去亦半之，五分為寸，其
尺用古尺，其十二經脈皆以五色作之，奇經八脈並以綠色標記。諸家並以三
人為圖，今因十二經而畫圖人十二身也。經脈陰陽，各隨其類。」〔註47〕王
燾依據《黃帝甲乙經》對人體長度七尺五寸的記載，將其縮短一半為三尺七
寸五分來對人體經脈和穴道按比例進行圖繪。用古尺五分為一寸，腧穴之間
的距離亦按比例縮短為一半，人體十二條經脈用五種顏色進行區分，奇經八
脈用綠色進行標記。

〔註46〕（唐）王燾撰，高文鑄校注：《外臺秘要方》卷39，北京：華夏出版社，1993
　　　　年，第779頁。
〔註47〕（唐）王燾撰，高文鑄校注：《外臺秘要方》卷39，北京：華夏出版社，1993
　　　　年，第779頁。

值得一提的是，隋唐醫者用《明堂圖》來
對經脈、穴道等人體結構進行外在化的圖繪，
儘管這種圖形可以在一定程度上有助於醫者對
人體進行具象化的掌握，從而來治療人體的疾
病，但是這種具象化並不是人體結構的再現，
而是隋唐醫者依據古醫經對人體理解的再現。
也就是說這種圖形化的認識並不是客觀的，他
是醫者自身以古醫經為基礎，再加上自己的醫
學經驗對人身體進行主觀的建構而來。正如李
建民所指出：「與經驗醫學並行的數術天學介入
醫學……也就是脈在人體環周運行有一定的區
域、軌道與節奏。不僅如此，方士以身按驗，
經歷所謂『氣行』、『脈行』的所在。最後，脈
的數目、循行與臟腑的關係等，以數術為指導
逐漸形成今天我們所熟知的經脈體系。作者以
為周秦之時脈的發現以及之後的體系化，是緊
隨著這一時期天學突破而來的現象。或者說人

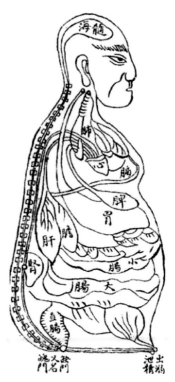

圖3　人體五臟圖

體這個摹本是用數術語言所撰寫。所謂數術程序，也是透過一系列數術的模
擬想像對近似之物的掌握。」〔註48〕由此可以看出，隋唐時期的醫者對人體
十二條經脈外在圖形的具象化描繪，不僅有自身醫學經驗的基礎，甚至可能
借鑒了有數術天學介入醫學之後，形成的氣體與經脈運行的理論。

　　在隋唐時期醫者的醫學思想中，「五臟」是「經脈」之外，人體又一重要
的組成部分，因此不但有《諸病源候論》等醫學理論著作對「五臟神」理論進
行了詳細闡發，而且當時還流傳著眾多的《五臟圖》等醫學圖形著作。

　　「五臟」思想也與隋唐時期的政治有著密切的聯繫，如《舊唐書》記載：
　　　　安金藏，京兆長安人，初為太常工人。載初年，則天稱制，睿
　　　宗號為皇嗣。少府監裴匪躬、內侍范雲仙並以私調皇嗣腰斬。自此
　　　公卿已下，並不得見之，唯金藏等工人得在左右。或有誣告皇嗣潛
　　　有異謀者，則天令來俊臣窮鞠其狀，左右不勝楚毒，皆欲自誣，唯

〔註48〕李建民著：《死生之域——周秦漢脈學之源流》，臺北：「中央研究院」歷史語
　　　言研究所，2000年，第234～235頁。

金藏確然無辭，大呼謂俊臣曰：公不信金藏之言，請剖心以明皇嗣
不反。即引佩刀自剖其胸，五藏並出，流血被地，因氣絕而僕。則
天聞之，令輿入宮中，遣醫人卻納五藏，以桑白皮為線縫合，傅之
藥，經宿，金藏始蘇。則天親臨視之，歎曰：吾子不能自明，不如
爾之忠也。即令俊臣停推，睿宗由是免難。〔註49〕

在這則記載中，太常工人安金藏為了向來俊臣證明皇嗣沒有謀反，竟然
剖心以明之，導致五臟流出，昏死過去。武則天讓醫者為安金藏診治，醫者
以桑白皮為線對其五臟進行縫合。武則天因為安金藏以自剖「五臟」的方式
來證明李旦沒有謀逆，儘管李旦本人不能自明，但仍然沒有追究下去。可見
「五臟」在隋唐時期人們心目中不僅是身體重要的組成部分，而且也是時人
心中證明自身的一種重要方式。

〔註49〕（後晉）劉昫等撰：《舊唐書》卷 187《安金藏傳》，北京：中華書局，1975
　　年，第 4885 頁。

第三章　醫術與隋唐經方

一、隋唐經方概況

  經方與闡釋醫理為主的醫經著作相比，與病人之間聯繫更為緊密。因為醫者可以根據對病人病症的診斷，依據經方給病人進行藥物方面的治療。因此，隋唐時期的經方在數量方面遠超魏晉南北朝時期〔註1〕，據《舊唐書》記載《病源單方》二家，《雜經方》五十八家，《類聚方》一家等。〔註2〕甚至由國家多次組織大型經方的編纂，如隋煬帝大業年間（605年～618年），官方組織編纂的多達二千六百卷《四海類聚方》，後來又刪繁簡要，編成三百卷《四海類聚單要方》。但是，遺憾的是這部官方主持編纂的大型經方在流傳過程中逐漸散佚了。在《隋書·經籍志》中還著錄有《四海類聚方》，但在《舊唐書·經籍志》和《新唐書·藝文志》中卻知著錄了十六卷的《四海類聚單要方》，可見到了北宋初年《四海類聚方》就已經所剩無幾了。在唐人孫思邈《千金方》和王燾《外臺秘要方》等經方著作中，已經不見《四海類聚方》的相關記載了。只有唐代《新修本草》及宋代《證類本草》中曾有引述，至唐開元九年（721年）時，此書尚存完帙，到天寶十一年（752年）王燾在弘文館曾閱覽過。隋唐時期官方主持編纂的大型經方，限於印刷等技術原因，往往

〔註1〕據朱媛媛《隋唐「三志」著錄醫籍初步研究與思考》一文統計，「三志」重複著錄醫籍50餘種（包括同書不同卷者），除去重複，「兩唐志」較「隋志」新增醫籍100部左右。這些新增的醫籍中大部分都是經方。參見朱媛媛：《隋唐「三志」著錄醫籍初步研究與思考》，陝西中醫藥大學碩士學位論文，2016年。

〔註2〕（後晉）劉昫等撰：《舊唐書》卷47《經籍志》，北京：中華書局，1975年，第2051頁。

很難傳播開來，甚至只能是孤本秘籍，保存在皇宮之中。事實上，唐代官修的經方也有類似的情形，高宗顯慶年間（657年～659年）詔命蘇敬主持編纂的《唐本草》在宋代已不可見全秩，宋人唐慎微在《證類本草》中記載：「昔唐永徽中，刪定《本草》之外，復有圖經……而明皇御製又有《天寶單方藥圖》……二書失傳且久，散落殆盡，雖鴻都秘府亦無其本。」〔註3〕由此可知唐高宗時期官方編纂的《唐本草》和唐玄宗時期官方編纂的《天寶單方藥圖》在宋代就已經久已失傳，散佚殆盡了，目前學界只有根據宋代本草類醫書進行輯佚。

唐代的許多皇帝都非常重視對經方的編纂和普及，如唐玄宗在開元十一年七月（723年）頒布《諸州置醫學博士敕》：「敕：神農嘗草，以療人疾，歧伯品藥，以輔人命。朕銓覽古方，永念黎庶。或營衛內擁或寒暑外攻，因而不救，良可歎息！今遠路偏州，醫術全少，下人疾苦，將何恃賴？宜令天下諸州，各置職事醫學博士一員，階品同於錄事。每州寫《本草》及《百一集驗方》，與經史同貯。其諸州於錄事各省一員，中下州先有一員者省訖，仰州補勳散官充。」〔註4〕詔敕中，唐玄宗對黎民百姓苦於疾病而無法得到救治的情況感到悲歎，因此令各州設置醫學博士一人，每州要錄寫《本草》及《百一集驗方》各一種，與經史等重要典籍一同儲存。不僅如此，唐玄宗在開元十一年（723年）還親自主持編撰《廣濟方》，並於天寶五年八月（746年）頒布《榜示廣濟方敕》：「朕頃者所撰《廣濟方》，救人疾患，頒行已久，計傳習亦多。猶慮單貧之家，未能繕寫，閭閻之內，或有不知。倘醫療失時，因至夭橫，性命之際，寧忘側隱！宜命郡縣長官，就《廣濟方》中逐要者，於大板上件錄，當村坊要路榜示。仍委採訪使句當，無令脫錯。」〔註5〕唐玄宗在開元年間頒布《廣濟方》後，又憂慮貧困之家沒有能力傳抄，或偏遠村戶並不知曉此方，從而出現無法及時救治，導致百姓傷亡的慘象，於是在天寶五年（746年）再一次命令各郡縣長官在村坊要錄立板公示。由此可見《廣濟方》與隋唐時期的人民生活聯繫緊密，皇帝多次下詔推行。

〔註3〕 （宋）唐慎微撰；尚志鈞等校點：《證類本草》卷1，北京：華夏出版社，1993年，第2頁。

〔註4〕 （宋）宋敏求編，洪丕謨等點校：《唐大詔令集》卷114「醫方」，上海：學林出版社，1992年，第544～545頁。

〔註5〕 （宋）宋敏求編，洪丕謨等點校：《唐大詔令集》卷114「醫方」，上海：學林出版社，1992年，第545頁。

正因為經方有著諸多便利之處，所以在隋唐時期不僅由皇帝屢次下令，在官方大力推行，而且在士大夫之間也競相撰著傳抄。如劉禹錫在《傳信方述》中記載：「余為連州四年，江華守河東薛景晦以所著《古今集驗方》十通為贈，其志在於拯物，予故申之以書。異日景晦復寄聲相謝，且誘所以補前方之闕。醫拯道貴廣，庸可以學淺為辭？遂於篋中得已試者五十餘方，用塞長者之問。皆有所自，故以傳信為目。」〔註6〕劉禹錫在任連州刺史時，江華縣令薛景晦將自己所著《古今集驗方》相贈，而劉禹錫也將自己平時所用之方有驗者五十多種還贈。事實上，官員之間相互轉贈經方，不僅是供自己和親朋好友之間使用，他們更重要的是「拯道貴廣」，使經方得以在百姓中廣為流傳，起到救民的作用。正如《舊唐書・陸贄傳》所載：「贄在忠州十年，常閉關靜處，人不識其面，復避謗不著書。家居瘴鄉，人多癘疫，乃抄撮方書，為《陸氏集驗方》五十卷行於代。」〔註7〕陸贄因所居之地，百姓多困於疾病，因此彙集經方成《陸氏集驗方》五十卷，以向百姓傳佈。

此外，在隋唐時期普通文人的筆下，也多見記述他們學習經方的經歷。如李商隱《代安平公遺表》云：「忽自今月十日夜，暴染霍亂，並兩脅氣注。當時檢驗方書，煎和藥物。」〔註8〕安平公崔戎忽然感染惡疾，李商隱為其翻檢經方，煎熬藥物。又如在唐詩中，「肘後」二字經常入詩，其意一般指《肘後備急方》等經方。張祜《秋日病中》云：「坐拾車前子，行看肘後方。」〔註9〕又如歐陽炯《大遊仙詩》云：「囊中隱訣多仙術，肘後方書濟俗人。」〔註10〕由此可見，經方在隋唐時期的社會生活中，為人們治療疾病起著不可或缺的作用。

二、隋唐傳世經方

（一）孫思邈《千金要方》與《千金翼方》

孫思邈的生平與醫學思想已經在本書《隋唐民間醫人群體》之中做了論

〔註6〕（唐）劉禹錫撰，卞孝萱校訂：《劉禹錫集》卷39，北京：中華書局，1990年，第587頁。

〔註7〕（後晉）劉昫等撰：《舊唐書》卷139《陸贄傳》，北京：中華書局，1975年，第3818頁。

〔註8〕劉學鍇，余恕誠著：《李商隱文編年校注》，北京：中華書局，2002年，第81頁。

〔註9〕尹占華校注：《張祜詩集校注》卷1，成都：巴蜀書社，2007年，第58頁。

〔註10〕（清）彭定求等編：《全唐詩》卷761，北京：中華書局，1999年，第8640頁。

述，故此處不再贅述，在此直接論述孫思邈《千金要方》與《千金翼方》所包含的醫學思想。事實上，《千金要方》作為一部經方，在唐人的醫療觀念中有著非常重要的意義。在宋人黃休復《茅亭客話》中記載：

> 偽蜀眉州下方壩民姓家氏名居泰，夫妻皆中年，唯一男，既冠，忽患經年羸瘠。日加醫藥，無復療減。父母遂虔誠置《千金方》一部，於所居閣上，日夜焚香，望峨眉山告孫真人禱乞救護。經旬餘，一夕，夫婦同夢白衣老翁云：「汝男是當生時授父母氣數較少，吾今教汝，每旦父母各呵氣，令汝男開口而咽之。如此三日，汝男當愈。」夫婦覺而皆說，符協如一。遂冥心依夢中所教，初則骨木強壯，次乃能食且行。積年諸苦頓愈。〔註11〕

唐末五代時期，有一男子患病多年，無法用藥物治癒，其父母以《千金方》置其所居之地，日夜祈禱，竟得孫真人傳授祕法，以此法治之乃愈。由此可見，《千金要方》不僅是唐宋之人用來治病的普通經方，更在時人心目中有著醫治疑難雜症的特殊地位。

孫思邈撰作《千金要方》的主要目的不僅是為了濟世治民，更重要的是對他醫德思想闡發。孫思邈在《千金要方》序例中指出：「自古名賢治病，多用生命以濟危急。雖曰賤畜貴人，至於愛命人畜一也。損彼益己，物情同患，況於人乎？夫殺生求生，去生更遠。吾今此方所以不用生命為藥者，良由此也。其虻蟲水蛭之屬，市有先死者，則市而用之，不在此例。只如雞卵一物，以其混沌未分，必有大段要急之處，不得已隱忍而用之，能不用者，斯為大哲，亦所不及也。」〔註12〕孫思邈認為古時名醫只是以物命來濟人命，儘管這些醫者認為人命比物命寶貴，但孫思邈認為在自然面前任何生物都會珍惜自己的生命，因此醫者救人的目的不僅僅在於「殺生求生」，更重要的是認識到生命的可貴。職是之故，孫思邈撰作《千金要方》的宗旨在於不以活物入藥，至於虻蟲等自然死亡者，則可以取而用之，而活物則不到病情緊急之時，不可取用，如此才可成就一名大醫。

當然，成為大醫，不僅需要高尚的醫德，更重要的是對經典醫經做到熟

〔註11〕 （宋）黃休復撰，趙維國整理：《茅亭客話》卷4，《全宋筆記》第2編，第1冊，河南：大象出版社，2019年，第30頁。

〔註12〕 （唐）孫思邈著；李景榮等校釋：《備急千金要方校釋》卷1，北京：人民衛生出版社，2014年，第4頁。

練掌握。孫思邈在《千金要方·大醫習業》指出：「凡欲為大醫，必須諳《素問》、《甲乙》、《黃帝針經》、《明堂流注》、十二經脈、三部九候、五藏六腑、表裏孔穴、《本草》《藥對》，張仲景、王叔和、阮河南、范東陽、張苗、靳邵等諸部經方。」〔註13〕大醫不僅要學習《黃帝內經素問》等醫學理論知識，還要學習《黃帝甲乙針灸經》等醫學技術知識，學習《本草》等藥物學知識。可以看出，在孫思邈的醫學知識世界裏，大醫是需要掌握多種醫學經典的。

　　《千金要方》是孫思邈對自己醫學理念的具體闡釋，所以在《千金要方》中不僅記載了諸多經方，而且還對具體的醫學理論做出了詳細的闡發。以經方為例，孫思邈記述了自己患有熱毒之症時的症狀及治療之方，如「治熱毒下黑血，五內絞切痛，日夜百行，氣絕欲死方。黃連（一升）、龍骨、白術（各二兩）、阿膠、乾薑、當歸、赤石脂（各三兩）、附子（一兩）。右八味以水一斗，煮取五升，分五服。余以（貞）觀三年七月十二日忽得此熱毒痢，至十五日，命將欲絕，處此方藥，入口即定。」〔註14〕孫思邈在貞觀三年（629年）忽染熱毒，病症是五臟絞痛，孫思邈認為治療此病的醫理是排出體內黑色的毒血，據此他總結出「氣絕欲死方」，儘管當時他「命將欲絕」，可是服此方藥，病情立即得到了緩解。此外，孫思邈在醫理的闡發上也有自己獨到的心得，如《千金要方》記載：

　　　　夫二儀之內，陰陽之中，唯人最貴，人者稟受天地中和之氣，法律禮樂，莫不由人，人始生，先成其精，精成而腦髓生，頭圓法天，足方象地，眼目應日月，五藏法五星，六腑法六律，以心為中極，大腸長一丈二尺，以應十二時，小腸長二丈四尺，以應二十四氣，身有三百六十五絡以應一歲，人有九竅以應九州，天有寒暑，人有虛實，天有刑德，人有愛憎，天有陰陽，人有男女，月有大小，人有長短，所以服食五穀，不能將節，冷熱鹹苦更相振觸，共為攻擊，變成疾病。〔註15〕

　　孫思邈的醫學思想核心是天人相對，人身體的各個部位是與天象一一對

〔註13〕　（唐）孫思邈著；李景榮等校釋：《備急千金要方校釋》卷1，北京：人民衛生出版社，2014年，第1～2頁。

〔註14〕　（唐）孫思邈著；李景榮等校釋：《備急千金要方校釋》卷15，北京：人民衛生出版社，2014年，第548頁。

〔註15〕　（唐）孫思邈著，李景榮等校釋：《備急千金要方校釋》卷1，北京：人民衛生出版社，2014年，第8頁。

應的，眼睛對應著日月，五臟對應著五星，身有三百六十五絡對應著三百六十五天等。這種天人相對思想在《千金要方》中有著諸多體現，如「肝臟脈論」也有類似記述：「夫人稟天地而生，故內有五臟六腑、精氣骨髓、筋脈；外有四肢九竅、皮毛爪齒、咽喉唇舌、肛門胞囊，以此總而成軀。故將息得理，則百脈安和；役用非宜，即為五勞七傷六極者……凡五臟在天為五星，在地為五嶽，約時為五行，在人為五藏，五藏者，精神魂魄意也。論陰陽，察虛實，知病源，用補瀉，應稟三百六十五節，終會通十二經焉。」〔註16〕正因為人體與天象是相對應的，所以在治療疾病時也要遵循順天而治的道理，達致人與自然和諧相處。

《千金翼方》是孫思邈另一部流傳後世的經方名著，關於此書的主要內容，宋代著名醫者林億總結為：

> 凡治病者，宜別藥之性味，故次之以本草。人之生育由母無疾，故次之以婦人。疾病之急無急於傷寒，故次之以傷寒。然後養其少小，故次之以小兒。人身既立，必知所以自養，故次之以養性。養性者莫善於養氣，故次之以辟穀。氣之盈乃可安閒，故次之以退居。退居者當事補養，故次之以補益。若補養失宜則風疾乃作，故次之以中風。風者百病之長，邪氣緣而畢至，故次之以雜病，又次之以萬病。愈諸疾者，必資乎大藥，故次之以飛煉。乳石性堅，久用生熱，故次之以瘡癰。眾多之疾，源乎脈證，故次之以色脈。色脈既明，乃通腧穴，故次之以針灸。而《禁經》終焉。總三十卷，目錄一卷。〔註17〕

林億在此詳細分析了《千金翼方》的卷目編排順序。從這個順序來看，《千金翼方》與孫思邈在《千金要方》中所表現出的醫學思想相一致，又有所發展。下文便以《千金翼方·禁經》為例，來論述孫思邈的禁法思想。

唐代的醫學博士中有禁咒博士，而禁咒又稱禁術、咒禁、禁駕等，黃鎮國解釋為禁字本身有戒、誡之意涵，則有命令、強制、控制、壓制的意味在，同時亦有限制、不允許、禁忌之意，禁術即指禁的技術、禁的法術或方

〔註16〕（唐）孫思邈著，李景榮等校釋：《備急千金要方校釋》卷11，北京：人民衛生出版社，2014年，第401頁。

〔註17〕曾棗莊、劉琳等：《全宋文》卷933，第43冊，上海：上海辭書出版社，2006年，第291頁。

法。〔註18〕由此可見，禁咒的主要目的是運用語言等技術來限制疾病的惡化，從而達到治療的目的。如《禁經・禁法大例》記載：「用禁大例，誦禁文必不得出聲，令自耳聞聲；若聞之咒，即禁法不行，行之無益，慎之慎之。受禁之時不得令人畜等一切見之，見之即不成；受法時，刀及水盆皆不得曾經酒肉、五辛用者。」〔註19〕「誦禁文必不得出聲」，即「存想」、「存念」。《禁經・受禁法》曰：「想東方木禁在吾肝中，想南方火禁在吾心中，想西方金禁在吾肺中，想北方水禁在吾腎中，想中央土禁在吾脾中。想左青龍、右白虎、前朱雀、後玄武。」〔註20〕可見禁法是由五行對應著五方，五方對應著五種神獸，然後再與人體五臟相應。

此外，《禁經》明確指出：「不得與不信人行禁。」〔註21〕這說明禁法的實施，只針對信任咒禁療法的病人。《隋書・張文詡傳》載：「文詡嘗有腰疾，會醫者自言善禁，文詡令禁之，遂為刃所傷，至於頓伏床枕。醫者叩頭請罪，文詡遽遣之。」〔註22〕這是一次禁法治療失敗的案例，張文詡讓醫者用禁法治療自己的腰病，沒想到反被禁法所傷。由於禁法在隋唐時期被民眾所崇信，所以這次治療儘管失敗，但是張文詡並沒有責罰這名醫者，只是將他趕走。儘管禁法起不到任何的效用，但是在緊急情況下，依然不妨礙它被用來當做救命的秘法。如《舊五代史・莊宗紀》記載：「天佑十六年（919年）夏四月……南城守將氏延賞告急，且言矢石將盡。帝以重賄召募能破賊艦者，於是獻技者數十，或言能吐火焚舟，或言能禁咒兵刃，悉命試之，無驗。」〔註23〕唐莊宗李存勗在戰事緊急之時，竟然想利用禁法退敵，可惜沒有應驗。

《千金要方》與《千金翼方》中服食和導引等神仙方技思想，分別見於本書《外丹與隋唐服食》和《房中與隋唐導引》兩章。

〔註18〕黃鎮國：《宗教醫療術儀初探——以〈千金翼方・禁經〉之禁術為例》，輔仁大學宗教學系碩士論文，2000年，第5頁。
〔註19〕（唐）孫思邈著，李景榮、蘇禮、任娟莉等校釋：《千金翼方校釋》卷29，北京：人民衛生出版社，2014年，第718頁。
〔註20〕（唐）孫思邈著，李景榮、蘇禮、任娟莉等校釋：《千金翼方校釋》卷29，北京：人民衛生出版社，2014年，第713頁。
〔註21〕（唐）孫思邈著，李景榮、蘇禮、任娟莉等校釋：《千金翼方校釋》卷29，北京：人民衛生出版社，2014年，第712頁。
〔註22〕（唐）魏徵等撰：《隋書》卷77《張文詡傳》，北京：中華書局，1973年，第1761頁。
〔註23〕（宋）薛居正等撰：《舊五代史》卷29《莊宗紀三》，北京：中華書局，1976年，第395頁。

（二）王燾《外臺秘要方》

關於王燾的生平事蹟，據《新唐書‧王珪傳》記載：「（王燾）性至孝，為徐州司馬。母有病，彌年不廢帶，視絮湯劑。數從高醫遊，遂窮其術，因以所學作書，號《外臺秘要》，討繹精明，世寶焉。歷給事中，鄴郡太守，治聞於時。」〔註24〕雖然王燾沒有出生於醫學世家，但是他奉母至孝，自學醫書為母治病，由此走上了一條一邊做官一邊習醫的人生道路。因為王燾多從著名醫者請教，所以其醫學著作《外臺秘要》被人們視為精深之作。如北宋著名醫者孫兆所撰《校正外臺秘要方序》認為：

> 夫外臺者，刺史之任也；秘要者，秘密樞要之謂也。唐王燾臺閣二十餘載，久知弘文館，得古今方，上自神農，下及唐世，無不採摭，集成經方四十卷，皆諸方秘密樞要也。以出守於外，故號曰《外臺秘要方》，凡一千一百四門，以《巢氏病源》、諸家論辨各冠其篇首，一家之學，不為不詳。王氏為儒者，醫道雖未及孫思邈，然而採取諸家之方，頗得其要者，亦崔氏、孟詵之流也。且古之如張仲景、《集驗》、《小品方》最為名家，今多亡逸，雖載諸方中，亦不能別白。王氏編次各題名號，使後之學者皆知所出，此其所長也。〔註25〕

由孫兆序文可知王燾因為長期在弘文館任職，得以隨時查閱皇室所藏大量醫經，他採摭古今經方成四十卷《外臺秘要》分一千一百四門，以巢元方《諸病源候論》等論辨醫理內容置於每篇之首，起到提綱挈領的作用。儘管王燾的醫學造詣不及孫思邈，但他集《小品方》等古經方為一書，使這些亡佚之方得以流傳後世，有存古之功。又對經方重新進行分類編次，使後世學醫者得以考鏡源流辨章學術，明晰各種疾病的源流脈絡。

《外臺秘要》體現了王燾豐富的醫學思想，如「石膏湯，療傷寒病已八九日，三焦熱，其脈滑數，昏憒，身體壯熱，沉重拘攣。或時呼呻而已攻內，體猶沉重拘攣，由表未解，今直用解毒湯則攣急不瘥，直用汗藥則毒因加劇，而方無表裏療者，意思以三黃湯以救其內，有所增加以解其外，是故名石膏

〔註24〕（宋）歐陽修、宋祁撰：《新唐書》卷98《王珪傳》，北京：中華書局，1975年，第3890頁。

〔註25〕（唐）王燾撰，高文鑄校注：《外臺秘要方》序，北京：華夏出版社，1993年，第1頁。

湯方。」〔註26〕在治療傷寒病八九日仍未痊癒的情況下，王燾認為這個時候用解毒湯治療會「攣急不瘥」，用汗藥會「毒因加劇」，因此他依據醫學上救內解外的醫理，創製出石膏湯方。

此外，王燾在面對突發病情時，也能提出有效的應對之方。如《外臺秘要》記載：「前軍督護劉車者，得時疾三日已汗解，因飲酒復劇，苦煩悶乾嘔，口燥呻吟，錯語不得臥，余思作此黃連解毒湯方。黃連三兩，黃芩、黃檗各二兩，梔子十四枚，擘。右四味，切，以水六升，煮取二升，分二服，一服目明，再服進粥，於此漸為。余以療凡大熱盛，煩嘔呻吟，錯語不得眠皆佳。傳語諸人，用之亦效。此直解熱毒，除酷熱，不必飲酒劇者。此湯療五日中神效。忌豬肉、冷水。」〔註27〕督護劉車在病情未愈的情況下飲酒導致病情加劇，王燾便依據病情配製出黃連解毒湯方，不僅可以治療熱毒，還有助於人體睡眠。

三、隋唐散佚經方述論

隋唐時期的經方著作除了流傳後世的《千金要方》等數種之外，大部分都已經散佚，目前學界對隋唐經方的文獻輯佚主要源自出土的敦煌吐魯番文書和傳世的大型醫學類書之中。下文便以此出發，對敦煌散佚文書做一述要。據王亞麗《敦煌寫本醫籍語言研究》一書的統計，現存敦煌寫本醫籍中保存有 1200 餘首醫方〔註28〕，敦煌卷子 P.3596、P.2662V、P.2662R、P.2565、P.2666 載方共計 409 首，其中亡秩隋唐醫方共計 91 首，占比約為 22.25%，所涉及亡佚隋唐醫方書，共計 14 種。〔註29〕

現以敦煌卷子 P.2662R 為例加以說明，敦煌卷子 P.2662R 無標題、撰者，卷中載張文仲醫方，如下：「療黃。身體黃，唯心下硬，方：右取萱草根搗取汁，一升五合，煎。又方：取括蔞子中黃汁一小升，和暖水五合。又方：取蔓蓍子一小升搗末，用水一大升和，每日平旦服一升，三日服盡，小便色。又

〔註26〕（唐）王燾撰，高文鑄校注：《外臺秘要方》卷1，北京：華夏出版社，1993年，第8頁。
〔註27〕（唐）王燾撰，高文鑄校注：《外臺秘要方》卷1，北京：華夏出版社，1993年，第14頁。
〔註28〕王亞麗著：《敦煌寫本醫籍語言研究》，北京：中央民族大學出版社，2017年，第352頁。
〔註29〕參見葛政：《亡佚隋唐醫方書考略》，中國中醫科學院博士學位論文，2020年。

方：服蔓薔子油一升，亦佳。張文仲。」〔註30〕張文仲在武則天時期為侍御醫，擅長治療風病，撰有《隨身備急方》三卷，可惜此書今已不存，此敦煌卷子所載之張文仲醫方很可能是抄自《隨身備急方》。因為以張文仲方和上文《外臺秘要》等所記醫方相比，明顯可以看出張文仲方簡便易行，篇幅短小符合病人隨身攜帶的需求。而且張文仲方針對一種病情會列出多種醫方供病人選擇，符合病人備急的要求。

儘管敦煌吐魯番等出土文書保存了不少中古時期的醫方，但從隋唐時期醫者撰寫的經方留存情況來看，是不容樂觀的。正如於賡哲的研究所表明：

> 以搜集敦煌醫藥文書較全者的馬繼興等主編《敦煌醫藥文獻輯校》為例，內中搜集八十種醫藥文獻，其中能明確為唐代醫學經典名著寫本的，只有五件《新修本草》（S.4534、P.3714、P.3822、李盛鐸藏本、S.9434）和一件孟詵《食療本草》（S.76），至於孫思邈和王燾的著作則蹤跡罕見，而《黃帝針經》、《素問》、《傷寒雜病論》、《王叔和脈經》、《本草經集注》等先唐醫學名著則都「榜上有名」，其餘皆為簡單的方書，這個現象說明唐代民間社會對於本朝的方書可能並不很熟悉，後人耳熟能詳的《千金方》、《千金翼方》、《外臺秘要》等書在唐代民間的影響力有限，同時也說明唐人對今醫並不特別推崇。〔註31〕

由此可見，醫術作為一門非常專業的學科，不但需要醫學世家的數代傳承，而且普通士人更願意相信那些流傳有序的古醫方。

除了敦煌等出土文獻以外，傳世醫書如《證類本草》、《本草綱目》、《醫心方》等也保存了一些隋唐亡佚醫方的內容。如《醫心方》卷三載：

> 《廣利方》理骨節熱，積漸黃瘦方：鱉甲六分炙，知母四支，大黃六分，蔥白五莖，豉十二分，赤桑根白皮八分，甘四分，炙切，以童子小便一大升三合，煎取八合，去滓，食後良久，分溫三服，服相如人行七八里，頻服五劑，忌熱肉麵、人莧。又方：大黃四分切，以童子小便五合，煎取四合，去滓，空腹，分溫兩服，相去如

〔註30〕上海古籍出版社、法國國家圖書館編：《法藏敦煌西域文獻》第17冊，上海：上海古籍出版社，2001年，第134頁。

〔註31〕於賡哲、張彥靈：《唐代醫學人物神化考論》，《華中師範大學學報（哲學社會科學版）》，2013年第6期，第122～123頁。

人行四五里，頻服五劑，忌熱肉麵。〔註32〕

　　《醫心方》所引《廣利方》即《貞元集要廣利方》，是唐德宗於貞元年間（785 年～805 年）下令敕修。由此可見，《廣利方》首列病狀，次列經方，再列服用方法，最後再列服藥禁忌。這種組合方式與上文所述《外臺秘要》等經方基本相似，應該是隋唐時期比較流行的經方撰作形式。又如李時珍《本草綱目》一書中保存的劉禹錫《傳信方》佚文，記載了一些治療傳染病醫方，「血痢內熱，海蛤末，蜜水調服二錢，日二」。〔註33〕

〔註32〕（日）丹波康賴撰，高文柱校注：《醫心方》卷 3，北京：華夏出版社，2011
　　　　年，第 280 頁。
〔註33〕（明）李時珍撰：《增補本草綱目》，北京：中國醫藥科技出版社，2016 年，
　　　　第 1146 頁。

第四章　醫術與隋唐宗教

一、佛教醫術

　　隋唐佛教醫籍主要保存在《大藏經》中，據劉怡和李良松統計「《大藏經》出現醫藥衛生方面的名詞述語多達 4600 條，有生理解剖、臟腑經絡方面的名詞，還有醫療、藥物學、心理、病名及醫事雜論方面的術語等。」〔註1〕故本節對隋唐佛教醫籍研究，以《大藏經》收錄醫經為中心，兼及其他文獻所載佛教醫籍。《大藏經》所載隋唐佛教醫籍約有一百七十五種，梁玲君依據《佛教醫籍總目提要》的分類方式，「將這些佛經文獻分為佛經醫論和涉醫佛經，從論、診斷、治療及養生等不同角度揭示醫藥學的內涵，隋唐五代佛經論醫佛經共計 38 部，既有以專著的形式闡釋醫藥學內容者，亦有以某些篇章，即「品」進行醫藥學內容的專門論述。」〔註2〕佛經中專著性的論醫文獻有 16 部。其中，有一些佛經是著重論述治病方法，諸如咒語療法、藥物療法等，有《能淨一切眼疾病陀羅尼經》〔註3〕、《千手千眼觀世音菩薩治病合藥經》〔註4〕、

〔註1〕劉怡，李良松：《〈大藏經〉中的醫藥學》，《天津中醫學院學報》，2000 年第 1 期，第 48～49 頁。

〔註2〕梁玲君：《隋唐五代佛醫學研究》，北京中醫藥大學博士學位論文，2021 年，第 25 頁。

〔註3〕（唐）不空譯：《能淨一切眼疾病陀羅尼經》，《大正新修大藏經》第 21 冊，臺北：新文豐出版有限公司，2020 年。

〔註4〕（唐）伽梵達摩譯：《千手千眼觀世音菩薩治病合藥經》，《大正新修大藏經》第 20 冊，臺北：新文豐出版有限公司，2020 年。

《佛說療痔病經》〔註5〕、《除一切疾病陀羅尼經》〔註6〕等。有一些是專門論述藥物，如《藥師琉璃光如來本願功德經》〔註7〕、《佛說藥師如來本願經》〔註8〕等。

佛教醫理中比較重要的是四大病說，其指「凡人火氣不調，舉身蒸熱；風氣不調，全身強直，諸毛孔閉塞；水氣不調，身體浮腫，氣滿喘粗；土氣不調，四肢不舉，言無音聲。火去則身冷，風止則氣絕，水竭則無血，土散則身裂」〔註9〕，以四大學說來解釋人的生命現象是佛教醫籍中較為常見的，如《維摩經略疏》便對四大非病和四大成病進行了比較詳細的論述：

> 三問成病法。所以問者，夫病約身，身有四大如四毒蛇更相殘害，《大論》明四蛇相逐恒相殘害，一大不調百一病惱。故文云：菩薩為眾生故有生死，有生死則有病。何以故？以其應受此毒蛇身即有四大。今現身有疾，何大病耶？淨名答言：非地大。若地是病，土石林木亦應是病，若此等非病，云何得言地大是病。水火風大亦復如是。外四大既非，內亦應爾。復次，若四大是病，有此四大即應是病，何得或有或無，若無病時應無四大。雖有四大有無病時，當知病非四大，亦不離四大者，只約此身，得論有病。臂如因的則有箭中，豈離四大而別論病，故言「不離地大」。淨名亦爾，雖同實疾，何必頓同為病苦耶，故言非四大也。「不離」者，淨名為此實疾，是故應同應疾之由，良為實疾。故言不離不即，不離以論權病。又非地大者如請觀音言，地無堅性、水性不住、火從緣生、風性無礙，一一皆入如實之際，四大實際即非病也，故言非四大。不離者，眾生不了四大如實，故起諸病。是以應身同四大病，故說不離。故淨名云：以眾生病從四大起，以其有病，是故我病者，眾生四大所成

〔註5〕 （唐）義淨譯：《佛說療痔病經》，《大正新修大藏經》第21冊，臺北：新文豐出版有限公司，2020年。

〔註6〕 （唐）不空譯：《除一切疾病陀羅尼經》，《大正新修大藏經》第21冊，臺北：新文豐出版有限公司，2020年。

〔註7〕 （唐）玄奘譯：《藥師琉璃光如來本願功德經》，《大正新修大藏經》第14冊，臺北：新文豐出版有限公司，2020年。

〔註8〕 （隋）達摩復多譯：《佛說藥師如來本願經》，《大正新修大藏經》第14冊，臺北：新文豐出版有限公司，2020年。

〔註9〕 （唐）孫思邈著，李景榮等校釋：《備急千金要方校釋》卷1，北京：人民衛生出版社，2014年，第10頁。

應同亦現四大所成，四大即是成病之法。〔註10〕

　　《維摩經略疏》指出四大即病是醫理認知上的誤區，以「地大是病」為例，淨名認為地大非病，如若「地是病」，則與地相關之物皆是病。所以四大並不是病，但四大皆可導致疾病產生。何以四大致病？淨名提出人身形成以四大為恃，所以由四大所致之病便會作用於人體之中。職是之故，人體在患病時，體內四大不調，就如四類毒蛇互相侵害。此外，佛教醫籍對人體疾病種類的記載也頗為豐富，如《阿毗達磨法蘊足論》云：「復次老時，受三種苦：一者苦苦，二者行苦，三者壞苦。故名老苦。云何病苦？病謂頭痛、眼痛、耳痛、鼻痛、舌痛、面痛、唇痛、齒痛、膀痛、喉痛、心痛、風病、嗽病、氣病、噎病、癩病、痔病、癊病、麻病、寒病、熱病、癲病、癇病、嘔逆瘡腫、癬疥痤癭、帶下漏泄、疝癖枯痔，及餘種種依身心起、身心疹疾，總名為病。」〔註11〕可以看出，現代醫學中五官類疾病，神經類疾病，皮膚類疾病，內科疾病，心腦血管疾病等在《阿毗達磨法蘊足論》都有所體現。

　　不僅如此，隋唐時期佛家方藥盛行，與方藥相關的唐詩也頗為豐富，如貫休在《施萬病丸》中云：「葫蘆盛藥引如風，病者與藥皆惺聰。藥王藥上親兄弟，救人急於己諸體。玉毫調御偏讚揚，金輪釋梵咸歸體。救人急於己諸體。賢守運心亦相似，不吝親親拘子子。曾聞古德有深言，由來大士皆如此。」〔註12〕在眼病治療中，隋唐時期的佛教醫術有金針撥障術，此術是佛醫治療眼疾的獨有技藝。據王燾《外臺秘要方》記載有一種從隴上道人處學到的僧人治療眼疾的醫方，名為金針撥障術。據《外臺秘要方》記載：

　　　　故目有條貫，以示後人，皆若眼無所因起，忽然膜膜，不痛不癢，漸漸不明，經歷年歲，遂致失明，令觀容狀，眼形不異，唯正當眼中央小珠子裏，乃有其障，作青白色，雖不辨物，猶知明暗三光，知晝知夜，如此之者，名作腦流青盲，都未患時，忽覺眼前時見飛蠅黑子，逐眼上下來去，此宜用金篦決，一針之後，豁若開雲，而見白日，針訖宜服大黃丸，不宜大泄，此疾皆由虛熱兼風所

〔註10〕（隋）智顗著：《維摩經略疏》，《大正新修大藏經》第 38 冊，臺北：新文豐出版有限公司，2020 年，第 660 頁。

〔註11〕（唐）玄奘譯：《阿毗達磨法蘊足論》，《大正新修大藏經》第 26 冊，臺北：新文豐出版有限公司，2020 年，第 480 頁。

〔註12〕（清）彭定求等編：《全唐詩》卷 828，北京：中華書局，1999 年，第 9332～9333 頁。

作也。〔註13〕

王燾所述名為「金篦決」的佛教醫術也常出現在唐詩之中，如李商隱詩曰「約眉憐翠羽，刮膜想金篦」〔註14〕，劉禹錫《贈眼醫婆羅門僧》詩云：「看朱漸成碧，羞日不禁風。師有金篦術，如何為發蒙」。〔註15〕白居易在得眼疾後，找來當時的眼科專書《龍樹論》認真地查閱，並買來「決明丸」準備服用。他還考慮一旦服藥無效，就求助於手術治療，用金篦來刮除眼中的障射。白居易用詩歌記述了這一過程，詩云：「案上漫鋪《龍樹論》，合中虛貯決明丸。人間方藥應無益，爭得金篦試刮看」。〔註16〕白居易所看《龍樹論》應為《龍樹菩薩眼論》，丹波元胤《中國醫籍考》考證《龍樹菩薩眼論》得出：「世傳龍樹菩薩能療眼疾，故往往假託以神其書，今如是書，文辭古雅，與《外臺秘要‧謝道人論》相出入，而證治之法，針嫌之術，其精微非彼所及。又有波斯之法，與漢土用藥不同，謂是或隋唐間人傳錄夷法」。〔註17〕

由此可見，佛教醫術不僅對醫理有著深刻的闡發，而且對人體疾病的認識也比較全面，也正如此隋唐民間對佛教醫術有著廣泛的接受與認可。通過對隋唐五代醫藥文獻中漢譯佛經部分的研究，可以對其醫學原理、診治方案、用藥規則等醫學思想加以發掘，從而對隋唐佛教醫術理解得以深化。

二、道教醫術

掌握醫術的道士群體一般被稱作「道士醫師」，據《太上靈寶五符序》記載：「凡道士醫師但知按方治身而不知伏屍在人腹中，固人藥力，令藥不效，皆三蟲所為。」〔註18〕隋唐時期的道教醫術形成了豐富的結構層次，胡孚琛先生指出：「道教醫藥學大致包括三個部分，其核心部分是仙藥、本草、醫方、

〔註13〕（唐）王燾撰，高文鑄校注：《外臺秘要方》卷21，北京：華夏出版社，1993年，第391頁。

〔註14〕劉學鍇、余恕誠著：《李商隱詩歌集解》，北京：中華書局，2004年，第936頁。

〔註15〕（唐）劉禹錫撰，卞孝萱校訂：《劉禹錫集》卷29，北京：中華書局，1990年，第397頁。

〔註16〕謝思煒校注：《白居易詩集校注》卷24，北京：中華書局，2006年，第1923頁。

〔註17〕（日）丹波元胤撰：《中國醫籍考》，北京：人民衛生出版社，1956年，第918頁。

〔註18〕（魏晉）佚名：《太上靈寶五符序》卷中，《道藏》第6冊，上海：上海書店出版社，1988年，第331頁。

針灸等，大致範圍相當於世俗的中醫學和中藥學……道教醫藥學的中間層部分是導引、按摩、氣法、辟穀、房中、存思、飲食療養及起居禁忌等，這是靠自我攝養和調諧精、氣、神來防病抗病的技術。道教醫藥學的外層部分是符水、藥籤、祝由、祭祀、齋醮等調整社會環境和心理環境的治療方法，具有強烈的宗教特徵。」〔註19〕胡孚琛先生對道教醫術的劃分，與吉元昭治在《道教與不老長壽醫學》中對道教醫學的劃分基本一致〔註20〕，本節依據這一劃分主要論述道教醫術的核心層次醫方、醫理和針灸等，而核心層的仙藥，中間層的導引、房中、按摩、存思等內容主要在本書《外丹與隋唐服食》、《房中與隋唐導引》相關章節進行論述。

　　道教醫術在治療疾病上有時比官醫效果顯著，如《酉陽雜俎》記載：「荊人道士王彥伯，天性善醫，尤別脈，斷人生死壽夭，百不差一。裴胄尚書子忽暴中病。眾醫拱手，或說彥伯，速迎使視。脈之良久，曰：『都無疾』，乃煮散數味，入口而愈。裴問其狀，彥伯曰：『中無鰓鯉魚毒也。』其子因鱠得病。裴初不信，乃鱠鯉魚無鰓者，令左右食之，其候悉同，始大驚異焉」。〔註21〕裴胄之子身染惡疾，請眾醫治療都不奏效，王彥伯診脈之後，煮散劑數種，入口便愈。難能可貴的是王彥伯不僅給權貴治病，他還以醫道濟民，「（王彥伯）自言醫道將行，時列三四灶，煮藥於庭，老少塞門而請。彥伯指曰：『熱者飲此，寒者飲此，風者飲此，氣者飲此。』皆飲之而去。翌日，各負錢帛來酬，無不效者」。〔註22〕王彥伯煮藥於庭，以熱、寒、風、氣四類症狀分設藥湯，供百姓取用，服用之後皆所奏效。又如《太平廣記》記載：

　　　　李太師吉甫，在淮南，州境廣疫……謂諸客曰：「弊境疾屬，亡歿相踵，諸賢傑有何術可以見救？」下坐有一秀才起應曰：「某近離楚州，有王煉師，自云從太白山來，濟拔江淮疾病，休糧服氣，神骨甚清。得力者已眾。」……旬日至，館於州宅，稱弟子以

〔註19〕胡孚琛：《道教醫藥學述要》，《中國中醫基礎醫學雜誌》，1995 年第 4 期，第17 頁。

〔註20〕參見（日）吉元昭治著，楊宇譯：《道教與不老長壽醫學》，成都：成都出版社，1992 年。

〔註21〕（唐）段成式撰，方南生點校：《酉陽雜俎》前集卷 7，北京：中華書局，1981年，第 74 頁。

〔註22〕（唐）李肇：《唐國史補》卷中，上海：上海古籍出版社，1957 年，第 95 頁。

祈之。王生曰：「相公但令於市內多聚龜殼大鑊巨甌，病者悉集，無慮不瘳。」李公遽遣備之。既得，王生往，令濃煎。重者恣飲之，輕者稍減，既汗皆愈。李公喜，既與之金帛，不受。不食，寡言。〔註23〕

　　李吉甫鎮守淮南，境內發生疫情，官醫束手無策〔註24〕，只能延請王道士前來救治。王生成功的對淮南疫情進行了救治，但他並未接受李吉甫的饋贈。

　　值得一提的是，道教醫術不僅在治療疾病上準確高效，而且在醫理探索上也有自己的特色。玄珠先生是唐代著名的道教醫者，對醫理研究頗為深入，據《醫說》記載：「玄珠先生不知何許人，隱顯莫測，唯太僕令王冰識其為異人，乃師事之。玄珠洞明《素問》，究極微奧，秘授妙旨，教冰五臟六氣修煉之法、草石性理、祛邪去疾神方，由是冰乃注大經《素問》，至一為醫家宗範」。〔註25〕玄珠先生醫術精深，刻苦鑽研醫理著作《黃帝內經素問》，王冰拜他為師，學習醫理五臟六氣修煉之道，並注釋《黃帝內經太素》，流傳後世。

　　王冰在其師基礎上對醫理探索又有所精進，不僅更加系統深入，而且留下多部醫學著作。據《古今醫統》記載王冰在唐代宗寶應中為太僕令，道號啟玄子，意為受其師玄珠先生啟蒙，才篤志醫術，得玄珠所藏《太素》及全元起書，重加編次，注《素問答》八十一篇，二十四卷；又著《玄珠》十卷，《昭明隱旨》三卷。〔註26〕王冰在道教醫術上的貢獻主要是完善了「五運六氣」的醫學理論〔註27〕，該理論源自於《黃帝內經素問》的「運氣七

〔註23〕（宋）李昉等編：《太平廣記》卷48「神仙四十八」，北京：中華書局，1961年，第297頁。
〔註24〕唐代地方設有醫博士，具體參看第一章《隋唐醫人群體》。
〔註25〕（宋）張杲撰：《醫說》卷1，見《景印文淵閣四庫全書》第742冊，臺北：臺灣商務印書館股份有限公司，1986年，第35頁。
〔註26〕（清）陳夢雷等編：《古今圖書集成》卷507《醫術名流列傳》，北京：中華書局，1986年，第147頁。
〔註27〕據尹諾男、謝萌、鮑丹瓊、金權等人研究，認為王冰屬於道醫。本文認為可以成立。參見尹諾男等：《王冰學術思想析辨》，《中華中醫藥雜治》，2021年第4期；謝萌：《隋唐時期醫人群體研究》，西北大學碩士論文，2015年；鮑丹瓊：《唐代的道醫與道教醫學》陝西師範大學碩士論文，2015年；金權：《唐代醫家王冰與道教關係再研究》，《宗教學研究》，2016年第1期。

篇」〔註28〕，將五運六氣理論和藏象理論作了搭配。〔註29〕王冰注《五運行大論》曰：

> 東方生風，風生木，木生酸，酸生肝，肝生筋，筋生心。其在天為玄，在人為道，在地為化。化生五味，道生智，玄生神；化生氣。神在天為風，在地為木，在體為筋，在氣為柔，在藏為肝……南方生熱，熱生火，火生苦，苦生心，心生血，血生脾；其在天為熱，在地為火，在體為脈，在氣為息，在藏為心……中央生濕，濕生土，土生甘，甘生脾，脾生肉，肉生肺；其在天為濕，在地為土，在體為肉，在氣為充，在藏為脾……西方生燥，燥生金，金生辛，辛生肺，肺生皮毛，皮毛生腎；其在天為燥，在地為金，在體為皮毛，在氣為成，在藏為肺……北方生寒，寒生水，水生鹹，鹹生腎，腎生骨髓，髓生肝；其在天為寒，在地為水，在體為骨，在氣為堅，在藏為腎。〔註30〕

《五運行大論》的這段論述，在《黃帝內經素問·陰陽應象大論》的基礎上，增補了在天、在地、在體、在氣、在藏的論說。〔註31〕針對王冰完善的「五運六氣」為基礎的醫學體系，明代醫者余午亭認為：「五運者，五行也，乘乎天干。六氣者，風、火、暑、濕、寒、寒之氣也，乘乎地支。甲、丙、戊、庚、壬，五陽年為先天，其名為太過；乙、丁、己、辛、癸，五陰年為後天，其名為不及。此五運之概也。至於六氣，則宜辨對化，審主客，視當年之支干，有餘不足以為度量。即此推之，而民疾可驗矣。」〔註32〕可以看出，余午亭對王冰的「五運六氣」醫學理論是持認可之態的。

綜上所述，王冰的「五運六氣」理論認為人的行為應該以時而動，依據所處時節來合理調養身體，從而達到提高身體抵抗力，減少患病風險目的。

〔註28〕據樊經洋研究王冰對《黃帝內經素問》的「運氣七篇」作了編次補注，而不是重新撰作。參見樊經洋：《〈黃帝內經素問〉「運氣七篇」思想研究》，北京大學博士學位論文，2020年。

〔註29〕傅景華、陳心智點校：《黃帝內經素問》，北京：中醫古籍出版社，1997年，第15頁。

〔註30〕傅景華、陳心智點校：《黃帝內經素問》，北京：中醫古籍出版社，1997年，第106頁。

〔註31〕姚春鵬譯注：《黃帝內經》卷2，北京：中華書局，2010年，第55頁。

〔註32〕（清）程杏軒撰：《醫述》卷1，合肥：安徽科學技術出版社，1983年，第40頁。

王冰通過對「五運六氣」理論的細緻闡述，如對五運六氣內涵界定，五運六氣與人體五臟之間關係（五運、五行與五臟的聯繫），五運六氣與寒暑節候之間關係（六氣與四時寒暑的聯繫）等諸多方面提出了自己獨特的見解，從而在隋唐醫學理論上開闢出了獨具特色的「氣運」說理論。〔註33〕

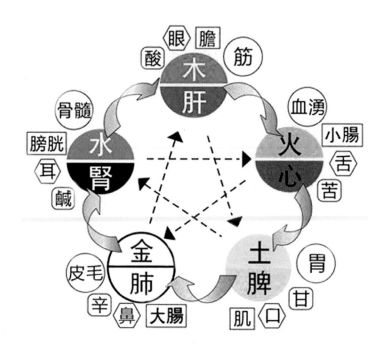

圖1　五臟五行圖

採藥也是隋唐時期道教醫術的重要組成部分。採藥有時間限制，須依時而採，還要準確識別出藥草種類等，所以採藥之人須有明辨藥性的醫術。孫思邈指出：「古之善為醫者，皆自採藥，審其體性所主，取其時節早晚，早則藥勢未成，晚則盛勢已歇。」〔註34〕文獻記載中多有道士採藥的經歷，如李群玉《別尹煉師》：「南窮衡疑秀，採藥歷幽絕」〔註35〕，孟浩然《白雲先生

〔註33〕關於王冰的五運六氣理論，也可參見張登本：《王冰與〈玄珠密語〉源流考》，《中華中醫藥學刊》，2005年第4期，第586～588頁。

〔註34〕（唐）孫思邈撰，李景榮等校釋：《備急千金要方校釋》卷1，北京：人民衛生出版社，2014年，第12頁。

〔註35〕（清）彭定求等編：《全唐詩》卷568，北京：中華書局，1999年，第6581頁。

往返見訪》：「居閒好芝術，採藥來城市」。〔註36〕採藥過程也比較艱辛，李中《胎廬山清溪觀王尊師》：「霞被星冠復杖藜，積年修煉住靈溪。松軒睡覺冷雲起，石碰坐來春日西。採藥每尋岩徑遠，彈琴常到月輪低。鼎中龍虎功成後，海上三山去不迷。」〔註37〕王尊師在採藥時，不僅需要早起，採藥之地也在山林偏遠之處。

隋唐時期道教中也湧現出了以女道士胡愔為代表的女性道醫群體，胡愔在《黃庭內景五臟六腑補瀉圖並序》中記述自己的習醫經歷：「夙性不敏，幼慕玄門，煉志無為，棲心淡泊，覽《黃庭》之妙理，窮碧簡之遺文，焦心研精，屢更歲月……今敢搜羅管見，罄竭諛聞，按據諸經，別為圖式，先明臟腑，次說修行，並引病源，吐納除疾，旁羅藥理，導引屈伸，察色尋證，月禁食禁。庶使後來學者披圖而六情可見，開經而萬品昭然」。〔註38〕胡愔在道教醫術中提出了「先明臟腑，次說修行」的醫學理論，她強調道教修行必須建立在對人體臟腑明確認知的基礎上。

隋唐時期道教醫者不僅擅於療疾，還多不接受饋贈，據《太平廣記》記載一位擅長針灸的道士：

> 德宗時，有朝士墜馬傷足，國醫為針腿，去針，有氣如煙出，夕漸困憊，將至不救，國醫惶懼。有道士詣門云：「某合治得」。視針處，責國醫曰：「公何容易，死生之穴，乃在分毫，人血脈相通如江河，針灸在思其要津。公亦好手，但誤中孔穴」。乃令移床就前，於左腳氣滿處下針曰：「此針下，彼針跳出，當至於簷板」。言畢，遂針入寸餘，舊穴之針拂然躍至簷板，氣出之所，泯然而合，疾者當時平愈。朝士與國醫拜謝，以金帛贈遺，道士不受，吸茶一盞而去，竟不知所之矣。〔註39〕

這位道醫指出了針灸治療的要津，在於掌握穴位的正確位置，並以精湛的醫術，贏得了尊敬，但他卻不取報酬。又如《歷世真仙體道通鑒》記載：

〔註36〕（唐）孟浩然撰，李景白校注：《孟浩然詩集校注》，北京：中華書局，2018年，第132頁。

〔註37〕（清）彭定求等編：《全唐詩》卷749，北京：中華書局，1999年，第8534頁。

〔註38〕（唐）胡愔撰：《黃庭內景五臟六腑補瀉圖並序》，《道藏》第6冊，上海：上海書店出版社，1988年，第687頁。

〔註39〕（宋）李昉等編：《太平廣記》卷83「異人三」，北京：中華書局，1961年，第536頁。

　　道士劉知古字光玄，其先彭城沛人也……視名利若仇讎，惟從
　事於道。唐高宗龍朔中，出家為太清觀三洞道士……明皇開元中，
　天災流行，疾疫者十有八九，上召知古治之。乃歎曰：「火德星君聖
　人，亦療。下法煉藥，上醫察聲，至於針艾，不其遠矣」。遂以色代
　脈，用氣蠲病。故能膏肓河決，腠理雪散，其精妙之如此。上寵錫，
　皆不受。天寶十九年，詔知古兼內史田思崇醮二十四位。久之，乞
　還蜀，請以居第為大千秋觀。上親書額賜之。〔註40〕

　　劉知古精於醫術，唐玄宗令其救治百姓，並對其賞賜頗多，劉知古並未
接受，只是請求回蜀地居住。

　　綜上所述，道教醫術的內涵主要包括醫學藥物、醫學理論、醫學技能、醫
學方劑等幾方面。就醫學藥物來說，道教醫術形成了較為成熟的藥物管理方案，
大致含括種藥、採藥、貯藥、賣藥與施藥等方面；在醫學理論上，豐富了「五
運六氣」的醫學內涵，深化了人體五臟的認知；在醫學技能方面，主要涉及湯
藥、切脈、針灸三類；在醫學方劑中，對流行疫病提供了有效的治療散劑。此
外，道教醫者不僅醫術高超，而且他們大都品德高尚，為人治癒疾病後，多不
取報酬，其以救世濟人為上功，因而具有重義輕利、以人為貴的醫德觀。

三、其他宗教醫術

　　景教醫術。景教醫者擅長運用開腦手術來治療風病和眼疾。據《經行紀》
記載：「大秦人善醫眼及痢，或未病先見，或開腦出蟲」。〔註41〕在唐代，確
有專醫眼疾的秦僧。李德裕《第二狀奉宣令更商量奏來者》記載蜀地蠻擄掠
成都、華陽八千人，後為李德裕所破，發現其中：「一人是子女錦錦，雜劇丈
夫兩人，醫眼人秦僧一人，余並是尋常百姓，並非工巧。」〔註42〕季羨林先
生也認為開顱手術在現代是司空見慣，但在古代卻是神奇的。然而又確有其
事，不能否認，大秦人能開腦出蟲，以愈目眚。〔註43〕事實上，唐代醫人對
眼疾治療也受到了景教醫術的影響。據《大唐新語》記載：「高宗末年，苦風

〔註40〕　（元）趙道一撰：《歷世真仙體道通鑑》，《道藏》第 5 冊，上海：上海書店出
　　　　　版社，1988 年，第 282 頁。
〔註41〕　（唐）杜佑撰，王文錦等點校：《通典》卷 193《邊防典》，北京：中華書局，
　　　　　1988 年，第 5266 頁。
〔註42〕　（清）董誥等：《全唐文》卷 703，北京：中華書局，1983 年，第 7220 頁。
〔註43〕　季羨林：《印度眼科醫術傳入中國考》，《國學研究》，1994 年第 2 期，第 555～
　　　　　560 頁。

眩頭重，目不能視。……命刺之。（秦）鳴鶴刺百會及腦戶出血。高宗曰：吾眼明矣」。〔註44〕馬伯英先生據此提出：「亨利玉爾著《古代中國聞見錄》稱：『聶派教徒，多精歧黃術』。德國學者夏德（F. Hirth）指出：『景教徒多擅醫術，在西亞負有盛名。他們譯希臘醫書為阿拉伯文』，可為旁證。《希波克拉底文集》第九卷中說：『當眼睛毫無顯著病症便失明時，可以在頭頂部切開，把柔軟的幾部分分開，穿過頭骨，使液體全部流出。這是一種療法，用此法病人便能治癒。』秦鳴鶴所行之術與此相似。刺血治法也屬古代歐洲療治術，由景教徒來華盛行，比較接近事實。」〔註45〕可見，秦鳴鶴治療眼疾的醫術很可能受到景教醫術的影響，如黃蘭蘭認為「秦鳴鶴所使用的是刺穴放血醫術，通過施針間接刺激腦部，來疏解眼睛壓力，從而治療眼疾，這不同於治療白內障的印度眼醫用金針拔除病人的眼膜使其恢復視力的方法」，從而進一步提出秦鳴鶴為景教醫者的觀點。〔註46〕從唐高宗的病情與秦鳴鶴的醫治手法來看，即使秦鳴鶴不是景教醫者，他必然也受到景教醫術的影響。景教醫者為唐代皇室成員診治疾病的例子，見於記載的還有《酉陽雜俎》：「（開元二十八年冬）寧王憲寢疾，上命中使送醫藥，相望於道。僧崇一療憲稍瘳，上悅，持賜崇一緋袍魚袋」。〔註47〕關於僧崇一的身份，有學者認為他是一名醫術精湛的景教僧人〔註48〕不僅如此，景教醫方在唐代也有流傳，據孫思邈《千金翼方》中記載一種來自波斯的「悖散湯」，又名牛乳補虛破氣方，由牛乳三升、蓽撥半兩組成，本方由阿拉伯商人傳入中原，其功效為「補虛破氣……除一切氣」，並指出：「波斯國及大秦甚重此法」。〔註49〕由此可見，以技術為治療手段的景教醫術，不僅在歐洲盛行，也對隋唐時期眼科手術的治療產生了影響。

　　伊斯蘭教醫術。伊斯蘭教醫術與景教醫術注重技術手段治療疾病不同，

〔註44〕 （唐）劉肅編，許德楠、李鼎霞校：《大唐新語》卷9，北京：中華書局，1984年，第141～142頁。

〔註45〕 馬伯英著：《中國醫學文化史》，上海：上海人民出版社，1994年，第303頁。

〔註46〕 黃蘭蘭：《唐代秦鳴鶴為景醫考》，《中山大學學報》，2002年第5期，第61～67頁。

〔註47〕 （唐）段成式撰，方南生點校：《酉陽雜俎》前集卷3，北京：中華書局，1981年，第38頁。

〔註48〕 參見陳垣著：《基督教入華史》，載《陳垣學術論文集》（第一輯），北京：中華書局，1980年，第97頁。王治心著：《中國基督教史綱》，上海：上海文海出版社，1940年，第41頁。

〔註49〕 （唐）孫思邈著，李景榮、蘇禮、任娟莉等校釋：《千金翼方校釋》卷12，北京：人民衛生出版社，2014年，第330頁。

而是以藥物治療為主，如《太平廣記》記載：「高仙芝伐大食，得訶黎勒。長五六寸，初置抹肚中，便覺腹痛，因快痢十餘行，初謂訶黎勒為崇，因欲棄之，以問大食長老，長老云：『此物人帶，一切病消，痢者出惡物耳。』仙芝甚寶惜之，天寶末被誅，遂失所在」。〔註50〕伊斯蘭教醫者認為將訶黎勒這種藥物帶在身上，可以祛除人體疾病，排出人體毒物。值得一提的是，訶黎勒是伊斯蘭教治療疾病的常見藥物，如《聖濟總錄》記載有治胃虛冷的「蓽茇丸方」，其成份為蓽茇、高良薑、肉豆蔻、桂、縮砂、附子、白術、胡椒、訶黎勒。〔註51〕在藥引的使用上，隋唐醫學也受到阿拉伯醫方的影響，《證類本草》引唐亡佚《經驗方》云：「催生丹：兔頭兩個，臘月內取頭中髓，塗於淨紙上，令風吹乾，通明乳香二兩碎，入前乾兔腦髓同研，來日是臘，今日先研，侯夜星宿下，安草子上……每服一丸，醋湯下」。〔註52〕馬建春認為這正與伊本‧西拿所著伊斯蘭教醫籍《醫典》中「野兔的胃洗淨後，用醋浸泡三日，然後服用，能順產。並能除淨子宮的濕液」之記載相同。〔註53〕此外，唐人鄭虔所著的《胡本草》記載了大量的阿拉伯藥物，在唐玄宗想要去西域求靈藥，監察御史楊範臣進諫「胡藥之性，中國多不能知」的影響下〔註54〕，鄭虔進一步搜集整理伊斯蘭教藥物和應用經驗，寫成專門討論胡藥的本草著作《胡本草》七卷，為後世研究外來藥物留下了寶貴的資料。〔註55〕從唐代時起，東傳的伊斯蘭教藥物已有製成丸、散者，到宋代，這種情形則更加普遍，丸、散的比重增大，湯劑減少，以《太平惠民和劑局方》為例，丸、散躍居一、二位，湯劑則退居第三。〔註56〕綜上所述，伊斯蘭教醫術擅長藥物治療，其藥物通過東傳，不僅為隋唐帝國提供了大量藥材，還豐富了隋唐醫術的治療經驗。

〔註50〕（宋）李昉等編：《太平廣記》卷414「草木九」，北京：中華書局，1961年，第3370頁。

〔註51〕（宋）趙佶敕編，王振國，楊金萍主校：《聖濟總錄》卷47，北京：中國中醫藥出版社，2018年，第1119頁。

〔註52〕（宋）唐慎微撰，尚志鈞等校點：《證類本草》卷17，北京：華夏出版社，1993年，第459～460頁。

〔註53〕王希隆主編：《西北少數民族史研究》，北京：民族出版社，2003年，第130頁。

〔註54〕（宋）司馬光編著，（元）胡三省音注：《資治通鑒》卷211，北京：中華書局，1956年，第6718頁。

〔註55〕李良松：《中阿傳統醫學的相互交流與影響探論》，《世界中醫藥學會聯合會中醫藥文化專業委員會第一屆學術研討會論文集》，2015年，第52～64頁。

〔註56〕王希隆主編：《西北少數民族史研究》，北京：民族出版社，2003年，第130頁。

第五章　醫術與隋唐社會

一、醫術與隋唐政治

醫術作為隋唐社會重要的組成部分，與隋唐政治有著密切的聯繫。皇帝不僅多次下詔頒布醫經，而且自己也親自參與到醫經的編撰之中。如唐德宗於貞元年間（785 年～805 年）下令敕修《貞元廣利方》五卷，其《頒廣利方敕》稱：

> 敕：立國之道，莫重於愛民，育物之心，期臻於壽域。故安其性命，順其節宣，使六氣不差，百疾不作，斯也救人之要也。朕以聽政之暇，思及黎元，每慮溫濕不時，壅鬱為癘。或僻遠之俗，難備於醫方；或貧匱之家，有虧於藥石。失於救療，遂至傷生，言念於茲，載深憂軫。屬春陽在候，寒暑方交，閭里之間，頗聞疾患。每因服餌，尤感予衷，遂閱方書，求其簡要。並以曾經試用，累驗其功，及取單方，務於速效。當使疾無不差，藥必易求，不假遠召醫工，可以立救人命。因加纂集，以便討尋，類例相從，勒成五卷，名曰：《貞元集要廣利方》。宜付所司，即頒下州府，閭閻之內，咸使聞知。〔註1〕

唐德宗在敕書中指出所頒經方的特點是簡要易學，親自服用，確有功效，藥材易求，可以速效等，因此偏遠地區百姓可以不用求醫，便可立治疾病。唐代皇帝在大力普及醫經的同時，還不斷從民間徵召醫術高超的醫者，

〔註1〕（宋）宋敏求編，洪丕謨等點校：《唐大詔令集》卷 114「醫方」，上海：學林出版社，1992 年，第 545 頁。

玄宗曾頒布《考試博學多才道術醫藥舉人詔》：「博學多才道術醫藥舉人等，先令所司表薦，兼自聞達，敕限以滿，須加考試。博學、多才舉人限今來四月內集。道術、醫藥舉人限閏三月內集。其博學科試明三經兩史已上，帖試稍通者。多才科試經國商略大策三道，並試雜文三道，取其詞氣高者。道術醫藥舉取藝業優長試練有效者。宜令所由依節限處分。（開元二十二年三月）。」〔註2〕唐代皇帝甚至還將從民間選取醫人入仕列為常例，據《唐會要》記載：「乾元元年二月五日制：『自今已後，有以醫術入仕者，同明經例處分。』至三年正月十日，右金吾長史王淑奏：『醫術請同明法選人，自今已後，各試醫經方術策十道：《本草》二道、《脈經》二道、《素問》二道、張仲景《傷寒論》二道，諸雜經方義二道。通七以上留，已下放』」。〔註3〕唐肅宗乾元元年（758年）發布制誥，令醫術入仕者按照明經例執行，王淑依此擬定了醫術科具體考核辦法。

醫術高超者還會被召入宮廷為皇帝療病，《太平廣記》「紫花梨」條記載：「昔武宗皇帝御天下之五載。萬國事殷。聖情不懌。忽患心熱之疾。名醫進藥。厥疾罔療。遂博詔良能。遐徵和、緩。時有言青城山邢道士者。妙於方藥。帝即召見之。道士以肘後綠囊中青丹兩粒。及取梨數枚。絞汁而進之。帝疾尋愈」。〔註4〕唐武宗患心熱之疾，被青城山邢道士以丹藥和紫花梨汁水治癒，武宗因此對他進行厚賞，並「加廣濟先生之號」。〔註5〕許胤宗為新蔡王外兵參軍，儘管他並非醫官，但是在宮廷醫者技窮的情形下，也被召入宮中，為皇室成員治病，「王太后病風不能言，脈沉難對，醫家告術窮。胤宗曰：餌液不可進。即以黃耆、防風煮湯數十斛，置床下，氣如霧，薰薄之，是夕語。擢義興太守」。〔註6〕許胤宗僅為外兵參軍，但他為王太后治癒疾病，竟被超擢為義興太守，可見醫術與政治聯繫之緊密。醫者為皇帝治癒疾病，會得到

〔註2〕（宋）王欽若等編：《冊府元龜》卷639，北京：中華書局，2006年，第7390頁。

〔註3〕（宋）王溥撰：《唐會要》卷82《醫術》，北京：中華書局，1955年，第1525頁。

〔註4〕（宋）李昉等編：《太平廣記》卷411「草木六」，北京：中華書局，1961年，第3338～3339頁。

〔註5〕（宋）李昉等編：《太平廣記》卷411「草木六」，北京：中華書局，1961年，第3339頁。

〔註6〕（後晉）劉昫等撰：《舊唐書》卷191《方伎傳》，北京：中華書局，1975年，第5091頁。

賞賜加官的待遇，應該說在政治上已經獲得了特殊優待，但有時皇帝竟會因個人喜好，為醫者舉辦盛會。據《大唐荷恩寺故大德法津禪師塔銘並序》記載：「門人供奉談論大德沙門銳璨述……豈謂悟生若幻，知閱逝川，俾申菲奠，歆此行潦，謚曰法津禪師，仍配荷恩寺。未踰歲時，代宗皇帝以萬方為心，憂勞興疾，夢寐之際，遂見吾師，奉獻神膏，未踰翌日，厥疾乃療，遂賜院額號醫王寺，令將軍段公等就寺為師設千僧會。」[註7]法津禪師為唐代宗治癒疾病，不僅所在寺院被賜號醫王寺，代宗更是派將軍段公為其設千僧會。

　　事實上，醫者在為皇帝治病時並不都是一帆風順，如果無意間捲入皇室政治鬥爭，則處境會變得非常兇險。據《大唐新語》記載：「高宗末年，苦風眩頭重，目不能視。則天幸災逞己志，潛遏絕醫術，不欲其愈。及疾甚，召侍醫張文仲、秦鳴鶴診之，鳴鶴曰：『風毒上攻，若刺頭出少血，則愈矣。』則天簾中怒曰：『此可斬！天子頭上豈是試出血處耶？』鳴鶴叩頭請命，高宗曰：『醫之議病，理不加罪。且我頭重悶，殆不能忍，出血未必不佳。朕意決矣。』命刺之。鳴鶴刺百會及腦戶出血。高宗曰：『吾眼明矣。』言未畢，則天自簾中頂禮以謝鳴鶴曰：『此天賜我師也。』躬負繒寶以遺之。」[註8]高宗末年患有風病，目不能視，武則天急於取而代之，不願高宗痊癒。因此侍御醫秦鳴鶴在為高宗診治時，竟被武則天斥責，險被斬首，但在高宗的要求下，得以順利施展治療，最終高宗病情緩解。儘管武則天贈以秦鳴鶴許多珍寶，但顯而易見秦鳴鶴定會受到武則天的嫉恨。秦鳴鶴的處境還算有驚無險，但有些醫者便沒有這麼幸運。《舊唐書》記載：「十一年八月，同昌公主薨，懿宗尤嗟惜之。以翰林醫官韓宗召、康仲殷等用藥無效，收之下獄。兩家宗族，枝蔓盡捕三百餘人，狴牢皆滿。瞻召諫官令上疏，無敢極言。」[註9]唐懿宗最喜愛的同昌公主因為醫治無效去世，負責為其治療的醫官韓宗召和康仲殷家族竟因此全部下獄，事件牽連之廣多達三百餘人。

　　因為民間醫者可以被皇帝徵召，所以有些醫者竟結交皇帝近侍，來為自己謀取官位。據《資治通鑑》「宣宗大中九年（855年）」條載：「冬十一月，

〔註7〕周紹良主編：《唐代墓誌彙編》下冊，上海：上海古籍出版社，1992年，第1957頁。
〔註8〕（唐）劉肅編，許德楠、李鼎霞校：《大唐新語》卷9，北京：中華書局，1984年，第141～142頁。
〔註9〕（後晉）劉昫等撰：《舊唐書》卷177《劉瞻傳》，北京：中華書局，1975年，第4605頁。

以吏部侍郎柳仲郢為兵部侍郎，充鹽鐵轉運使。有閭閻醫工劉集，因緣交關禁中，上敕鹽鐵補場官。仲郢上言：『醫工術精，宜補醫官。若委務同鹽，何以課其殿最？且場官賤品，非特敕所宜親臣，未敢奉詔。』上批劉集宜賜絹百匹，遣之。它日見仲郢，勞之曰：『卿論劉集事甚佳』。」〔註10〕此事在《唐語林》中也有所記載：「柳僕射仲郢任鹽鐵使，奉敕：醫人劉集宜與一場官。集醫行閭閻間，頗通中禁，遂有此命。仲郢手疏執奏曰：『劉集之藝若精，可用為翰林醫官』。」〔註11〕「閭閻醫工」，胡三省注云：「醫工無職於尚藥局，不待詔於翰林院。但以醫術自售於閭閻之間，故謂之閭閻醫工。」〔註12〕劉集只是一位在民間行醫的醫者，但他竟通過皇帝近侍這條終南捷徑謀取到官位，雖然最終被柳仲郢駁回，但還是被皇帝賜絹百匹。劉集想以結交禁中的方式以獲取官職，雖然他最終並未成功，可一旦被皇帝所賞識，也會受到重用。例如唐文宗時，鄭注以藥術得幸，《舊唐書》記載：「鄭注，絳州翼城人，始以藥術遊長安權豪之門」。〔註13〕鄭注以醫術交接長安權豪之士，得以被王守澄所用，《舊唐書》記載：「大和中，神策中尉王守澄用事，委信翼城醫人鄭注、賊臣李訓，干竊時權」。〔註14〕鄭注在長安以醫術為豪門治病，後為宦官王守澄所知，被推薦給文宗，並為文宗治癒風病得效，進《藥方》一卷，甚得文宗、王守澄賞識。〔註15〕鄭注同樣只是閭閻醫工，交通中禁，飛黃騰達。所以，醫人交通中禁而獲授官職，劉集與鄭注是同一情況，只不過劉集因柳仲郢所阻沒有成功，而鄭注卻因王守澄的推薦受到重用。

當然，皇帝對其所崇信的大臣，高僧大德等也會派專門的御醫為其予以診治，如《大慈恩寺三藏法師傳》記載：「法師少因聽習，及往西方，涉凌山、雪嶺，遂得冷病，發即封心，屢經困苦。數年已來，憑藥防禦得定。今夏五

〔註10〕（宋）司馬光編著，（元）胡三省音注：《資治通鑒》卷 249，北京：中華書局，1956 年，第 8057～8058 頁。

〔註11〕（唐）王讜撰，周勳初校證：《唐語林校證》卷 2，北京：中華書局，1987 年，第 91 頁。

〔註12〕（宋）司馬光編著，（元）胡三省音注：《資治通鑒》卷 249，北京：中華書局，1956 年，第 8057～8058 頁。

〔註13〕（後晉）劉昫等撰：《舊唐書》卷 169《鄭注傳》，北京：中華書局，1975 年，第 4399 頁。

〔註14〕（後晉）劉昫等撰：《舊唐書》卷 52《后妃下》，北京：中華書局，1975 年，第 2199 頁。

〔註15〕（後晉）劉昫等撰：《舊唐書》卷 169《鄭注傳》，北京：中華書局，1975 年，第 4400 頁。

月，因熱追涼，遂動舊疾，幾將不濟。道俗憂懼，中書聞奏，敕遣供奉上醫尚藥奉御蔣孝璋、針醫上官瓊專看，所須藥皆令內送」。〔註16〕玄奘法師因為深受唐太宗的器重，所以在其生病之時，專門派遣尚藥奉御蔣孝璋、針醫上官瓊等御醫為他進行治療。又如《舊唐書》記載：「（張）嘉貞以疾請就醫東都，制從之。至都，目瞑無所見，上令醫人內直郎田休裕、郎將呂弘泰馳傳往省療之。」〔註17〕張嘉貞是唐玄宗比較信賴的大臣，因此在他患眼疾之時，唐玄宗令醫人內直郎田休裕、郎將呂弘泰等人前往洛陽為他醫治。不僅如此，唐代皇帝對其所信賴大臣的親屬也會派遣御醫進行診治，如令狐楚《代李僕射謝子恩賜狀》記載：

> 右，臣得男公敏狀，今月十八日，中使王希朝到院，奉宣聖旨，緣臣男患耳，賜絹一百匹以充藥直，並遣醫人劉江診療者。臣自受國恩，已更歲序，其於功績，絲髮未伸。鳳夜憂兢，不知所處。男公敏昨緣耳疾，今赴上都，素乏義方，未能典謁。豈意陛下側隱之德，俯加於纖齊；敦睦之慈，旁流於枝葉。殊恩猥及，濕澤曲臨。特降醫工，厚沾藥直。雖犢之疾，料即痊除；君親之恩，何可報效？榮光燭於府舍，喜氣溢乎閨門。恩深命輕，繼以感泣。戒役有限，未獲躬詣闕庭陳謝。不勝感戴。〔註18〕

李僕射之子患有耳病，皇帝不僅賜予醫療之費，還派遣御醫劉江等上門診治。

上之所好，下必甚焉，不僅皇帝對醫術精通之士極為禮待，流風所及連地方官員都爭相延請醫術高明之士。據《太平廣記》記載：

> 江淮州郡，火令最嚴，犯者無赦。蓋多竹屋，或不慎之，動則千百間立成煨燼。高駢鎮維揚之歲，有術士之家延火，燒數千戶。主者錄之，即付於法。臨刃，謂監刑者曰：「某之愆尤，一死何以塞責。然某有薄技，可以傳授一人，俾其救濟後人，死無所恨矣。」時駢延待方術之士，恒如饑渴。監行者即緩之，馳白於駢。駢召入，親問之。曰：「某無他術，唯善醫大風。」曰：「可以核之。」對曰：

〔註16〕（唐）慧立、彥悰撰：《大慈恩寺三藏法師傳》卷9，北京：中華書局，1983年，第191頁。

〔註17〕（後晉）劉昫等撰：《舊唐書》卷99《張嘉貞傳》，北京：中華書局，1975年，第3092頁。

〔註18〕（清）董誥等編：《全唐文》卷541，北京：中華書局，1983年，第5489頁。

「但於福田院選一最劇者，可以試之。」遂如言。乃置患者於密室
中，飲以乳香酒數升，則懵然無知，以利刀開其腦縫，挑出蟲可盈
掬，長僅二寸。然以膏藥封其瘡，別與藥服之，而更節其飲食動息
之候。旬餘，瘡盡愈。才一月，眉鬚已生，肌肉光淨，如不患者。
駢禮術士為上客。〔註19〕

　　高駢出鎮揚州，急於招攬方術之士，時有一擅長治療大風病的醫者，因
犯火禁將要處死。高駢得知這名醫者所擅之術後，於福田院中選取一名患大
風最劇者讓其醫治，醫者將病人麻醉後，運用開顱手術對其進行救治，旬餘
瘡愈，一月後鬚髮盡生，皮膚光淨。因為這名醫者成功的對大風病人進行了
救治，高駢不但赦免他的罪行，還將其奉為上賓。

　　一些著名的醫者不僅受到皇帝賞賜，而且諸多朝廷官員也願意與他們經
常交往。如《舊唐書》記載孫思邈事蹟云：「初，魏徵等受詔修齊、梁、陳、
周、隋五代史，恐有遺漏，屢訪之，思邈口以傳授，有如目睹。東臺侍郎孫處
約將其五子俊、儆、俊、佑、佺以謁思邈，思邈曰：『俊當先貴；佑當晚達；
佺最名重，禍在執兵。』後皆如其言。太子詹事盧齊卿童幼時，請問人倫之
事，思邈曰：『汝後五十年位登方伯，吾孫當為屬吏，可自保也。』後齊卿為
徐州刺史，思邈孫溥果為徐州蕭縣丞。思邈初謂齊卿之時，溥猶未生，而預
知其事。凡諸異跡，多此類也。永淳元年卒。遺令薄葬，不藏冥器，祭祀無牲
牢。」〔註20〕不僅魏徵受唐太宗之命修齊、梁、陳、周、隋五代史時，向孫
思邈諮詢相關史實，而且侍郎孫處約和太子詹事盧齊卿等朝廷要員也向孫思
邈詢問人倫之事。

　　綜上所述，醫術在隋唐時期的政治地位是處於不斷上升之中，由僅據皇
帝喜好臨時召見，到唐玄宗設立規章制度使醫術入仕合法化，再到唐肅宗時
將醫術科上升到與明經科同等地位，立為科舉考試常例。不僅如此，皇帝還
積極參加醫書編撰，醫術高超之士也會被皇帝召見來為其進行診治。在如此
政治背景下，一些醫者結交禁中，以致被皇帝破格任用，如醫者鄭注甚至對
朝廷政治造成了重要影響。當然，醫者在為帝王貴胄診治時並非一帆風順，

〔註19〕（宋）李昉等編：《太平廣記》卷219「醫二」，北京：中華書局，1961年，
　　　　第1679頁。
〔註20〕（後晉）劉昫等撰：《舊唐書》卷191《方伎傳》，北京：中華書局，1975年，
　　　　第5096頁。

治療成功者固然會得到賞賜，甚至被破格提拔，但治療失敗，也會面臨全族入獄的嚴酷懲罰。上之所好，下必甚焉，流風所及連地方官員都爭相延請醫術高明之士。然而，醫者在與官員互動之中，不僅以醫學自顯，而且還會就史料採擇、人倫日用等事有所交流。

二、醫術與隋唐民間社會

　　醫術與隋唐民間社會聯繫緊密，有些官方醫療機構醫者會因財利醫治民眾，也有些民間醫者因為醫術高超而被官府徵召。但因為醫術普及困難，所以隋唐時期不僅大量「福醫」、「時醫」等庸醫橫行，而且更多是巫醫以法術為人療疾。〔註21〕一般而言，中央醫療機構的醫官是只負責給皇室和朝廷大臣診斷疾病，但是他們也會私自給其他病人診治。如《太平廣記》記載：「貞元末，渭南縣丞盧佩，性篤孝。其母先病腰腳，至是病甚，不能下床榻者累年，曉夜不堪痛楚。佩即棄官，奉母歸長安。寓於常樂裏之別第，將欲竭產以求國醫王彥伯治之。彥伯聲勢重，造次不可一見，佩日往祈請焉。半年餘，乃許一到。」〔註22〕王彥伯是官方著名醫師，普通人想請其治病，即使付出重金，也很難打動他。盧佩因為是朝廷官員，而且奉母至孝，並每天往請王彥伯。即使這樣，王彥伯也才半年多才願意為其母看病，由此可見，這些朝廷名醫不僅地位尊崇，而且普通官員也很難接近他們。

　　民間醫者因為醫術高超而為朝廷官員治療疾病，亦有其例，如《千金翼方》記載：「安康公李襲興（譽）〔註23〕稱：武德中出鎮潞州，屬隨徵士甄權以新撰《明堂》示余，余既暗昧，未之奇也。時有深州刺史成君綽，忽患頸腫如數升，喉中閉塞，冰粒不下已三日矣。以狀告余，余屈權救之。針其右手次指之端如食頃，氣息即通，明日飲啖如故。爾後縉紳之士，多寫權圖，略遍華裔。貞觀中，入為少府，奉敕修《明堂》，與承務郎司馬德逸、太醫令謝季卿、太常丞甄立言等，校定經圖，於後以所作呈示。」〔註24〕此則材料為我們解

〔註21〕　參見於賡哲著：《唐代疾病、醫療史初探》，北京，中國社會科學出版社，2011年；謝萌：《隋唐時期醫人群體研究》，西北大學碩士論文，2015年。

〔註22〕　（宋）李昉等編：《太平廣記》卷360「神十六」，北京：中華書局，1961年，第2425頁。

〔註23〕　據王雪苔《唐代甄權〈明堂人形圖〉與官修〈明堂針灸圖〉考》一文考證，李襲興應為李襲譽之誤。見《中華醫史雜誌》第33卷第4期，2003年。

〔註24〕　（唐）孫思邈著，李景榮、蘇禮、任娟莉等校釋：《千金翼方校釋》卷26，北京：人民衛生出版社，2014年，第644頁。

讀民間醫者與隋唐社會提供了諸多信息。首先是醫學著作，唐高宗武德中時（約 622 年左右），甄權以徵士的身份跟隨安康公李襲譽鎮守潞州，當時李襲譽觀看甄權所作《明堂》，不以為奇。此處所記甄權撰作的《明堂》應該就是《舊唐書・甄權傳》記載的《明堂人形圖》一卷，該書大致完成於公元 622 年之前。其次是為我們展示了隋唐時期民間醫者和地方官員之間的互動，甄權在隨李襲譽鎮守潞州時，當時深州刺史成君綽忽然患有脖子腫脹，喉嚨緊閉之病，已經三天無法喝水與進食了。因此成君綽將自己的病情告訴給李襲譽，李襲譽便命令甄權去進行救治。甄權運用針灸之法，對成君綽右手次指進行針灸治療，只治療了很短的時間，成君綽便能呼吸暢通，第二日就可以正常飲水進食，並且像過去一樣和人正常交流。在這個案例中，因為甄權對地方要員成君綽的成功救治，他的名醫形象因此得以建立，以致於此後朝廷士紳爭相傳寫甄權的《明堂人形圖》，甚至造成官紳人手一本的盛況。〔註 25〕最後為我們呈現了一個民間醫者是如何進入國家最高統治者皇帝的視野之中的，據趙明誠《金石錄》對《唐李襲譽墓誌》的考證：「右《唐李襲譽墓誌》，《唐史》列傳載襲譽官閥甚略。據《墓誌》云：『武德初，拜太僕卿，出為潞州總管，尋徵拜太府卿。』而傳言『高祖定長安，授太府少卿』者，蓋《傳》誤。」〔註 26〕可知李襲譽是由潞州總管任上被唐太宗徵為太府少卿來修撰《明堂》的，他藉此修撰機會將甄權所作《明堂人形圖》呈送給太宗，而太宗看後才去甄權家中看望，並向他詢問醫藥方面知識，授予甄權朝散大夫一職，甄權應該並未就任，並在當年就病逝了。另外，孫思邈《千金翼方》中所記奉太宗命修撰《明堂》經圖的甄立言則是甄權之弟，《舊唐書》記載他與甄權一起修習醫方。

甄權屬於醫術高超、又享年較久、歷經北朝、隋、唐三個朝代的民間著名醫人，所以他會受到李襲譽等名臣徵召，隋文帝、唐太宗等皇帝的屢次賜官。〔註 27〕然而，事實上更多的民間醫人是只在民間活動，他們醫術平庸，基本上只能按照醫方開藥看病，甚至有時候治病還要憑藉時運。但是因為他們經常在民間行醫，所以他們不僅會獲取一定的收益，而且還會在百姓之中

〔註 25〕 （唐）孫思邈著，李景榮、蘇禮、任娟莉等校釋：《千金翼方校釋》卷 26，北京：人民衛生出版社，2014 年，第 644 頁。

〔註 26〕 （宋）趙明誠撰：《金石錄》卷 13，濟南：齊魯書社，2009 年，第 195 頁。

〔註 27〕 （後晉）劉昫等撰：《舊唐書》卷 191《方伎傳》，北京：中華書局，1975 年，第 5090 頁。

造成一定的影響力。如《太平廣記》記載：

> 白岑曾遇異人傳《發背方》。其驗十全。岑賣弄以求利。後為淮
> 南小將。節度高適脅取之。其方然不甚効。岑至九江為虎所食。驛
> 吏於囊中乃得真本。太原王昇之寫以傳佈。〔註28〕

　　白岑應該是自己偶然獲得了一種藥方，在隋唐民間醫療技術難以普及的
情況下，他假託異人所傳來增加民眾對其藥方的相信度，白岑也果然因此而
獲利。後來白岑做了淮南節度高適的小將，被高適逼迫交出藥方，可能白岑
對所交藥方做出了改動，所以高適在使用之時只能憑藉運氣，導致出現藥方
「不甚効」的情況。後來白岑為虎所食，驛吏在他身上發現了真藥方，被太
原王昇之加以傳佈。在這個典型材料中可以發現，藥方可以說被視為民間醫
人行醫的資格證，他們並沒有很多的醫學知識，只能依靠藥方上面的記載按
部就班的給人開藥治病，一旦藥方的文本做出了改動，那麼再依靠這個藥方
就會造成治療的不確定性，病人治療效果的體現就只能看運氣。

　　又如《太平廣記》所記：

> 長安完盛日。有一家於西市賣飲子。用尋常之藥。不過數味。
> 亦不閒方脈。無問是何疾苦。百文售一服。千種之疾。入口而愈。
> 常於寬宅中。置大鍋鑊。日夜刬斫煎煮。給之不暇。人無遠近。皆
> 來取之。門市駢羅。喧闐京國。至有齎金守門。五七日間。未獲給
> 付者。獲利甚極。時田令孜有疾……既服之。其病立愈。田亦只知
> 病癒。不知藥之所來。遂償藥家甚厚。飲子之家。聲價轉高。此蓋
> 福醫也。近年。鄴都有張福醫者亦然。積貨甚廣。以此有名。為蕃
> 王挈歸塞外矣。〔註29〕

　　這個賣飲之家應該是在無意中獲得了一種藥方，他們以此進行販賣，因
為運氣使然，竟也可以治療人疾，百姓轉相傳頌之下，獲利甚豐。這些人其
實根本不懂醫藥技術，他們只是在很偶然的情況下獲取了一種藥方，並以此
方治病，當然藥方不可能全部對症，但在醫學技術不發達的隋唐時期，卻也
足以蠱惑百姓，無怪《太平廣記》稱這一類人為「福醫」了。

〔註28〕（宋）李昉等編：《太平廣記》卷219「醫二」，北京：中華書局，1961年，
　　　　第1675頁。
〔註29〕（宋）李昉等編：《太平廣記》卷219「醫二」，北京：中華書局，1961年，
　　　　第1679頁。

　　此外，民間還有一類醫人群體，他們治病的手段近乎巫術，如《宋高僧傳》記載：

　　　　釋智廣……化行洪雅，特顯奇蹤。凡百病者造之，則以片竹為杖，指其痛端，或一撲之，無不立愈。至有癱者則起，跛者則奔，其他小疾，何足言哉。乾寧初，王氏始定成都，雅郡守羅（亡名）罷任，攜廣來謁。蜀主王氏素知奇術，唯呼為聖師焉……翌日，病者填噎其門，日收所施二十萬至三十萬錢……其後益加神驗，或遇病者，一摑一叱皆起。或令燒紙緡，掇散飲食。或遇甚痛惱者，捩紙蘸水，貼之亦差。〔註30〕

　　僧人智廣以竹為杖，指病人痛處立愈，就連蜀王都奉其為聖師。這種以杖點人，口念咒語的治病方式明顯屬於禁咒術一類的巫術，此類巫術不僅僧人自己使用，還可以傳授他人。據《太平廣記》記載：

　　　　如意年中，洛州人趙玄景病卒，五日而蘇，云：「見一僧與一木長尺餘」。教曰：「人有病者，汝以此木拄之即愈。」玄景得見機上尺，乃是僧所與者，試將療病，拄之立差，門庭每日數百人。御史馬知己以其聚眾，追之禁左臺，病者滿於臺門。則天聞之，召入內，宮人病，拄之即愈，放出，任救病百姓。數月以後，得錢七百餘貫，後漸無驗，遂絕。〔註31〕

　　趙玄景死後而蘇，夢見一僧人贈予他一根長尺，以之拄人，人病即愈。甚至武則天聽聞趙玄景的醫術之後，也把他召到宮中，治療宮人。這條記載看上去非常荒謬，但是仍然有很多人找趙玄景看病，想來趙氏所用之法應為禁咒之類的巫術。

　　巫醫的治療手段不僅限於以杖療疾，如《太平廣記》記載：

　　　　陳寨者，泉州晉江巫也，善禁祝之術，為人治疾，多愈者。有漳州逆旅蘇猛，其子病狂，人莫能療，乃往請陳。陳至，蘇氏子見之，戟手大罵。寨曰：「此疾入心矣。」乃立壇於堂中，戒人無得竊視。至夜，乃取蘇氏子，劈為兩片，懸堂之東壁，其心懸北簷下。寨方在堂中做法，所懸之心，遂為犬食。寨求之不得，驚懼，

〔註30〕（宋）贊寧撰：《宋高僧傳》卷27，北京：中華書局，1987年，第687頁。
〔註31〕（宋）李昉等編：《太平廣記》卷218「醫一」，北京：中華書局，1961年，第1673頁。

　　乃持刀宛轉於地，出門而去。主人弗知，謂其做法耳。食頃，乃持心而入，內於病者之腹，被髮連叱，其腹遂合。蘇氏子即悟，但連呼遞鋪遞鋪，家人莫之測。乃其日去家數里，有驛吏手持官文書，死於道傍。初南中驛路，二十里置一遞鋪，驛吏持符牒，以次傳授，欲近前鋪，輒連呼以警之。乃褰取驛吏之心而活蘇氏，蘇遂愈如故。〔註32〕

　　陳寨擅長禁咒術，他用以心換心的法術對蘇氏子給予治療，雖然以現在醫學來看可以視為器官移植，但在隋唐時期可能更多的是道士做法的神秘主義的體現。文獻中記載此類醫人治病的史料還有很多，諸如處士周廣之類〔註33〕，限於篇幅，本文不再一一列舉。

　　劉禹錫的例子，則反映了唐代民間社會一位文士的習醫歷程，《答道州薛郎中論方書書》記：

　　　　愚少多病，猶省為童兒時，夙具襦褲，保母抱之以如醫巫家。針烙灌餌，呭然啼號，巫嫗輒陽陽滿志，引手直求，竟未知何等方何等藥餌。及壯，見里中兒年齒比者，必睨然武健可愛，羞己之不如。遂從世醫號富於術者，借其書伏讀之，得《小品方》，於群方為最古。又得《藥對》，知《本草》之所自出。考《素問》，識榮衛經絡百骸九竅之相成。學切脈以探表候，而天機昏淺，布指於位不能分累黍之重輕，第知息至而已。然於藥石不為懵矣。爾來垂三十年，其術足以自衛。或行乎門內，疾輒良已。家之嬰兒未嘗詣醫門求治者。〔註34〕

　　劉禹錫年幼多病，保母帶他向巫醫求治，然巫醫只懂用巫術治病，對於經方、草藥等醫學知識則懵然無知。因此劉禹錫在壯年時便自學醫學知識，竟達到闔家之內足以自治，家中嬰兒不用別求他醫的情形。不僅如此，劉禹錫還時刻留心身邊之人的醫術訊息，如《證類本草》記載：

　　　　治目方用黃連多矣，而羊肝丸尤奇異，取黃連末一大兩，白羊

〔註32〕（宋）李昉等編：《太平廣記》卷220「醫三」，北京：中華書局，1961年，第1683～1684頁。

〔註33〕（宋）李昉等編：《太平廣記》卷219「醫二」，北京：中華書局，1961年，第1674頁。

〔註34〕（唐）劉禹錫撰，卞孝萱校訂：《劉禹錫集》卷10，北京：中華書局，1990年，第129頁。

子肝一具，去膜同於砂盆內研，令極細，眾手拈為丸如梧子。每食以暖漿水吞二七枚，連作五劑，差。但是諸眼目疾及障翳、青盲皆主之，禁食豬肉及冷水。劉禹錫云：「有崔承元者，因官治一死罪囚，出活之。囚後數年以病自致死。一旦，崔為內障所苦，喪明逾年後，半夜歎息，獨坐，時聞階除間悉窣之聲，崔問為誰？曰是昔所蒙活者囚，今故報恩至此，遂以此方告訖而沒。崔依此合服不數月，眼復明，因傳此方於世。又今醫家洗眼湯，以當歸、芍藥、黃連等分停，細切，以雪水或甜水煎濃汁，乘熱洗冷即再溫洗，甚益眼目。但是風毒赤目、花翳等，皆可用之」。其說云：凡眼目之病，皆以血脈凝滯使然，故以行血藥合黃連治之，血得熱即行，故乘熱洗之，用者無不神效。〔註 35〕

劉禹錫記述了所知崔承元治療眼疾的情形，崔氏救助一位死囚，使其活命，數年後崔氏患白內障，目不能視，因犯告以治眼之醫方，崔氏用之而眼明。崔承元將此治白內障醫方流傳開來，被劉禹錫所知並記錄下來。唐代之人多患有眼疾，如杜牧之弟杜顗患眼疾，杜牧多方請人為其診治，據杜牧《樊川文集》記載：

（杜）顗疾眼，暗無所睹，故殿中侍御史韋楚老曰：「同州有眼醫石公集，劍南少尹姜沔喪明，親見石生針之，不一刻而愈，其神醫也。」某迎石生至洛，告滿百日，與石生俱東下，見病弟於揚州禪智寺。石曰：「是狀也，腦積毒熱，脂融流下，蓋塞瞳子，名曰內障。法以針旁入白睛穴上，斜撥去之，如蠟塞管，蠟去管明，然今未可也。後一周歲，脂當老硬，如白玉色，如可攻之。某世攻此疾，自祖及父，某所愈者，不下二百人，此不足憂。」其年秋末，某載病弟與石生自揚州南渡，入宣州幕。至三年冬，某除補闕，石生自曰明年春眼可針矣，視瞳子中，脂色玉白，果符初言……其年（會昌元年）四月，石生施針，九月，再施針，俱不效……明年（會昌二年）七月，出守黃州，在京時詣今虢州庾使君，問庾使君眼狀，庾云：「同州有二眼醫，石公集一也，復有周師達者，即石之姑子，所得當同，周老石少，有術甚妙，似石不及。某常病內障，愈於周

〔註 35〕（宋）唐慎微撰，尚志鈞點校：《證類本草》卷 7，北京：華夏出版社，1993年，第 188 頁。

手，豈少老問工拙有異？」某至黃州，以重幣卑詞，致周至蘄。周
見弟眼曰：「嗟乎！眼有赤脈。凡內障脂凝有赤脈綴之者，針撥不能
去赤脈，赤脈不除，針不可施，除赤脈必有良藥，某未知之。」是
石生業淺，不達此理，妄再施針，周不針而去。〔註36〕

　　杜顗住在揚州禪智寺，可能佛教醫術比較擅長治療眼疾〔註37〕，杜牧在
洛陽為官，聽說眼醫石生擅長治療眼疾，便請石生去揚州為其弟診治。石生
確懂醫術，在詳細闡述醫理之後為杜顗進行治療，可是多次治療後，病情並
未好轉。杜牧在庾使君處得知周生醫術更勝石生，又延請周生診治，周生看
後認為病情已深，不治而去。由此可見，中國傳統醫術在治療疾病上，實踐
經驗積累有時比醫理精深尤為重要，石生通曉醫理，對杜顗眼疾分析很有道
理，可是他紙上談兵不懂實戰，而周生經驗豐富，看出杜顗眼疾已深，普通
治療無法奏效。

　　隋唐之人在患病時，並非都有能力到處延請醫者為其診治，最常見的做
法還是時常翻閱醫書。如此不僅可以使病情得到及時治療，而且可以節省不
少醫療開支。如韓愈《唐故贈絳州刺史馬府君行狀》記載：「夫人滎陽鄭氏，
王屋縣令況之女，有賢行。侍君疾，逾年不下堂，食菜、飲水、藥物必自擇，
將進輒先嘗，方書《本草》恒置左右。」〔註38〕鄭氏之夫常年臥病在床，她
照料丈夫時，醫方、《本草》等醫書時常放在身旁查閱。又如韓愈《與華州李
尚書書》：「親近藥物方書，動作步趨，以致和宣滯。」〔註39〕韓愈也閱讀醫
方，注意平時身體鍛鍊。又如閭邱均《為蜀州刺史第八息進雲母粉表》云：
「臣肌性虛羸，小嬰疾苦，務求攝理，驗討方書，品丹石之名，徵草木之
氣。」〔註40〕蜀州刺史第八息身體多病，遂經常研討醫方。一般而言，醫方
只能解決身體出現的小疾，並非時常翻閱就可以做到疾病不侵，延年益壽。
如李翱《故正議大夫行尚書吏部侍郎上柱國賜紫金魚袋贈禮部尚書韓公行

〔註36〕吳在慶校注：《杜牧集繫年校注》卷16，北京：中華書局，2008年，第1009
　　　　～1010頁。

〔註37〕關於佛教醫術對眼疾治療情況，可參看本書第四章《佛教醫術》部分。

〔註38〕（唐）韓愈著，劉真倫、岳珍校注：《韓愈文集匯校箋注》卷27《唐故贈絳州
　　　　刺史馬府君行狀》，北京：中華書局，2010年，第2819頁。

〔註39〕（唐）韓愈著，劉真倫、岳珍校注：《韓愈文集匯校箋注》卷9《與華州李尚
　　　　書書》，北京：中華書局，2010年，第961頁。

〔註40〕（清）董誥等編：《全唐文》卷297，北京：中華書局，1983年，第3008頁。

狀》云:「某伯兄德行高,曉方藥,食必視《本草》,年止於四十二。」〔註41〕
韓愈伯兄儘管知曉方藥,飲食必看《本草》,可是依然享年四十餘歲,不能算
高壽。儘管如此,時常翻閱醫書,還是有諸多益處,如杜牧《唐故歙州刺史邢
君墓誌銘》記載:「復問曰:『日食幾何?』曰:『嗜麑肉,日再食。』某凡三
致專書曰:『《本草》言是肉能閉血脈,弱筋骨,壯風氣,嗜之者必病風。』數
月,渙思正握管,兩手反去背,仆於地,竟日乃識人,果以風疾廢」。〔註42〕
邢渙思平時不看醫書,不注意調節飲食,杜牧嫻於《本草》,多次去書告知邢
氏飲食醫理,但邢氏並未遵從,結果以風疾廢。邢渙思的結局是在讓人扼腕
歎息,由此可見時常翻閱醫書的益處。

　　當然,在唐詩中也保存了很多隋唐之士觀看醫書的描寫。如張籍《臥疾》
云:「身病多思慮,亦讀《神農經》。」〔註43〕張籍臥病時讀的《神農經》,指
的應該是《神農本草經》。當然,《神農經》同樣也可能是一個概括的說法,
泛指《本草》一類醫書。又如白居易《臥疾來早晚》云:「臥疾來早晚,懸懸
將十旬。婢能尋《本草》,犬不吠醫人。酒甕全生醭,歌筵半委塵。風光還欲
好,爭向枕前春。」〔註44〕白居易久病,身邊婢女因照護關係,也懂得看本
草書,醫者時常上門應診。岑參《梁州對雨,懷魏二秀才,便呈魏大判官,時
疾贈余新詩》亦云:「臥疾不見人,午時門始開。終日看《本草》,藥苗滿前
階。」〔註45〕岑參病時,終日看本草。王建《早春病中》云:「日日春風階下
起,不吹光彩上寒株。師教絳服禳衰月,妻許青衣侍病夫。健羨人家多力子,
祈求道士有神符。世間方法從誰問,臥處還看藥草圖。」〔註46〕從這些唐詩
反映的情況來看,醫藥典籍就是文士放在身邊常讀之書。一般而言,隋唐之
人患病時,醫書是尋求治療的重要參考。儘管隋唐之人在用醫書進行自我治
療時,並不能每次都發生效用,但顯而易見的是對醫書的閱讀,是應對疾病

〔註41〕（清）董誥等編:《全唐文》卷639,北京:中華書局,1983年,第6462頁。
〔註42〕吳在慶校注:《杜牧集繫年校注》卷8,北京:中華書局,2008年,第738頁。
〔註43〕（清）彭定求等編:《全唐詩》卷383,北京:中華書局,1999年,第4295
　　　頁。
〔註44〕謝思煒校注:《白居易詩集校注》卷35,北京:中華書局,2006年,第2649
　　　頁。
〔註45〕（清）彭定求等編:《全唐詩》卷198,北京:中華書局,1999年,第2026
　　　頁。
〔註46〕（清）彭定求等編:《全唐詩》卷300,北京:中華書局,1999年,第3416
　　　頁。

最為便捷的方式。

　　綜上所述，官醫主要負責宮廷及王公貴族的醫療，但有時官醫也會因為財利而為普通民眾進行醫治。由於中國傳統社會官醫的數量非常有限，而民間社會的患者群體又極其龐大，在官醫無力承擔的形勢之下，包括世俗醫人和僧、道醫人在內的民間醫人，便成了民間醫療市場的主要承載者。隋唐時期官醫不僅人數有限，而且普羅大眾延請官醫治病也耗資不菲，所以官醫所服務的對象仍是當時社會的少數人士。針對民間大多數的患者群體而言，官醫可能就是遙遠的奢望。在這種情形下，因為佛教醫術與道教醫術，因其簡便適用，且易借助宗教力量廣泛普及的特點，便成為民間醫療的重要補充。這正如陳寅恪先生所言：「自來宗教之傳播，多假醫藥天算之學以為工具。」〔註47〕佛教與道教等宗教醫術對隋唐民間社會影響，正是建立在他們傳道布教的基礎之上。

〔註47〕陳寅恪著：《金明館叢稿初編》，上海：上海古籍出版社，2020 年，第 129 頁。

第六章　隋唐醫術批判與繼承

一、隋唐醫術批判

　　儘管隋唐時期的醫經有許多值得現代醫學借鑒的地方，但不可否認的是，其中也有一些不合理的內容需要我們去加以鑒別。如王倩蕾先生認為：「《諸病源候論》對胸痹的臨床表現有比較豐富的描述，對應現代冠心病有諸多相似之處，但部分症狀與冠心病不相符合」。〔註1〕《諸病源候論》卷三十《咽喉心胸病》記載：「心裏強否急痛，肌肉苦痹，絞急如刺，不得俯仰，胸前皮皆痛，手不能犯，胸滿短氣，咳唾引痛，煩悶，白汗出，或徹背膂。其脈浮而微者是也。」〔註2〕就此王倩蕾先生提出：「『絞急如刺』為急性刺痛，疼痛的性質更符合帶狀皰疹的神經痛，而非心絞痛」。〔註3〕

　　經筋病的臨床取穴多以《黃帝內經靈樞・經筋》所云「以痛為腧」作為優化取穴方法，校注者對「以痛為腧」注釋為在痛處取穴，即所謂天應穴、阿是穴。〔註4〕阿是穴，據孫思邈《千金要方》云：「有阿是之法，言有人病痛，

〔註1〕　王倩蕾等撰：《〈諸病源候論〉胸痹與無疹性帶狀皰疹相關性探討》，《雲南中醫中藥雜誌》第42卷第12期，2021年，第16頁。

〔註2〕　（隋）巢元方著；丁光迪校注：《諸病源候論校注》卷30，北京：人民衛生出版社，2013年，第564頁。

〔註3〕　王倩蕾等撰：《〈諸病源候論〉胸痹與無疹性帶狀皰疹相關性探討》，《雲南中醫中藥雜誌》第42卷第12期，2021年，第16頁。

〔註4〕　（清）張志聰集注，矯正強、王玉興、王洪武校注：《黃帝內經靈樞集注》卷2，北京：中醫古籍出版社，2012年，第150頁。

即令捏其上，若裏當其處，不問孔穴，即得便快，成痛處即云『阿是』，灸刺皆驗，故曰『阿是穴』也。」〔註5〕而楊上善在《黃帝內經太素》中也遵從了「以痛為腧」法：「腧謂孔穴也，言筋但以筋之所痛之處即為孔穴不必要須以諸腧也，以筋為陰陽氣之所資，中無有空，不得通於陰陽之氣上下往來，然邪入膝裹筋為病，不能移腧，遂以病居痛處為腧。」〔註6〕韓聰先生認為：「顯然『以痛為輸』突出了經筋病的取穴特點，其實用性、重要性不言而喻……但是隨著醫學的發展，人們對疾病層次有了更深入的認識，治療方法同樣也趨於多樣化」。〔註7〕事實上，《黃帝內經靈樞‧背腧》對「以痛為腧」解釋的非常清楚：「則欲得而驗之，按其處，應在中而痛解，乃其腧也」。〔註8〕這裡是指按壓背輸穴後病人疼痛減輕，而不是按壓背輸穴處有壓痛，與阿是穴及經筋病「以痛為輸」的檢查方法完全不同。職是之故，楊上善在《黃帝內經太素》中所強調的「以痛為腧」就難免有些侷限性。

此外，早在宋代就有了對《千金要方》的批判，如北宋著名醫者竇材在《進醫書表》中稱：

> 唐孫思邈採《本草》藥性，集成《千金方》三十卷，《玉函經》
> 五十卷，和附仲景。重重著述，皆宗此意，廢去針灸及丹附大藥，
> 盡用草木小藥，盛行湯劑，以知理小疾則生，治大病則百無一活，
> 至千百世，誤死天下蒼生。伏念臣河朔真定之寒士，焉敢善善謁前
> 輩之過，但臣世祖隸傳於醫學，內舍相傳，亦以《千金》、仲景等方，
> 小試果效，用臨大證，心竊有疑。後得上天禪我此書，更參《內經》，
> 百發百中，始信醫有回天之功也。〔註9〕

竇材認為孫思邈的《千金要方》是採擷《神農本草》而成，只是一味遵從張仲景方，而「廢去針灸及丹附大藥」，只用草藥，以湯劑治療為主。職

〔註5〕 （唐）孫思邈著，李景榮等校釋：《備急千金要方校釋》卷29，北京：人民衛生出版社，2014年，第1021頁。

〔註6〕 （唐）楊上善撰注，蕭延平、北承甫校正，王洪圖、李雲增補點校：《黃帝內經太素》卷13《身度》，北京：科學技術文獻出版社，2000年，第345頁。

〔註7〕 韓聰等：《基於〈靈樞〉淺談楊上善「脈引筋氣」思想論治經筋病》，《針灸臨床雜誌》第36卷第8期，2020年，第82頁。

〔註8〕 （清）張志聰集注，矯正強、王玉興、王洪武校注：《黃帝內經靈樞集注》，北京：中醫古籍出版社，2012年，第361頁。

〔註9〕 曾棗莊、劉琳等：《全宋文》卷3200，第148冊，上海：上海辭書出版社，2006年，第312頁。

是之故，《千金要方》只能治療小病，針對大病則不能奏效，因此使百姓多所誤亡。針對此種情況，竇材認為《千金要方》用來治療大病，是不可相信的。

不僅如此，《千金要方》在對疾病的認知上也存在一些疏漏之處。如對脾臟的論述「凡脾臟象土……旺於季夏」〔註10〕，又「四季之月，各餘十八日，此為四季之餘日，主脾胃」。〔註11〕舒秀明先生就此提出：「脾土主季夏與脾土主四季之末各18天皆見於《內經》，前者突出了脾與濕土的相互關係，後者體現了脾與其他四髒的密切聯繫，均有其合理之處，但隨著醫學實踐的發展，後世醫家逐漸認識到脾主四時的重要性」。〔註12〕此外，孫思邈對《千金要方》的分類編次上，以現在醫學技術來看，也有值得商榷的地方。孫思邈雖然在《千金要方》中對人群做出了類分：「先婦人、小兒，而後丈夫、耆老者，則是崇本之義也。」〔註13〕對此張瑾先生認為：「即按照人的生長壯老順序而列，但《備急千金要方》與《千金翼方》中均設有『婦人門』和『小兒門』，卻並沒有單獨設立『老人門』」。〔註14〕說明在隋唐時期，老年病的專科論治思想還沒有達到系統的高度。

至於《千金翼方》中所載的《禁經》，學界一般將其視為心理治療的一種技術手段，如袁瑋先生認為：「從現代的觀點分析，我們發現，祝由的某些方法與現代心身醫學的精神心理療法有吻合之處，並且是該法得以取效的重要原因。」〔註15〕但廖育群先生在《中國古代呪禁療法研究》一文中對袁說提出異議，「念誦祝、呪之文，是呪禁之術的重要組成部分。對這一行為最常見而錯誤的解釋是認為：呪禁療法為精神療法之一種。這種觀點之所以不能成立，在於它僅僅是看到呪禁之術與心理療法在形式上均使用語言作為治療手

〔註10〕（唐）孫思邈著，李景榮等校釋：《備急千金要方校釋》卷15，北京：人民衛生出版社，2014年，第522頁。

〔註11〕（唐）孫思邈著，李景榮等校釋：《備急千金要方校釋》卷15，北京：人民衛生出版社，2014年，第529頁。

〔註12〕舒秀明等：《試論〈備急千金要方〉四時五味觀的「時」與「味」》，《北京中醫藥》第32卷第12期，2013年，第912～913頁。

〔註13〕（唐）孫思邈著，李景榮等校釋：《備急千金要方校釋》卷5，北京：人民衛生出版社，2014年，第136頁。

〔註14〕張瑾：《隋唐時期老年醫學的發展與特點》，《中醫學報》第30卷第6期，2015年，第839～840頁。

〔註15〕袁瑋：《中國古代祝由療法初探》，《自然科學史研究》第11卷第1期，1992年，第48頁。

段，而沒有深入研究兩者間的本質不同」。〔註16〕事實上，咒禁術只是巫術的一種，《太平廣記》記載陳寨擅長禁咒術，他用以心換心的法術對蘇氏子給予治療〔註17〕，雖然以現在醫學來看可以視為器官移植，但在隋唐時期可能更多的是道士做法的神秘主義的體現。

王燾《外臺秘要》在宋代就受到醫者的批判，如北宋校正醫書局官員孫兆在奉上校正本《外臺秘要》序言中云：「（王燾）又謂針能殺生人，不能起死人，其法亡之且久，故取灸而不取針，亦醫家之蔽。」〔註18〕孫兆針對王燾用灸法而不用針法的言論，明確提出這是醫家之蔽。而明代宋濂在《贈醫師賈某序》中亦云：「（王）燾雖暗劣，《外臺秘要》所言方證符禁灼灸之詳，頗有所祖述，然謂針能殺生人而不能起死人者，則一偏之見也。」〔註19〕宋濂也明確提出王燾認為「針能殺生人而不能起死人」，這是王燾本人的偏見。不見如此，清代醫者徐大椿在《醫學源流論》中也批駁王燾編次《外臺秘要》沒有章法可言，「唐王燾所集《外臺》一書，則雜集自漢以來諸方，匯萃成書，而歷代之方於焉大備。但其人本非專家之學，故無所審擇以為指歸，乃醫方之類書也。然唐以前之方，賴此書以存，其功亦不可況。但讀之者，苟胸中無成竹，則眾說紛繪，群方淆雜，反茫然失其所據。」〔註20〕徐大椿認為《外臺秘要》的編者王燾不是以醫學名家，只是雜集唐以前之醫方，也沒有對這些醫方做出取捨，這就導致初學者容易混淆，陷入茫然無知的境地。

誠如劉小可先生所說「《外臺秘要方》關於咳嗽的分類全面繼承前人觀點，可謂薈萃眾說，模式多樣。但其缺陷在於各種分類模式缺乏統一標準和明確界定，常有混淆雜亂之感，不夠明晰」。〔註21〕針對咳嗽的分類，到明代張介賓將其劃分為外感、內傷兩類才較為清晰，「咳嗽一證，竊見諸家立論太

〔註16〕 廖育群：《中國古代呪禁療法研究》，《自然科學史研究》第 12 卷第 4 期，1993 年，第 378 頁。

〔註17〕 （宋）李昉等編：《太平廣記》卷 220「醫三」，北京：中華書局，1961 年，第 1683～1684 頁。

〔註18〕 （唐）王燾撰，高文鑄校注：《外臺秘要方》，北京：華夏出版社，1993 年，第 1 頁。

〔註19〕 （明）宋濂撰，張文德點校：《潛溪前集》卷 5，杭州：浙江古籍出版社，2014 年，第 173 頁。

〔註20〕 （清）徐靈胎著，劉洋校注：《醫學源流論》，北京：中國中醫藥出版社，2008 年，第 82 頁。

〔註21〕 劉小可：《〈外臺秘要方〉論治咳嗽特色研究》，成都中醫藥大學碩士論文，2020 年，第 46 頁。

繁，皆不得其要，多致後人臨證莫知所從」。〔註22〕由此可見徐大椿說《外臺秘要方》在分類編次上十分紊亂，所言不虛。

經方在隋唐時期以其簡便易行、行之有效等特點，不僅被官方大力推廣，而且民間也相互傳信。但是不可否認的是，經方的迅速普及也阻礙了醫學理論的深入發展。正如元代醫者朱震亨所云：「《和劑局方》之為書也……自宋迄今，官府守之以為法，醫門傳之以為業，病者恃之以立命，世人習之以成俗。」〔註23〕正因為經方簡便易行，不僅使民間對經方深所依恃，且使醫者也以經方為治病之圭臬。此外，據宋濂《送戴原禮還浦陽序》記載：「夫醫之為道，本於《素問》。《內經》其學一壞於開元，再壞於大觀，習俗相仍，絕不知究其微指，唯執一定之方類，刻舟而求劍者。」〔註24〕就此於賡哲先生認為：唐玄宗在開元年間「下令推廣《廣濟方》，宋徽宗大觀年間修撰《和劑局方》，這段話直指醫者由此放棄理論之研討，一味依靠成方，大觀年以後醫學理論是向上發展的，而民間的確又有過於倚重局方、輕理論的現象」。〔註25〕這就造成了文本之外的醫人階層，依舊和普通民眾一樣追求簡便操作的情況。

綜上所述，隋唐醫術以現代醫學眼光來看，不免存在一些問題。首先，朝廷在對經方普及上，儘管遍及州縣，有利於成藥的推廣，且多採用諸如藥丸、散劑等成方，不僅使用便易，而且利於存放。但是經方的頒行是以國家的名義，普羅大眾奉之為圭臬，因而造成了對經方的迷信心態。甚至一些庸醫在治病時因循經方，診病之時對病症不加辨析，使用現成方劑，導致疾病不僅未愈，反而加深之態。因此，經方的大力推廣，某種程度上也阻礙了醫學的發展。其次，隋唐醫術在藥物使用上，追求快速見效，提倡使用重劑。但是醫術的運用，不但要看到可以使萬物恢復生機的有益方面，還要看到能夠損害萬物的有害方面。最後，誠如孫溥泉先生所說：「在臨床實踐中，隋唐醫術運用出現片面治療疾病情況，臨床應用藥物時表現為兩種傾向，一種傾向

〔註22〕（明）張介賓著；趙立勛主校：《景岳全書》，北京：人民衛生出版社，1991年，第414頁。
〔註23〕（元）朱震亨撰：《格致餘論》，北京：中國醫藥科技出版社，2018年，第50頁。
〔註24〕（明）宋濂撰，徐儒宗等點校：《宋學士文集》，《翰苑續集》卷2，浙江：浙江古籍出版社，2014年，第961頁。
〔註25〕於賡哲：《分層時代的研究——漢宋之間醫療史研究的視角問題》，《四川大學學報（哲學社會科學版）》，2018年第1期，第108頁。

是只為藥物的近期療效所迷惑，而忽視長期服用對人體的危害；另一種傾向是不能對藥物的利弊進行全面分析」。〔註26〕因此，現代醫學發展要注意規避隋唐醫術的片面傾向，從整體上重視用藥規律。

二、隋唐醫術繼承

儘管隋唐醫籍以現在醫學眼光來看，不管在醫學理論建設方面，還是在經方應用方面，還存在著一些問題。但不可否認的是，隋唐醫籍中諸多醫學知識還是可以對現代醫學發展提供不少借鑒。

《諸病源候論》對破傷風病的病因做出了細緻的分別。在外科，與金創感染有關，如：「夫金瘡痓者，此由血脈虛竭，飲食未復。未滿月日，榮衛傷穿，風氣得入，五臟受寒，則痓」。〔註27〕在婦科，與產褥感染有關，如：「產後中風痓者，因產傷動血脈，臟腑虛竭，飲食未復，未滿日月。榮衛虛傷，風氣得入五臟，傷其太陽之經。復感寒濕，寒搏於筋脈則發痓」。〔註28〕在兒科，與臍瘡感染有關，如：「小兒風痓之病，狀如癎，而背脊項頸強直，是風傷太陽之經。小兒解脫之，臍瘡未合，為風所傷，皆令發痓」。〔註29〕《諸病源候論》對破傷風病的劃分，為現代醫學對破傷風病的歸類，提供了有益借鑒。此外，《諸病源候論》還細緻的描述了各種疾病的病源和證候，且具有一定水準。職是之故，醫者在對病源和症候研究上，常以該書為準的。例如在病因方面，朱愛松、鄭洪新等先生對《諸病源候論》「病因說」予以肯定：「作為第一部病因病機證候學專著的《諸病源候論》，在繼承前人理論的基礎上，進一步認識和發展了病因學理論。書中不僅系統論述六淫過盛所化之毒、病理產物蘊積日久所生之毒、蟲獸毒及其他各種毒邪，還對疫毒、癘氣有獨到的見解」。〔註30〕羅雲堅先生也對《諸病源候論》醫學理論頗持肯定之態：「巢

〔註26〕 孫溥泉：《試論古代中醫對臨床思維中某些偏見與錯誤的批評》，《中國社會醫學》，1986年第3期，第56頁。

〔註27〕 （隋）巢元方著，丁光迪校注：《諸病源候論校注》卷36，北京：人民衛生出版社，2013年，第702頁。

〔註28〕 （隋）巢元方著，丁光迪校注：《諸病源候論校注》卷43，北京：人民衛生出版社，2013年，第833頁。

〔註29〕 （隋）巢元方著，丁光迪校注：《諸病源候論校注》卷48，北京：人民衛生出版社，2013年，第907頁。

〔註30〕 朱愛松，鄭洪新：《〈諸病源候論〉中有關「毒」的病因研究》，《中華中醫藥雜誌》第27卷第6期，2012年，第1502頁。

元方指出了伏邪為休息痢纏綿難愈的主因，其在《諸病源候論》曰：『休息痢者，胃脘有停飲……邪氣或動或靜，故其痢乍發乍止，謂之休息痢也』。而『伏毒致病』力更強，對臨床更有指導意義」。〔註31〕

　　《黃帝內經太素》的「五臟」理論在繼承《黃帝內經》的「五臟」理論基礎上又有所發展，《黃帝內經》初步具備了「五臟」理論的雛形，如《靈樞‧九針論》曰：「五藏：心藏神，肺藏魄，肝藏魂，脾藏意，腎藏精志也」。〔註32〕《黃帝內經太素》在此基礎上又形成了「五臟神」理論，如《黃帝內經太素‧虛實補瀉》曰：「夫心藏神（心藏神者，心藏於脈以舍神，今藏神者，言所舍也），肺藏氣（肺藏氣者，肺藏於氣，氣以舍魄，今藏氣者，言其舍也），肝藏血（血藏於肝以舍魂，今藏血者，亦言其舍），脾藏肉（脾藏肉者，脾主於肉，故曰藏肉，非正藏肉，脾於營以為正也，脾藏營，營以舍意及智二神，以脾營血，谷氣最大，故二神舍也），腎藏志，而此成形（腎藏志者，腎藏於精，精以舍志，今藏志者，言所舍也）」。〔註33〕（括號內為楊上善對《靈樞》注文）翟雙慶先生就此提出「心主神與五臟藏神的異同點，心主神與五臟藏神分屬兩種不同學說，各自有其理論內涵和立論根據，故既不能相互混淆、混為一談，也不能簡單地用一種理論去否定另一個理論，又由於二者具有一定的共性，為我們深入探究臟腑與神志關係的實質、完善與進一步發展中醫學神志理論提供了可行性依據」。〔註34〕

　　針對疫病的治療，孫思邈在《千金要方》中記載了不少新經方，對中國傳統醫學產生了深遠影響。例如《千金要方》中記述治療「肝腑髒溫病」的「身中直強方」，又名「竹葉石膏湯」〔註35〕，被現代醫學用於溫病後期治療。又如《千金要方》中治療「溫風之病」的「葳蕤湯方」〔註36〕，多被後

〔註31〕李葉，張北平：《羅雲堅教授從伏毒致病學說論治潰瘍性結腸炎經驗介紹》，《新中醫》第 43 卷第 3 期，2011 年，第 157 頁。
〔註32〕（清）張志聰集注，矯正強、王玉興、王洪武校注：《黃帝內經靈樞集注》卷 9，北京：中醫古籍出版社，2012 年，第 525 頁。
〔註33〕（唐）楊上善撰注，蕭延平、北承甫校正，王洪圖、李雲增補點校：《黃帝內經太素》卷 24《補瀉》，北京：科學技術文獻出版社，2000 年，第 716 頁。
〔註34〕翟雙慶、王長宇、孔軍輝：《論心主神與五臟藏神的異同》，《北京中醫藥大學學報》第 26 卷第 2 期，2003 年，第 11 頁。
〔註35〕（唐）孫思邈著，李景榮等校釋：《備急千金要方校釋》卷 9，北京：人民衛生出版社，2014 年，第 342 頁。
〔註36〕（唐）孫思邈著，李景榮等校釋：《備急千金要方校釋》卷 9，北京：人民衛生出版社，2014 年，第 343 頁。

世醫者作為治療感冒用藥。又如《千金要方》中治「傷寒及溫病應發汗而不汗之內蓄血者」的「犀角地黃湯」〔註37〕，是後代醫者用來治療溫病的主要醫方。此外，楊瑞華先生提出：「孫思邈還首創灌腸法治療痢病，創製的駐車丸、大桃花湯、苦參橘皮飲、斷痢湯、七味散等方劑在臨證治療腸道傳染病、潰瘍性結腸炎等仍有一定借鑒意義」。〔註38〕

《千金翼方》在風痱病的治療上對後世醫學頗有借鑒意義。風痱病在《千金要方》中臨床症狀是「風痱者，身無痛，四肢不收，智亂不甚。言微可知，則可治。甚即不能言，不可治」。〔註39〕孫思邈對風痱病的治療，也是在對前代醫學經驗總結基礎上得出的，如《千金翼方》中記載：「人不能用心謹慎遂得風病，半身不遂，言語不正，庶事皆廢……當須絕於思慮，省於言語，為於無事，乃可永愈。若還同俗類名利是務，財色為心者，幸勿苦事醫藥，徒勞為療耳。宜於此善，以意推之。凡人忽中生風，皆須依此次第用湯。」〔註40〕孫思邈提出人用心不慎是導致中風之所由，因此需要「絕於思慮」，摒棄名利、財色，不然縱使有藥石之功也難於治癒。

《外臺秘要方》注重患者身體反饋，在疼痛治療上，利用大麻根葉的麻醉效果來止痛，如「《千金》療腕折骨痛不可忍方，取生大麻根葉，無問多少，搗取汁，飲一小升，無生青者，以乾者煮取汁服，亦主墮墜、打捶、瘀血，心腹脹滿，短氣，良」。〔註41〕又如用烏頭、附子等毒性較強藥物來止痛，「范汪療金瘡內塞止痛，地榆散方。地榆根、白蘞各二分，附子一分，炮，當歸四兩，芎藭、白芷、芍藥各三分。右七味，搗散。以酒飲服方寸匕，日三服。」〔註42〕此外，還用寒涼之藥來清熱止痛，如「牡蠣散方」，以牡蠣「主除留熱在關節榮衛……除老血，石膏清熱，二味搗粉於傷口，痛即

〔註37〕（唐）孫思邈著，李景榮等校釋：《備急千金要方校釋》卷12，北京：人民衛生出版社，2014年，第438頁。

〔註38〕楊瑞華等：《孫思邈〈備急千金要方〉疫病學術思想探微》，《中華中醫藥雜誌》第36卷第5期，2021年，第2463頁。

〔註39〕（唐）孫思邈著，李景榮等校釋：《備急千金要方校釋》卷8，北京：人民衛生出版社，2014年，第293頁。

〔註40〕（唐）孫思邈著，李景榮、蘇禮、任娟莉等校釋：《千金翼方校釋》卷29，北京：人民衛生出版社，2014年，第420頁。

〔註41〕（唐）王燾撰，高文鑄校注：《外臺秘要方》卷29，北京：華夏出版社，1993年，第554頁。

〔註42〕（唐）王燾撰，高文鑄校注：《外臺秘要方》卷29，北京：華夏出版社，1993年，第559頁。

止」〔註43〕，《黃帝內經》曰：「熱傷氣，氣傷痛」〔註44〕，所以可祛除人體熱氣來消腫止痛。

　　嚴格來說，隋唐醫經雖然淵源於唐前，但在醫方搜集，醫理完善上卻集成於隋唐，而理論基石也奠定於隋唐。如唐代王冰基於「病機」醫理而總結出「氣動」說：「因氣動而內有所成，不因氣動而外有所成，始因氣動而病生於內，不因氣動而病生於外」〔註45〕，該理論對人體生理和病理的研究頗具價值，與宋代陳言「三因」說各樹一幟〔註46〕，可惜後世醫者不予理睬，致使此說淹沒無聞。誠如潘華信先生所說：「唐宋醫方不僅擅用寒涼之味，尤慣用甘寒滋潤，其中以生地黃、生地黃汁為最，這是宋前後任何歷史時期不可比擬的。在重證的搶救上，強調「不計時候，頻頻服」，已萌發有中醫學術史上從來所無的『補液』旨趣」。〔註47〕凡此諸多方面，都有待於現代醫學去繼承。

　　綜上所述，隋唐時期的醫術有諸多值得現代醫學借鑒之處，清代醫者徐靈胎對唐代醫學頗為認可：「仲景之學，至唐而一變……此醫道之一大變也，然其用藥之奇，用意之巧，亦自成一家，有不可磨滅之處」。〔註48〕事實上，隋唐醫術自成一家，特色顯著，現代醫學的確可以吸收隋唐醫術的合理成分。隋唐醫術對中國傳統醫術做出了完善，隋唐醫學形成了較為完備的治療體系，其治療手段從疾病預防、人體保健、重症急救到日常治療都有所涉及，這對現代中國醫學改革提供了借鑒。

〔註43〕　（唐）王燾撰，高文鑄校注：《外臺秘要方》卷29，北京：華夏出版社，1993年，第559頁。
〔註44〕　姚春鵬譯注：《黃帝內經》卷2，北京：中華書局，2010年，第57頁。
〔註45〕　（唐）王冰注：《黃帝內經素問》，《中國醫學大成續集》第1冊，上海：上海科學技術出版社，2000年，第467頁。
〔註46〕　餘元泰編著：《杏林要方》，北京：中國中醫藥出版社，2020年，第14頁。
〔註47〕　潘華信、王莉：《尋夢唐宋　重鑄輝煌——〈唐宋醫方鈎沉〉導讀》，《中醫藥文化》，2017年第1期，第61頁。
〔註48〕　（清）徐大椿撰：《徐大椿醫書全集》，北京：人民衛生出版社，1988年，第212頁。

附錄一：《諸病源候論》選錄 〔註1〕

《諸病源候論》卷一《風病諸候》

中風候

中風者，風氣中於人也。風是四時之氣，分布八方，主長養萬物。從其鄉來者，人中少死病；不從其鄉來者，人中多死病。其為病者，藏於皮膚之間，內不得通，外不得泄。其入經脈，行於五臟者，各隨臟腑而生病焉。心中風，但得偃臥，不得傾側，汗出。若唇赤汗流者可治，急灸心俞百壯。若唇或青或黑，或白或黃，此是心壞為水。面目亭亭，時悚動者，皆不可復治，五六日而死。肝中風，但踞坐，不得低頭。若繞兩目連額上，色微有青，唇青面黃者可治，急灸肝俞百壯。若大青黑，面一黃一白者，是肝已傷，不可復治，數日而死。脾中風，踞而腹滿，身通黃，吐鹹汁出者可治，急灸脾俞百壯。若手足青者，不可復治。腎中風，踞而腰痛，視脅左右，未有黃色如餅粢大者可治，急灸腎俞百壯。若齒黃赤，鬢髮直，面土色者，不可復治。肺中風，偃臥而胸滿短氣，冒悶汗出，視目下鼻上下兩邊下行至口，色白者可治，急灸肺俞百壯。若色黃者，為肺已傷，化為血不可復治。其人當妄，掇空指地，或自拈衣尋縫，如此數日而死。診其脈，虛弱者，亦風也；緩大者，亦風也；浮虛者，亦風也；滑散者，亦風也。

────────────────

〔註 1〕 本附錄選自（隋）巢元方著，丁光迪校注：《諸病源候論校注》，北京：人民
　　　　衛生出版社，1992 年。

《諸病源候論》卷六《解散病諸候》

寒食散發候

夫散脈，或洪實，或斷絕不足，欲似死脈；或細數，或弦駃，坐所犯非一故也。脈無常投，醫不能識。熱多則弦駃，有癖則洪實急痛則斷絕。凡寒食藥率如是。無苦，非死候也。勤從節度，不從節度則死矣。欲服散，宜診脈候，審正其候，爾乃畢愈。脈沉數者難發，難發當數下之。脈浮大者易發也。人有服散兩三劑不發者，此人脈沉難發，發不令人覺，藥勢行已，藥但於內發，不出形於外。欲候知其得力，人進食多，是一候；氣下顏色和悅，是二候；頭面身癢瘙，是三候；策策。惡風，是四候；厭厭欲寐，是五候也。諸有此證候者，皆藥內發五藏，不形出於外，但如方法服散，勿疑。但數下之，則內虛，當自發也。諸方互有不同：皇甫唯欲將冷，廩丘公欲得將暖之意，其多有情致也。世人未能得其深趣，故鮮能用之。然其方法，猶多不盡。但論服藥之始，將息之度，不言發動之後。治解之宜，多有闕略。

《諸病源候論》卷十《溫病諸候》

溫病候

經言春氣溫和，夏氣暑熱，秋氣清涼，冬氣冰寒，此四時正氣之序也。冬時嚴寒，萬類深藏，君子固密，則不傷於寒。觸冒之者，乃為傷寒耳。其傷於四時之氣，皆能為病。而以傷寒為毒者，以其最為殺厲之氣焉。即病者為傷寒，不即病者，為寒毒藏於肌骨中，至春變為溫病。是以辛苦之人，春夏必有溫病者，皆由其冬時觸冒之所致也。凡病傷寒而成溫者，先夏至日者為病溫，後夏至日者為病暑。其冬復有非節之暖，名為冬溫之毒，與傷寒大異也。有病溫者，汗出輒復熱，而脈躁疾，不為汗衰，狂言不能食，病名為何？曰：病名陰陽交，陰陽交者死也。人所以汗出者，皆生於穀，穀生於精。今邪氣交爭於骨肉之間而得汗者，是邪卻而精勝，則當食而不復熱。復熱者，邪氣也；汗者，精氣也。今汗出而輒復熱者，是邪勝也。汗出而脈尚躁盛者死。今脈不與汗相應，此不稱其病也，其死明矣。狂言者是失志，失志者死。今見三死，不見一生，雖愈必死。凡皮膚熱甚，脈盛躁者，病溫也。其脈盛而滑者，汗且出也。凡溫病人，二三日，身軀熱，腹滿，頭痛，食欲如故，脈直疾，八日死。四、五日，頭痛，腹滿而吐，脈來細強，十二日死，此病不治。八、九日，頭不疼，身不痛，目不赤，色不變，而反利，脈來牒牒，按不彈手，時大，心

下堅，十七日死。病三、四日以下不得汗，脈大疾者生；脈細小難得者死不治也。下利，腹中痛甚者，死不治。

《諸病源候論》卷十二《冷熱病諸候》

《寒熱候》

夫陽虛則外寒，陰虛則內熱；陽盛則外熱，陰盛則內寒。陽者受氣於上焦，以溫皮膚分肉之間。今寒氣在外，則上焦不通，不通則寒獨留於外，故寒慄也。陰虛內生熱者，有所勞倦，形氣衰少，穀氣不盛，上焦不行，下脘不通，胃氣熱，薰胸中，故內熱也。陽盛而外熱者，上焦不通利，皮膚緻密，腠理閉塞不通，衛氣不得泄越，故外熱也。陰盛而內寒者，厥氣上逆。寒氣積於胸中而不寫，不寫則溫氣去，寒獨留，則血凝泣。血凝泣則脈不通，其脈不通，脈則盛大以澀，故中寒。陰陽之要，陰密陽固。若兩者不和，若春無秋，若冬無夏，因而和之，是謂聖度。故陽強不能密，陰氣乃絕。因於露風，乃生寒熱。凡小骨弱肉者，善病寒熱。骨寒熱，病無所安，汗注不休。齒本槁，取其少陰於陰股之絡；齒爪槁，死不治。診其脈，沉細數散也。

《諸病源候論》卷十四《咳嗽病諸候》

《咳嗽候》

咳嗽者，肺感於寒，微者則成咳嗽也。肺主氣，合於皮毛。邪之初傷，先客皮毛，故肺先受之。五臟與六腑為表裏，皆稟氣於肺。以四時更王，五臟六腑皆有咳嗽，各以其時感於寒而受病，故以咳嗽形證不同。五臟之咳者，乘秋則肺先受之。肺咳之狀，咳而喘息有音聲，甚則唾血。乘夏則心先受之，心咳之狀，咳則心痛，喉中介介如哽，甚則咽腫喉痹。乘春則肝先受之。肝咳之狀，咳則兩脅下痛，甚則不可以轉側，兩胠下滿，乘季夏則脾先受之。脾咳之狀，咳則右脅下痛，瘜瘜引於髆背，甚則不可動，動則咳劇。乘冬則腎先受之。腎咳之狀，咳則腰背相引而痛，其則咳逆。此五臟之咳也。五臟咳久不已，傳與六腑。脾咳不已，則胃受之。胃咳之狀，咳而嘔，嘔甚則長蟲出。肝咳不已，則膽受之。膽咳之狀，咳嘔膽汁。肺咳不已，則大腸受之。大腸咳之狀，咳而遺屎。心咳不已，則小腸受之。小腸咳之狀，咳而失氣，與咳俱出。腎咳不已，則膀胱受之。膀胱咳之狀，咳而遺尿。久咳不已，則三焦受之。三焦咳之狀，咳而腹滿，不欲食飲。此皆聚於胃，關於肺，使人多涕唾而面浮腫，氣逆也。

《諸病源候論》卷十七《痢病諸候》

《水谷痢候》

水谷痢者，由體虛腠理開，血氣虛，春傷於風，邪氣留連在肌肉之內，後遇脾胃大腸虛弱，而邪氣乘之，故為水谷痢也。脾與胃為表裏。胃者，脾之腑也，為水谷之海；脾者，胃之髓也，其候身之肌肉，而脾氣主消水谷。水谷消，其精化為榮衛，中養臟腑，充實肌膚。大腸，肺之腑也，為傳導之官，變化出焉。水谷之精，化為血氣，行於經脈，其糟粕行於大腸也。肺與大腸為表裏，而肺主氣，其候身之皮毛。春陽氣雖在表，而血氣尚弱，其飲食居處，運動勞役，血氣虛者，則為風邪所傷，客在肌肉之間，後因脾胃氣虛，風邪又乘虛而進入於腸胃。其脾氣弱，則不能克制水谷，故糟粕不結聚而變為痢也。又新食竟取風，名為胃風。其狀，惡風，頭多汗，膈下塞不通，食飲不下，腹滿，形瘦腹大，失衣則䐜滿，食寒則洞泄。其洞泄者，痢無度也。若胃氣竭者，痢絕則死。診其脈微，手足寒，難治也；脈大，手足溫，易治。下白沫，脈沉則生，浮則死。身不熱，脈不懸絕，滑大者生，懸澀者死，以髓期之也。脈絕而手足寒者死，脈還手足溫者生，脈不還者死。脈緩時小結生，洪大數者死。懸絕而澀者死，細微而澀者、緊大而滑者死。得代絕脈者亦死。

《諸病源候論》卷二十七《血病諸候》

《吐血候》

夫吐血者，皆由大虛損及飲酒、勞損所致也。但肺者，五臟上蓋也，心肝又俱主於血。上焦有邪，則傷諸髓。髓傷血下入於胃，胃得血則悶滿氣逆，氣逆故吐血也。但吐血有三種：一曰內衄，二曰肺疽，三曰傷胃。內衄者，出血如鼻衄，但不從鼻孔出，是近心肺間津出，還流入胃內。或如豆汁，或如蛤血，凝停胃裏，因即滿悶便吐，或去數升乃至一斗是也。肺疽者，言飲酒之後，毒滿便吐，吐已後有一合二合，或半升一升是也。傷胃者，是飲食大飽之後，胃內冷，不能消化，則便煩悶，強嘔吐之，所食之物與氣共上沖蹙，因傷損胃口，便吐血，色鮮正赤是也。凡吐血之後，體恒，俺俺然，心裏煩躁，悶亂紛紛，顛倒不安。寸口脈微而弱，血氣俱虛，則吐血。關上脈微而芤，亦吐血。脈細沉者生，喘咳上氣，脈數浮大者死。久不瘥，面色黃黑，無復血氣，時寒時熱，難治也。

附錄二:《黃帝內經太素》選錄 [註1]

《黃帝內經太素》卷二《攝生》

　　不施,則名木多死,惡氣發,風雨不節,甘露不下則菀槀不榮,賊風數至,暴雨數起,天地四時不相保,乃道相失則未央絕滅。楊注:盜誇之君,德不施布,禍及昆蟲,災延草木,其有八種:一者名木多死,謂名好草木不黃而落。二者惡氣發,謂毒氣疵癘流行於國。三者風雨不節,謂風不時而起,雲不族而雨。四者甘露不下,謂和液無施。菀槀當為宛槀。宛,痿死。槀,枯也。於阮反。陳根舊枝死不榮茂。五者,賊風數至,謂風從衝上來,破屋折木,先有虛者被剋而死。六者,暴雨數起,謂驟疾之雨,傷諸苗稼。七者天地四時不相保,謂陰陽乖繆,寒暑無節。八者,失道未央絕滅。未央者,久也。言盜誇之君,絕滅方久也。

《黃帝內經太素》卷五《人合》

　　從寅至未六辰為陽,從申至丑六辰為陰。十一月一陽生,十二月二陽生,正月三陽生。三陽已生,能令萬物生起,故曰生陽。生物陽氣,正月未大,故曰少陽;六月陽氣已少,故曰少陽。二月陽氣已大,故曰太陽;五月陽氣猶大,故曰太陽。三月四月二陽合明,故曰陽明也。

　　五月一陰生,六月二陰生,七月三陰生。三陰已生,能令萬物始衰,故曰生陰。生物七月陰氣尚少,故曰少陰;十二月陰氣已衰,故曰少陰。八月陰

〔註 1〕 本附錄節選自(唐)楊上善撰注,蕭延平、北承甫校正,王洪圖、李雲增補點校:《黃帝內經太素》,北京:科學技術文獻出版社,2000 年。

氣已大,故曰太陰;十一月陰氣猶大,故曰太陰。九月十月二陰交盡,故曰厥陰。厥,盡也。

《黃帝內經太素》卷六《臟腑之一》

五臟之神不可傷也,傷五神者,則神去無守,髒守失也。六腑為陽,五臟為陰,髒無神守,故陰虛也。陰髒氣無,遂致死也。故不死之道者,養五神也。人皆忧惕思慮,則以傷神,悲哀動中,日亡魂性,喜樂無極,神魄散揚,愁憂不解,志意悷亂,盛怒無止,失志多忘,恐懼驚神,傷精痿骨,□以千端之禍,害此一生,終以萬品欲情,澆亂真性,仍服金石貴寶,摧斯易生之軀,多求神仙芳草,日役百年之命。昔彭聃以道怡性壽命遲長,秦武採藥求仙,早升霞氣。故廣成子語黃帝曰:「來,吾語汝。至道無視無聽,抱神以靜,形將自正也。必靜必清,無勞汝形,無搖汝精,心無所知,神將守形,可以長生。故我修身千二百歲,人皆盡死,而我獨存。得吾道者,上為皇,下為王;失吾道者,上見光,下為土。」是知安國安人之道,莫大怡神,亡神亡國之災,無出情慾。故歧伯以斯至道,上答黃軒,述千古之遺風,拯萬葉之荼苦也。

《黃帝內經太素》卷八《經脈之一》

十二經脈之中,餘十一經脈及手太陽經,皆起於別處,來入臟腑。此少陰經起自心中,何以然者?以其心神是五神之主,能自生脈,不因餘處生脈來入,故自出經也。肺下懸心之繫,名曰心繫。餘經起於餘處,來屬臟腑。此經起自心中,還屬心繫,由是心神最為長也。問曰:《九卷》心有二經:謂手少陰,心主。手少陰經不得有輸。手少陰外經受病,亦有療處。其內心臟不得受邪,受邪即死。又《九卷·本輸》之中,手少陰經及輸並皆不言。今此《十二經脈》及《明堂流注》,少陰經脈及輸皆有,若為通精?答曰:經言心者,五臟六腑之大主,精神之舍,其髒堅固,邪不能客。客之則心傷,心傷則神去,神去即死。故諸邪之在於心者,皆在心之包絡,包絡心主脈也。故有脈不得有輸也。手少陰外經有病者,可療之於手掌兌骨之端。又恐經脈受邪傷髒,故《本輸》之中,輸並手少陰經亦復去之。今此《十二經脈》手少陰經是動所生皆有諸病,俱言盛衰並行補瀉及《明堂流注》具有五輸者,以其心臟不得多受外邪,其於飲食湯藥,內資心臟,有損有益,不可無也。故好食好藥資心,心即調適;若惡食惡藥資心,心即為病。是以心不受邪者,不可受邪也。

言手少陰是動所生致病及《明堂》有五輸療者，據受內資受外邪也。言手少陰是受邪，故有病也。

《黃帝內經太素》卷九《經脈之二》

足太陽之正，別入於膕中，其一道下尻五寸，別入於肛，屬於膀胱，之腎，循膂當心入散；直者，從膂上出於項，復屬於太陽，此為一經。十二經，復有正別。正，謂六陽大經別行，還合腑經。別，謂六陰大經別行，合於腑經，不還本經，故名為別。足少陰、足厥陰雖稱為正，生別經不還本經也，唯此二陰為正，餘陰皆別。或以諸陰為正者，黃帝以後撰集之人，以二本莫定，故前後時有稱或，有言一曰，皆是不定之說。足太陽正者，謂正經也。別者，大經下行至足小指外側分出二道：一道上行至於膕中；一道上行至於尻臀，下入於肛，肛謂白腸，亦名廣腸，次屬膀胱，上散之腎，循膂上行，當心入內而散，直者謂循膂上行至項屬於太陽，此為一正經之別。

《黃帝內經太素》卷十一《輸穴》

欲知背輸，先度其兩乳間中折之，更以他草度去其半已，即以兩隅相柱也，乃舉以度其背，令其一隅居上，齊脊大椎，兩隅在下，當其下隅者，肺之輸也，復下一度，心輸也，復下一度，右角肝輸也，左角脾輸也，復下一度，腎輸也，是謂五臟之輸，灸刺之度也。

以上言量背輸法也。經不同者，但人七尺五寸之軀雖小，法於天地無一經不盡也。故天地造化，數乃無窮，人之輸穴之分，何可同哉？昔神農氏錄天地間金石草木三百六十五種，法三百六十五日，濟時所用。其不錄者，或有人識用，或無人識者，蓋亦多矣。次黃帝取人身體三百六十五穴，亦法三百六十五日。身體之上，移於分寸，左右差異，取病之輸，實亦不少。至於《扁鵲灸經》取穴及名字，即大有不同。近代《秦承祖明堂》、《曹子氏灸經》等，所承別本，處所及名，亦皆有異。而除痾遣疾，又復不少，正可以智量之，適病為用，不可全言非也。而並為非者，不知大方之論。所以此之量法，聖人設教有異，未足怪之也。

《黃帝內經太素》卷十三《身度》

黃帝問伯高曰：脈度言脈之長短，何以立之也？脈度，謂三陰三陽之脈所起之度，但不知長短也。伯高曰：先度其骨節之小大廣狹長短，而脈度定

矣。人之皮肉可肥瘦增減，骨節之度不可延縮，故欲定脈之長短，先言骨度也。伯高答曰：頭之大骨圍二尺六寸，眾人之中，又為三等：七尺六寸以上，名為大人；七尺四寸以下，名為小人；七尺五寸，名為中人。今以中人為法，則大人小人皆以為定。何者？取一合七尺五寸人身量之，合七十五分，則七尺六寸以上大人，亦準為七十五分，七尺四寸以下乃至嬰兒，亦準七十五分，以此為定，分立經脈長短並取空穴。自頸項骨以上為頭顱骨，以為頭大骨也，當其粗處以繩圍也。

《黃帝內經太素》卷十九《設方》

夫日月之明，不失其彰；水鏡之察，不失其形；鼓響之應，不後其聲。治則動搖應和，盡得其情。針藥有道，故渾一而用巧；理國有道，故政同而理能。是以針藥正身，即為內也；用之安人，即為外也。內，譬日、月、水、鏡、鼓、響者也；外，譬光、影、形、象、音、聲者也。針法存身和性，即道德者也；攝物安人，即仁義者也。故理身理國，動搖應和，盡和群生之情，斯乃至真之道也。不後者，同時者也。

西方者，金玉之域，沙石之處也，天地之所收引也。其民陵居而多風，水土剛強，其民不衣而疊篇，其民笮食而脂肥，故邪不能傷其形體，其病皆生於內，其治宜毒藥，故毒藥者亦從西方來。笮，詐白反。西方金，亦金玉之所出，故為金玉之域也。西方為秋，故為萬物收引之方也。不衣者，不以綿為衣，而以疊篇其身。食物皆壓笮磨碎，不以完粒食之。人多脂肥，腠理緻密，風寒暑濕外邪不傷，而為飲食男女內邪生病，故宜用毒藥攻之。

附錄三：《千金要方》選錄 [註1]

《千金要方》卷一《大醫精誠第二》

張湛曰：夫經方之難精，由來尚矣。今病有內同而外異，亦有內異而外同，故五臟六腑之盈虛，血脈榮衛之通塞，固非耳目之所察，必先診候以審之。而寸口關尺，有浮沉弦緊之亂；腧穴流注，有高下淺深之差；肌膚筋骨，有厚薄剛柔之異。唯用心精微者，始可與言於茲矣。今以至精至微之事，求之於至粗至淺之思，其不殆哉！若盈而益之，虛而損之，通而徹之，塞而壅之，寒而冷之，熱而溫之，是重加其疾，而望其生，吾見其死矣。故醫方卜筮，藝能之難精者也，既非神授，何以得其幽微？世有愚者，讀方三年，便謂天下無病可治；及治病三年，乃知天下無方可用。故學者必須博極醫源，精勤不倦，不得道聽途說，而言醫道已了，深自誤哉！

凡大醫治病，必當安神定志，無欲無求，先發大慈惻隱之心，誓願普救含靈之苦。若有疾厄來求救者，不得問其貴賤貧富，長幼妍蚩，怨親善友，華夷愚智，普同一等，皆如至親之想，亦不得瞻前顧後，自慮吉凶，護惜身命。見彼苦惱，若己有之。深心淒愴，勿避險巇、晝夜、寒暑、饑渴、疲勞，一心赴救，無作工夫形跡之心。如此可為蒼生大醫，反此則是含靈巨賊。自古名賢治病，多用生命以濟危急，雖曰賤畜貴人，至於愛命，人畜一也。損彼益己，物情同患，況於人乎！夫殺生求生，去生更遠。吾今此方所以不用生命為藥者，良由此也。其虻蟲水蛭之屬，市有先死者，則市而用之，不在此例。

〔註1〕 本附錄節選自（唐）孫思邈著，李景榮等校釋：《備急千金要方校釋》，北京：人民衛生出版社，2014 年。

只如雞卵一物，以其混沌未分，必有大段要急之處，不得已隱忍而用之。能不用者，斯為大哲，亦所不及也。其有患瘡痍下痢，臭穢不可瞻視，人所惡見者，但發慚愧淒憐憂恤之意，不得起一念蒂芥之心，是吾之志也。

《千金要方》卷三《惡露第五》

乾地黃湯：治產後惡露不盡，除諸疾，補不足方。乾地黃三兩，芎藭，桂心、黃芪、當歸各二兩，人參、防風、茯苓、細辛、芍藥、甘草各一兩。上十一味㕮咀，以水一斗煮取三升，去滓，分三服，日再夜一。桃仁湯：治產後往來寒熱，惡露不盡方。桃仁五兩，吳茱萸二升，黃芪、當歸、芍藥各三兩，生薑、醍醐百鍊酥、柴胡各八兩。上八味㕮咀，以酒一斗、水二升合煮，取三升，去滓，適寒溫，先食服一升，日三。澤蘭湯：治產後惡露不盡，腹痛不除，小腹急痛，痛引腰背，少氣力方。澤蘭、當歸、生地黃各二兩，甘草一兩半，生薑三兩，芍藥一兩，大棗十枚。上七味㕮咀，以水九升煮取三升，去滓，分三服，日三。墮身欲死，服亦瘥。甘草湯：治產乳餘血不盡，逆搶心胸，手足逆冷，唇乾，腹脹，短氣方。甘草、芍藥、桂心、阿膠各三兩，大黃四兩。上五味㕮咀，以東流水一斗煮取三升，去滓，納阿膠令烊，分三服。一服入腹中，面即有顏色。一日一夜盡此三升，即下腹中惡血一二升，立瘥。當養之如新產者。

《千金要方》卷五《序例第一》

凡兒生三十二日一變，六十四日再變，變且蒸；九十六日三變，一百二十八日四變，變且蒸；一百六十日五變，一百九十二日六變，變且蒸；二百二十四日七變，二百五十六日八變，變且蒸；二百八十八日九變，三百二十日十變，變且蒸；積三百二十日小蒸畢後，六十四日大蒸，蒸後六十四日復大蒸，蒸後一百二十八日復大蒸。凡小兒自生三十二日一變，再變為一蒸，凡十變而五小蒸，又三大蒸，積五百七十六日，大小蒸都畢乃成人。小兒所以變蒸者，是榮其血脈，改其五臟，故一變竟，輒覺情態有異。其變蒸之候，變者上氣，蒸者體熱。變蒸有輕重，其輕者，體熱而微驚，耳冷尻冷，上唇頭白泡起如魚目珠子，微汗出；其重者，體壯熱而脈亂，或汗或不汗，不欲食，食輒吐哯，目白睛微赤，黑睛微白。又云目白者重，赤黑者微。變蒸畢，自睛明矣，此其證也。單變小微，兼蒸小劇。凡蒸平者，五日而衰，遠者十日而衰。先期五日，後之五日，為十日之中，熱乃除耳。兒生三十二日一變，二十九日

先期而熱，便治之如法，至三十六七日，蒸乃畢耳。恐不解了，故重說之。且變蒸之時，不欲驚動，勿令旁多人。兒變蒸或早或晚，不如法者多。又初變之時，或熱甚者，違日數不歇，審計變蒸之日，當其時有熱微驚，慎不可治及灸刺，但和視之；若良久熱不可已，少與紫丸微下，熱歇便止；若於變蒸之中，加以時行溫病，或非變蒸時而得時行者，其診皆相似，惟耳及尻通熱，口上無白泡耳，當先服黑散，以發其汗，汗出，溫粉粉之，熱當歇，便就瘥；若猶不都除，乃與紫丸下之；兒變蒸時，若有寒加之，即寒熱交爭，腹腰夭糾，啼不止者，熨之則愈也。

《千金要方》卷十《傷寒雜治第一》

論曰：凡除熱解毒，無過苦醋之物，故多用苦參青葙艾梔子葶藶苦酒烏梅之屬，是其要也。夫熱盛，非苦醋之物不解也。熱在身中，既不時治，治之又不用苦醋之藥，此如救火不以水也，必不可得脫免也。又曰：今諸療多用辛甘薑桂人參之屬，此皆貴價難得，常有比行求之，轉以失時；而苦參青葙葶藶艾之屬，所在盡有，除熱解毒最良，勝於向貴價藥也。前後數參並用之，得病內熱者，不必按藥次也。便以青葙苦參艾苦酒療之，但稍與促其間，無不解也。扁鵲曰：病在腠理，湯熨之所及。病在血脈，針石之所及。病在骨髓，無可奈何。而凡醫治病，或言且待使病成，乃頓去之，此為妄矣。當預約束家中及所部曲，具語解此意，使有病者知之為要。

《千金要方》卷十一《肝臟脈論第一》

論曰：夫人稟天地而生，故內有五臟六腑精氣骨髓筋脈，外有四肢九竅皮毛爪齒咽喉唇舌肛門胞囊，以此總而成軀。故將息得理，則百脈安和；役用非宜，即為五勞七傷六極之患。有方可救，雖病無他；無法可憑，奄然永往。所以此之中秩，卷卷皆備述五臟六腑等血脈根源，循環流注，與九竅應會處所，並論五藏六腑等輕重大小，長短闊狹，受盛多少。仍列對治方法，丸散酒煎湯膏摩熨，及灸針孔穴，並窮於此矣。其能留心於醫術者，可考而行之。其冷熱虛實風氣，準藥性而用之，則內外百病無所逃矣。凡五臟在天為五星，在地為五嶽，約時為五行，在人為五藏。五藏者，精神魂魄意也。論陰陽，察虛實，知病源，用補瀉，應稟三百六十五節，終會通十二經焉。論曰：肝主魂，為郎官，隨神往來謂之魂。魂者，肝之藏也。目者，肝之官。肝氣通於目，目和則能辨五色矣。左目甲，右目乙，循環紫宮，榮華於爪，外主筋，

內主血。肝重四斤四兩，左三葉，右四葉，凡七葉，有六童子三玉女守之。神名藍藍，主藏魂，號為魂藏，隨節應會，故云肝藏血，血舍魂。在氣為語，在液為淚。肝氣虛則恐，實則怒。肝氣虛則夢見園苑生草，得其時夢伏樹下不敢起；肝氣盛則夢怒。厥氣客於肝則夢山林樹木。

《千金要方》卷二十三《惡疾大風第五》

論曰：惡疾大風有多種不同，初得雖遍體無異而眉須已落，有遍體已壞而眉須儼然，有諸處不異好人而四肢腹背有頑處，重者手足十指已有墮落，有患大寒而重衣不暖，有尋常患熱不能暫涼，有身體枯槁者，有津汁常不止者，有身體幹癢徹骨，搔之白皮如麩，手下作瘡者，有瘡痍荼毒重壘而生，晝夜苦痛不已者，有直置頑鈍不知痛癢者。其色亦有多種，有青黃赤白黑，光明枯暗。此候雖種種狀貌不同，而難療易療皆在前人，不由醫者。何則，此病一著，無問賢愚，皆難與語。何則，口順心違，不受醫教，直希望藥力，不能求己，故難療易療屬在前人，不關醫藥。予嘗手療六百餘人，瘥者十分有一，莫不一一親自撫養，所以深細諳委之。且共語，看覺難共語不受入，即不須與療，終有觸損，病既不瘥，乃勞而無功也。

附錄四：《千金翼方》選錄 [註1]

《千金翼方》卷二《本草》

玉泉：味甘平，無毒。主五臟百病，柔筋強骨，安魂魄，長肌肉，益氣，利血脈，療婦人帶下十二病，除氣癃，明耳目，久服耐寒暑，不饑渴，不老神仙，輕身長年。人臨死服五斤，死三年色不變。一名玉禮。生藍田山谷，採無時。玉屑：味甘平，無毒。主除胃中熱，喘息煩懣，止渴，屑如麻豆服之，久服輕身長年。生藍田，採無時。丹砂：味甘微寒，無毒。主身體五臟百病，養精神，安魂魄，益氣，明目，通血脈，止煩懣消渴，益精神，悅澤人面，殺精魅邪惡鬼，除中惡腹痛，毒氣疥瘻諸瘡，久服通神明，不老，輕身神仙。能化為汞，作末名真朱，光色如雲母可析者良。生符陵山谷，採無時。

扁青：味甘平，無毒。主目痛，明目，折跌癰腫金瘡不療，破積聚，解毒氣，利精神，去寒熱風痹及丈夫莖中百病，益精，久服輕身不老。生朱崖山谷武都朱提，採無時。石膽：味酸辛寒，有毒。主明目，目痛，金瘡，諸癇痙，女子陰蝕痛，石淋寒熱，崩中下血，諸邪毒氣，令人有子，散癥積，咳逆上氣及鼠瘻惡瘡，煉餌服之不老，久服增壽神仙。能化鐵為銅成金銀。一名畢石，一名黑石，一名棋石，一名銅勒。生羌道山谷羌里勾青山，二月庚子辛丑日採。

〔註 1〕 本附錄節選自（唐）孫思邈著，李景榮、蘇禮、任娟莉等校釋：《千金翼方校釋》，北京：人民衛生出版社，2014 年。

《千金翼方》卷五《婦人一》

面藥方

朱砂研，雄黃研，水銀霜各半兩，胡粉二團，黃鷹屎一升。

上五味合和，淨洗面，夜塗之。以一兩藥和面脂，令稠如泥，先於夜欲臥時，澡豆淨洗面，並手乾拭，以藥塗面，厚薄如尋常塗面厚薄，乃以指細細熟摩之，令藥與肉相入，乃臥。一上經五日五夜勿洗面，止就上作妝即得，要不洗面。至第六夜洗面塗，一如前法。滿三度洗更不塗也，一如常洗面也，其色光淨，與未塗時百倍也。

飛水銀霜方

水銀一斤，樸消八兩，大醋半升，黃礬十兩，錫二十兩成煉二遍者，玄精六兩，鹽花三斤。

上七味，先煉錫迄，又溫水銀令熱，乃投錫中，又搗玄精黃礬令細，以絹篩之，又搗錫令碎，以鹽花並玄精等合和，以醋拌之令濕，以鹽花一斤藉底，乃布藥令平，以樸消蓋上訖，以盆蓋合，以鹽灰為泥，泥縫固際乾之，微火三日，武火四日，凡七日去火，一日開之。掃取極須勤守，勿令須臾間懈慢，大失矣。

《千金翼方》卷十二《養性》

論曰：人子養老之道，雖有水陸百品珍羞，每食必忌於雜，雜則五味相撓，食之不已，為人作患。是以食啖鮮肴，務令簡少。飲食當令節儉，若貪味傷多。老人腸胃皮薄，多則不消，彭亨短氣，必致霍亂。夏至以後，秋分以前，勿進肥濃羹臛酥油酪等，則無他矣。夫老人所以多疾者，皆由少時春夏取涼過多，飲食太冷，故其魚膾生菜生肉腥冷物多損於人，宜常斷之，惟乳酪酥蜜常宜溫而食之，此大利益老年。雖然，卒多食之，亦令人腹脹泄痢，漸漸食之。論曰：非但老人須知服食將息節度，極須知調身按摩，搖動肢節，導引行氣。行氣之道，禮拜一日勿住，不得安於其處以致壅滯。故流水不腐，戶樞不蠹，義在斯矣。能知此者，可得一二百年。故曰：安者非安，能安在於慮亡；樂者非樂，能樂在於慮殃。所以老人不得殺生取肉以自養也。

《千金翼方》卷十六《中風上》

馬灌酒。主除風氣，通血脈，益精氣，定六腑，明耳目，悅澤顏色，頭白

更黑，齒落更生，服藥二十日力勢倍，六十日誌氣充強，八十日能夜書，百日致神明，房中盈壯如三十時，力能引弩。有人服藥，年七八十，有四男三女。隴西韓府君筋急，兩膝不得屈伸，手不得帶衣，起居增劇，惡風寒冷，通身流腫生瘡。藍田府君背痛不能立，面目萎黃，服之二十日，身輕目明，房室盈壯。病在腰膝，藥悉主之，常山太守方。

魯公酒。主百病風眩心亂，耳聾，目瞑淚出，鼻不聞香臭，口爛生瘡，風齒瘰癧，喉下生瘡，煩熱，厥逆上氣，胸脅肩髀痛，手不上頭，不自帶衣，腰脊不能俯仰，腳酸不仁，難以久立，八風十二痹，五緩六急，半身不遂，四肢偏枯，筋攣不可屈伸，賊風，咽喉閉塞，喫喫不利，或如錐刀所刺，行人皮膚中，無有常處，久久不治，人人五臟，或在心下，或在膏肓，遊行四肢，偏有冷處如風所吹，久寒積聚風濕，五勞七傷，虛損萬病方。

《千金翼方》卷二十一《萬病》

論曰：疾風有四百四種，總而言之，不出五種，即是五風所攝。云：何名五風。一曰黃風，二曰青風，三曰白風，四曰赤風，五曰黑風，其風合五臟，故曰五風。五風生五種蟲，黃風生黃蟲，青風生青蟲，白風生白蟲，赤風生赤蟲，黑風生黑蟲。此五種蟲蝕人五臟。若蝕人脾，語變聲散；若蝕人肝，眉睫墮落；若蝕人心，遍身生瘡；若蝕人肺，鼻柱崩倒，鼻中生瘜肉；若蝕人腎，耳鳴啾啾，或如車行雷鼓之聲；若蝕人皮，皮膚頑痹；若蝕人筋，肢節墮落。五風合五臟，蟲生至多，入於骨髓，來去無礙，壞於人身，名曰疾風。疾風者，是癩病之根本也。病之初起或如針錐所刺，名曰刺風；如蟲走，名曰遊風；遍身掣動，名曰瞤風；不覺痛癢，名曰頑風；肉起如桃李小棗核，從頭面起者，名曰順風；從兩腳起者，名曰逆風；如連錢團圓赤白青黑斑駁，名曰癧風。或遍體生瘡，或如疥癬，或如魚鱗，或如榆莢，或如錢孔，或癢或痛，黃汁流出，肢節壞爛，悉為膿血，或不癢不痛，或起或滅，青黃赤白黑變易不定。病起之由，皆因冷熱交通，流入五臟，通徹骨髓，用力過度，飲食相違，房室不節，虛動勞極，汗流遍體，因茲積熱，風熱徹五臟，飲食雜穢，蟲生至多，蝕人五臟骨髓皮肉筋節，久久壞散，名曰癩風。是故論曰：若欲療之，先服阿魏雷丸散出蟲，看其形狀青黃赤白黑，然後與藥療，千萬無有不瘥。胡云迦摩羅病，世醫拱手，無方對治，名曰正報，非也。得此病者，多致神仙。往往人得此疾，棄家室財物入山，遂得疾愈而為神仙。今人患者，但離妻妾，無有不瘥。

《千金翼方》卷二十五《色脈》

夫為醫者雖善於脈候，而不知察於氣色者，終為未盡要妙也。故曰：上醫察色，次醫聽聲，下醫候脈。是知人有盛衰，其色先見於面部。所以善為醫者，必須明於五色，乃可決生死，定狐疑，故立候氣之法，冠其篇首焉。肝受病色青，心受病色赤，脾受病色黃，肺受病色白，腎受病色黑。皆先視於本色。春，面色青，目色赤，新病可療，至夏愈；夏，面色赤，目色黃，新病可療，至季夏愈；季夏，面色黃，目色白，新病可療，至秋愈；秋，面色白，目色黑，新病可療，至冬愈；冬，面色黑，目色青，新病可療，至春愈。

雷公問曰：人有不病而卒死者，何以知之。黃帝曰：大氣入於臟腑者，不病而卒死矣。雷公問曰：病少愈而卒死者，何以知之。黃帝曰：赤色出於兩顴上，大如拇指者，病雖少愈，必卒死矣；黑色出於顏貌，大如拇指者，必卒死。顏貌者，面之首也。顏當兩目下也，貌當兩目上眉下也。扁鵲曰：察病氣色，有赤白青黑四氣，不問大小，在人年上者病也，惟黃氣得愈。年上在鼻上兩目間。如下黑氣細如繩，在四墓發及兩顴骨上者死，或冬三月，遠期至壬癸日，逢年衰者不可理，病者死。四墓當兩眉坐直上至髮際，左為父墓，右為母墓，從口吻下極頤名為下墓，於此四墓上觀四時氣。

《千金翼方》卷二十九《禁經上》

凡禹步法，移步左右腳前後不同。凡欲做法，必先取三光氣又禹步，然後做法驗矣。三光者，日月星。禹步者，或三步七步九步不定。若欲受三光氣者，極晴明日向日兩腳並立，先所願事隨意多少小咒之，然後取禹步三步也。所欲步時，先舉頭看日光剩開口吸取日光明，即閉口塞氣至三步始得放氣也。三步者，從立處兩過移兩腳始成一步，三步即是六過移腳也。向日光禹步時，左腳先移，右腳後移。若向月星二光禹步時，並右腳先移，左腳在後也，但步數不同耳。若向星禹步時，須滿九步也。九步者，向日中三步，更足六步耳，三三步合九步也。星者，即是北斗七星也，星中最須殷勤，所以須九步也。於日月中，或用三步，或所用七步也。咒願及閉氣方法並如日中作也。受三光氣時，日必須明亮好晴日也。日是陽，月與星是陰。又左是陽，右是陰，是故受日氣時左腳先移，受月星氣時右腳先移也。又向星禹步作九步時，既長久若一氣不得度，是以三步作一閉氣，則九步即三過閉氣也，咒願亦須三過願之。又須識北斗下三臺星，男識免獄厄，女識免產厄。

附錄五：《外臺秘要》選錄 〔註1〕

《外臺秘要》卷一

《諸論傷寒》

《陰陽大論》云：春氣溫和，夏氣暑熱，秋氣清涼，冬氣冰冽，此則四時正氣之序也。冬時嚴寒，萬類深藏，君子周密，則不傷於寒。觸冒之者，乃名傷寒耳。其傷於四時之氣，皆能為病，以傷寒為毒者，以其最成殺癘之氣也。中而即病者，名日傷寒；不即病者，寒毒藏於肌膚中，至春變為溫病，至夏變為暑病。暑病者，熱極重於溫也。是以辛苦之人，春夏多溫熱病者，皆由冬時觸冒寒冷之所致，非時行之氣也。凡時行者，春時應暖而反大寒，夏時應熱而反大冷，秋時應涼而反大熱，冬時應寒而反大溫，此非其時而有其氣。是以一歲之中，長幼之病多相似者，此則時行之氣也。仲景，《病源》、《小品》、《千金》同。

王叔和曰：傷寒之病，逐日淺深，以施方治。今世人得傷寒，或始不早治，或治不對病，或日數久淹，困乃告醫。醫又不知次第而治之，則不中病。皆以臨時消息制方，無不效也。今搜採仲景舊論，錄其證候、診脈聲色、對病真方有神驗者，擬防世急也。又土地高下、寒溫不同，物性剛柔、餐居亦異。是故黃帝興四方之問，歧伯舉四治之能，以訓後賢，開其未悟，臨病之工，宜須兩審也。《小品》、《千金》同。

〔註 1〕 本附錄節選自（唐）王燾撰，高文鑄校注：《外臺秘要方》，北京：華夏出版社，1993 年。

《外臺秘要》卷十一

《消渴方》

《病源》夫消渴者，渴而不小便是也。由少服五石諸丸散，積久經年，石勢結於腎中，使人下焦虛熱。及至年衰，血氣減少，不能制於石。石勢獨盛，則腎為之燥，故引水而不小便也。其病變者多發癰疽，此坐熱氣，留於經絡，經絡不利，血氣壅澀，故成癰膿也。診其脈，數大者生，細小浮者死。又沉小者生，實牢大者死。有病口甘者名為何？何以得之？此五氣之溢也，名曰脾癉。夫五味入於口，藏於胃，脾為之行其精氣。溢在於脾，令人口甘，此肥美之所發也。此人必數食甘美而多肥，肥者令人內熱，甘者令人中滿，故其氣上溢，為消渴也。

《外臺秘要》卷十四

《許仁則療諸風方》

許仁則療諸風病方。此病多途，有失音不得語，精神如醉人，手足俱不得運用者；有能言語，手足不廢，精神昏恍，不能對人者；有不能言語，手足廢，精神昏亂者；有言語手足精神俱不異平常，而發作有時，每發即狂言浪語，高聲大叫，得定之後，都不自醒者；有諸事不異尋常，發作有時，每發即狂走叫喚者；有時每發即作牛羊禽獸聲，醒後不自覺者；有諸事不異尋常，發作有時，發即頭旋目眩，頭痛眼花，心悶輒吐，經久方定者；有諸事不異平常，發作有時，每發即熱，頭痛流汗，不能自勝舉者。此等諸風，形候雖別，尋其源也，俱失於養生。本氣既羸，偏有所損，或以男女，或以飲食，或以思慮，或以勞役，既極於事，能無敗乎？當量己所歸而捨割之，靜思息事，兼助以藥物，亦有可復之理。風有因飲酒過節，不能言語，手足不隨，精神昏恍，得病經一兩日，宜合生葛根等三味湯服之方。

《外臺秘要》卷二十二

《齒痛方》

《病源》手陽明之支脈入於齒，齒是骨之所終，髓之所養。若風冷客於經絡，傷於骨髓，冷氣入齒根，則齒痛。若蟲食齒而痛者，齒根有孔，蟲在其間，此則針灸不瘥，傅藥蟲死，痛乃止。其湯熨針石，別有正方，補養宣導，今附於後。《養生方導引法》云：常向本命口，擿髮之始，叩齒九通，陰咒曰：

大帝散靈，五老反真，泥丸玄華，保精長存，左回拘月，右引日根，六合清煉，百疾愈因。咽唾三過，常數行之，使齒不痛，發牢不白，頭腦不痛。又云：東向坐，不息四通，琢齒二七。治齒痛病。大張口，琢齒二七，一通二七。又解，四通中間，其二七大勢，以意消息，瘥病而已，不復疼痛。解病，鮮白不翳，亦不疏離。久行不已，能破金剛。

《外臺秘要》卷二十四

《癰疽方》

凡癰疽初發，或似小節，或復大痛，或復小痛，或發如米粒大白膿子，此皆微候，宜善察之。見有少異，即須大驚忙，須急治之，及斷口味，速服諸湯，下去熱毒。若無醫藥，即灸當頭百壯，其大重者，灸四面及頭上二、三百壯，壯數不慮多也。復薄冷藥貼膏，種種救療必瘥也。又其用藥貼法，皆須當瘡中處開孔口，令泄瘡熱氣出，亦當頭以大針針入四分即瘥。身中忽有痛處似打狀，名曰氣痛，痛不可忍，遊走不住，發作有時，痛則小熱，痛定則寒，此皆由冬受溫風，至春暴寒，風來折之，不成溫病，乃作氣痛也。又宜先服五香連翹湯，摩丹參膏，又以白酒煮楊柳皮及暖熨之，有赤氣點點刺出血也。其連翹湯可服數劑，及竹瀝湯。勿以一劑未效，便謂即止，遂不服耳。中間將白薇散佳。

《外臺秘要》卷二十五

《久痢成疳方》

生羊肝一具。

右一味，取大酢一年以上者，米麥並中年深唯佳，取羊肝剝去上膜，柳菜切，朝旦空腹取肝手拈取酢中出，吞之，覺心悶則止，不悶還服之，一日之間能不食粥飯，盡一具羊肝者大佳，不然除飽吞已外，料理如生肝，以薑蘆下飯，如常法食之，日食一具肝，不過二、三具即永瘥。後一月不得食熱麵、油膩、醬、豬魚雞肉等。

新出羊糞一升，淨數揀

右一味，以水一升漬經宿，明旦絞汁頓服之，至日午如得食煮飯，極重者不過三服。

又療疳法，丈夫、婦人、小兒久痢，百方療不能瘥，此方最效。

丁香、麝香、黃連各等分

右三味，搗篩為散，以杏核大取竹筒吹入下部，小兒及孩子量力減之，不過三、四回瘥。積年久疳痢不瘥。裴光州云常用奇效。《備急》同。並出第三卷中。

《外臺秘要》卷二十八

《凍死方》

《病源》人有在途路，逢淒風苦雨，繁霜大雪，衣服霑濡，冷氣入髒，致令陰氣閉於內，陽氣絕於外，榮衛結澀，不復流通，故致噤絕而死，若早得救療，血溫氣通則生，又云，凍死一日猶可活，過此即不療。（出第二十三卷中）

《肘後》療冬天墮水凍，四肢直口噤，裁有微氣出方。

以大器中多熬灰，使暖囊盛，以薄其心上，冷即易，心暖氣通，目則得轉，口乃開，可溫尿粥清，稍稍含之即活，若不先溫其心，便持火炙其身，冷氣與火相搏則死。

《外臺秘要》卷二十九

《折骨方》

《肘後》療凡脫折折骨諸瘡腫者，慎不可當風臥濕，及多自扇，若中風則發痙，口噤殺人，若已中此，覺頸項強，身中急束者，急服此方。

竹瀝飲三二升，若口已噤者，可以物拗開納之，令下，禁冷凍飲料食及飲酒，竹瀝，卒燒難得多，可合束十許枚，並燒中央，兩頭承其汁，投之可活。

《千金》療腕折骨痛不可忍方。

取大麻根葉，無問多少，搗取汁，飲一小升，無生青者，以乾者煮取汁服，亦主墮墜打捶瘀血，心腹脹滿，短氣，良。

《外臺秘要》卷三十

《瘑瘡方》

《病源》瘑瘡者，由膚腠虛，風濕之氣，折於血氣，結聚所生，多著手足間，間遞相對，如新生茱萸子，痛癢，抓搔成瘡黃汁出，侵淫生長折裂，時瘥時劇，變化生蟲，故名瘑瘡。（出第三十五卷中）

《深師》療瘑方。

荊木燒取汁塗之瘥。

又方：灸瘑上周匝，最良。

《集驗》療瘑瘡方。

苦酒一升溫令沸，以生韭一把納中，以薄瘡上，即瘥。

又方：雄黃（一兩）　黃芩（二兩）　松脂（二兩）　髮灰（如彈丸大）

上四味，以白膏與松脂合搗，以傅瘡上。（范汪文仲「備急」用黃連餘同）

又方：亂髮頭垢分等，螺殼二十枚，燒，以臘月豬脂和如溜泥，以傅之。

又方：羊躑躅花三升，以水漬之半月，去滓，以汁洗瘡，一方炙鮓以傅瘡上，蟲當出也。（范汪同）

又方：桃花鹽等分合熟搗，以酢和傅之。（范汪同）

又方：皂莢十枚，苦酒四升煮之，去滓，煎如飴，以傅瘡上。（范汪同）

又方：新瓦罐一口，安雞屎，點酒下著火煎成膏塗之。

又方：谷木白汁（一合）　苦酒（二合）　小蒜（半合）　釜月下土（一合）

右四味和如泥以上塗，蜜裹之，乾復塗。（並出第八卷中范汪同）「刪繁」療瘑瘡，螺殼膏方。

螺殼（二七枚爛者）　亂髮（燒灰）　頭垢　龍膽（末）

右四味各等分，合研如粉，以三年油澱和傅之，加膩粉，妙。

又療瘑　瘡多汁方。

水銀（八分以唾手掌中研令入藥用）　黃連（八分）　胡粉（八分熬令黃）

右三味，黃連為末，和以粉，傅瘡上。（並出第二十九卷中）

餘　論

　　方術作為一種在一定社會歷史階段存在的文化現象，廣泛而深刻地影響著中國古代社會生活的方方面面。李零先生認為（秦漢以降）中國本土文化分為兩大系統：一是「以儒家文化為代表，不僅以保存和闡揚詩書禮樂為職任，還雜糅進刑名法術，常扮演著官方意識形態的角色，與上層政治緊密結合」；二是「以數術方技為代表，上承原始思維，下啟陰陽家和道家，以及道教文化的線索」。〔註1〕因而，如此龐大方術現象的存在和發展總要依附於某種流行的理論，陰陽五行作為「中國人的思想律」則更具先天優勢。換而言之，即便沒有陰陽五行說，它也會依附於某一理論學說。

　　陰陽五行學說作為一種理論工具，是我國先民對自然最直觀體驗的樸素唯物認識論，尤其是其符號體系特徵。如「木」在天文學中表示歲星，在音律學中表示角音，在醫學中又代表肝臟等。陰陽五行的符號體系具有簡單性、抽象性和非邏輯性的特徵，它避開了繁複多樣的事物本體而抓住了事物的聯繫，含有辯證思維的萌芽，是構造理論體系的有效工具。現今盛行數學模型預測：假定利潤 Y 與成本 X 存在某種對應關係，$Y = F(X)$，當 $X = N$ 時，利用此測算 $Y(N)$ 近似值的平均值，不過是一種假想的利潤成本模型，所推算的數值也是假想的理論值。同樣，陰陽五行學說不也是一種假想的天地萬物的法則模型嗎？美國大西洋大學歷史系竇宗儀教授，在《中國的陰陽中和觀與現代科學思想》一文中稱：「往年覺得儒家道家的太極陰陽概念和辯證唯物論很接近，……以及寫《中國科學技術史》而聞名於世的李約瑟有辯證

〔註1〕 李零：《中國方術正考》，北京：中華書局，2006 年，第 11～12 頁。

唯物淵源中土經馬克思等科學化後回歸故土之說，……近日發現電子計算機所依據的二元數系和邵雍所排列的陰陽卦系只有文字不同。二元數學創始者德人萊布尼茲曾經耶穌會士得邵雍圖表。1947 年量子學創始者波爾用周敦頤的太極圖作他的勳章圖志。」〔註2〕馮天瑜亦言：「陰陽說解釋宇宙的起源，五行說解釋宇宙的結構，儘管兩者都帶有主觀臆想和迷信色彩，但它們以積極的態度探索自然，其中不乏天才的思想因子，孕育了中國古代科學思想的萌芽。」〔註3〕可見，陰陽五行並不是迷信過時的學說，有著相當程度意義的科學合理性。所以陰陽五行理論被古代各種方術所運用，有其歷史的必然性。正是方術吸收利用了陰陽五行這一高級思維理論模式，使它不僅成為古人認識自然、社會和人自身的一種方式，而且與中國古代的自然科學技術息息相關。

自 20 世紀以來，普遍認為中國古代從來未有自然科學。這是由於中國古代自然科學，一直混跡與方術之中，正所謂「雄兔腳撲朔，雌兔眼迷離，雙兔傍地走，安能辨我是雄雌。」李約瑟在《中國科學技術史》中指出：「科學與方術在早期是不分的。」〔註4〕馮友蘭先生亦言：「術數本身是以迷信為基礎的，但是也往往是科學的起源。術數與科學有一個共同的願望，就是以積極的態度解釋自然，通過征服自然使之為人類服務。術數在放棄了對於超自然力的信仰並且試圖只用自然力解釋宇宙的時候，就變成科學。這些自然力是什麼，其概念在最初可能很簡單，很粗糙，可是在這些概念中卻有科學的開端。」〔註5〕因而，可見方術文化中也蘊藏著科學的合理成分。「抽刀斷水水更流」，如若一味予以禁錮與排斥，只能是適得其反。反之，以科學的態度對其進行審慎的探析，不僅符合當今時代理性精神的需要，而且大有裨益於傳統文化中優秀因子的傳承。更何況，中國古代方術中還存在著大量現代科學無法釋解的現象，它們將很可能是打開未解科學之謎的金鑰匙。

〔註 2〕 於希賢：《中國古代風水的理論與實踐》，北京：光明日報出版社，2005 年，第 160 頁。

〔註 3〕 馮天瑜：《中華文化史》，上海：上海人民出版社，2010 年，第 269 頁。

〔註 4〕 （英）李約瑟：《中國科學技術史》第 2 卷《科學思想史》中譯本，北京：科學出版社；上海：上海古籍出版社，1990 年，第 36 頁。

〔註 5〕 馮友蘭：《三松堂全集》（第 6 卷），鄭州：河南人民出版社，2001 年，第 117 頁。

主要參考文獻

一、歷史文獻

1. （先秦）黃帝，姚春鵬譯注：《黃帝內經》，北京：中華書局，2010 年。

2. （漢）司馬遷撰：《史記》卷 27《天官書》，北京：中華書局，1959 年。

3. （漢）班固撰：《漢書》，北京：中華書局，1962 年。

4. （漢）王充，黃暉撰：《論衡校釋》，北京：中華書局，1990 年。

5. （漢）魏伯陽撰，（清）仇兆鼇集注：《周易參同契集注》，上海：上海古籍出版社，1989 年。

6. （漢）鄭玄注，（唐）孔穎達正義，呂友仁整理：《禮記正義》，上海：上海古籍出版社，2008 年。

7. （漢）劉向撰：《列仙傳》，北京：中華書局，1990 年。

8. （隋）巢元方著，丁光迪校注：《諸病源候論校注》，北京：人民衛生出版社，2013 年。

9. （唐）魏徵等撰：《隋書》，北京：中華書局，1973 年。

10. （唐）孫思邈著，李景榮等校釋：《備急千金要方校釋》，北京：人民衛生出版社，2014 年。

11. （唐）孫思邈著，李景榮，蘇禮，任娟莉等校釋：《千金翼方校釋》，北京：人民衛生出版社，2014 年。

12. （唐）瞿曇悉達撰，常秉義點校：《開元占經》，北京：中央編譯出版社，2006 年。

13. （唐）李林甫等撰，陳仲夫點校：《唐六典》，北京：中華書局，1992 年。

14.（唐）道宣撰：《續高僧傳上》，北京：中國書店，2018 年。

15.（後晉）劉昫等撰：《舊唐書》，北京：中華書局，1975 年。

16.（宋）司馬光編著，（元）胡三省音注：《資治通鑒》，北京：中華書局，1956 年。

17.（宋）李昉等編：《太平廣記》，北京：中華書局，1961 年。

18.（宋）王欽若等編：《冊府元龜》，北京：中華書局，1960 年。

19.（宋）歐陽修、宋祁撰：《新唐書》，北京：中華書局，1975 年。

20.（宋）王溥撰：《唐會要》，北京：中華書局，1955 年。

21.（宋）宋敏求編，洪丕謨等點校：《唐大詔令集》，上海：學林出版社，1992 年。

22.（宋）張君房纂輯，蔣力生等校注：《雲笈七籤》，北京：華夏出版社，1996 年。

23.（明）張宇初、張宇清等編撰：《正統道藏》，北京：文物出版社、上海：上海書店、天津：天津古籍出版社，1988 年。

24.（清）彭定求等編：《全唐詩》，北京：中華書局，1999 年。

25.（清）董誥等：《全唐文》，北京：中華書局，1983 年。

26.（清）張志聰集注，矯正強、王玉興、王洪武校注：《皇帝內經靈樞集注》，北京：中醫古籍出版社，2012 年。

二、今人論著

1. 陳遵媯：《中國天文學史》，上海：上海人民出版社，1984 年。

2. 李約瑟：《中國科學技術史》〔M〕，上海：上海古籍出版社，1990 年。

3. 顧頡：《相術集成》，重慶：重慶出版社，1993 年。

4. 李零主編：《中國方術概觀·服食卷》，北京：人民中國出版社，1993 年。

5. 顧頡：《堪輿集成》，重慶：重慶出版社，1994 年。

6. 龐樸：《陰陽五行探源》，合肥：安徽教育出版社，1999 年。

7. 張榮明：《方術與中國傳統文化》，上海：學林出版社，2000 年。

8. 黃正建：《敦煌占卜文書與唐五代占卜研究》，北京：學苑出版社，2001 年。

9. 王玉德：《神秘的術數》，南寧：廣西人民出版社，2004 年。

10. 於希賢：《中國古代風水的理論與實踐》，北京：光明日報出版社，2005
    年。

11. 李零：《中國方術正考》，北京：中華書局，2006 年。

12. 馬保平：《中國方數文化思想方法研究》，北京：中國社會科學出版社，
    2007 年。

13. 陳興仁：《神秘的相術》，南寧：廣西人民出版社，2009 年。

14. 王晶波：《敦煌寫本相書研究》，北京：民族出版社，2010 年。

15. 金身佳：《敦煌寫本宅經葬書校注》，北京：民族出版社，2010 年。

16. 范家偉：《中古時期的醫者與病者》，上海：復旦大學出版社，2010 年。

17. 於賡哲：《唐代疾病、醫療史初探》，北京：中國社會科學出版社，2011
    年。

18. 馮國超：《中國古代性學報告（增補版）》，北京：華夏出版社，2014 年。

19. 趙洪聯：《中國方技史（增訂版）》，上海：上海書店出版社，2017 年。

20. 金身佳：《方術與中國古代政治》，湘潭：湘潭大學出版社，2017 年。

三、學術論文

1. 郭正誼：《從〈龍虎還丹訣〉看我國煉丹家對化學的貢獻》，《自然科學
   史研究》，1983 年第 2 期。

2. 陳久金：《陰陽五行八卦起源新說》，《自然科學史研究》，1986 年第 2
   期。

3. 趙貞：《唐五代星占與帝王政治》，首都師範大學博士論文，2004 年。

4. 容志毅：《南北朝道教煉丹與化學研究》，山東大學博士學位論文，2005
   年。

5. 於賡哲、張彥靈：《唐代醫學人物神化考論》，《華中師範大學學報（哲
   學社會科學版）》，2013 年第 6 期。

6. 李令福：《隋唐長安城六爻地形及其對城市建設的影響》，《陝西師範大
   學學報（哲學社會科學版）》，2010 年第 4 期。

7. 葛政：《亡佚隋唐醫方書考略》，中國中醫科學院博士學位論文，2020
   年。

8. 郭建紅：《辟穀技術中醫文南考》，《中華中醫藥雜誌》，2021 年第 5 期。